영업달인은 절대 **세일즈**하지 않는다

영업달인은 절대 세일즈하지 않는다

3판 1쇄 인쇄 | 2018년 5월 15일
3판 1쇄 발행 | 2018년 5월 20일

지은이 | 이성동
펴낸이 | 김진성
펴낸곳 | 호이테북스

기　획 | 신용진
편　집 | 김혜성
디자인 | 장재승
관　리 | 정보해

출판등록 | 2005년 2월21일 제2016-000006호
주　소 | 경기도 수원시 장안구 팔달로237번길 37, 303호(영화동)
전　화 | 02-323-4421
팩　스 | 02-323-7753
홈페이지 | www.heute.co.kr
이메일 | kjs9653@hotmail.com

ⓒ 이성동
값 17,000원
ISBN 978-89-93132-60-1 13320

* 잘못된 책은 서점에서 바꾸어 드립니다.
* 이 책은 저작권법의 보호를 받는 저작물이므로 무단전재와 복제를 금합니다.
  본문 내용을 사용하실 경우 출판사의 허락을 받으시기 바랍니다.

최고 영업달인들의 세일즈 블루오션 전략!

영업달인은 절대 세일즈 하지 않는다

| 이성동 지음 |

책머리에

　식품업체 B사는 매년 초가 되면 어김없이 '2000년은 영업력 강화의 해'라고 영업 본부 내에 플래카드를 걸고 발대식을 한다. 재미있는 사실은 B사가 10년 전부터 영업력 강화를 목표로 매년 같은 행사를 해왔다는 것이다. 그런데도 B사의 영업력은 아직까지도 업계에서 중간 수준에 머물고 있다.

　그래서 필자는 어느 날 이 회사의 영업 본부장에게 이런 농담을 건넸다. "아니, 그렇게 10년 동안이나 노력했는데, 아직도 영업력이 강화되지 않았습니까?"라고 말이다. 이처럼 연초가 되면 많은 기업들이 자사의 영업력 강화를 그 해의 전략적 목표로 삼는다.

　그리고 이를 실행하기 위해 조직을 개편하고 영업 채널과 영업 시스템을 재구축한다. 또한 영업 인력의 역량을 강화하기 위해 많은 비용과 시간을 투자해 교육을 실시하기도 한다. 그러나 대부분의 기업들은 B사처럼 내년에도 영업력 강화를 외칠 것이다.

그렇다면 이런 현상이 왜 반복되는 것일까? 우선 한 회사의 영업력이 강화되기 위해서는 영업 전략, 영업 채널, 영업 시스템, 인적 자원 등의 역량이 강화되어야 한다. 그러나 대부분의 기업들은 영업인들의 역량을 강화하는 방법에서부터 잘못된 길을 가고 있다.

현재 영업인들의 역량 강화는 대개 교육 훈련이나 멘토 시스템 등을 통해 진행된다. 그런데 여기서 아이러니한 것은 영업달인들 대부분이 체계적인 교육보다는 자신만의 방법과 노력으로 영업달인의 경지에 오른다는 것이다.

그럼 여기서 한 가지 질문을 해보자. 도대체 왜 영업인들을 위한 역량 강화 프로그램은 별 효과를 거두지 못하는 것일까? 이유는 명확하다. 세일즈 역량을 강화하기 위한 핵심적인 내용 대신 일반적인 내용 위주로 진행되고 있기 때문이다.

영업인을 위한 역량 강화 프로그램은 대부분 '할 수 있다'라는 자신감과 신념, 열정 등을 강조하는 의식혁신 프로그램과 목표관리, 시간관리, 채권관리, 대리점이나 거래처에 대한 관리와 지원 등의 영업관리 프로그램으로 채워져 있다. 물론 제안이나 프레젠테이션, 반론 극복, 클로징 등과 같은 세일즈 화법, 즉 상담과 설득 스킬을 향상하기 위한 교육도 병행하여 진행되고 있다.

그렇게 보자면 교육 내용이 대개 '불굴의 의지로 열심히 팔아라'와 상품을 잘 팔기 위한 '상담과 설득역량 강화'에 집중되어 있는 셈이다. 하지만 이러한 교육 방법은 세일즈에 실패하거나 평범한 세일즈만 할 수밖에 없게 만든다. 왜냐하면 고객은 오로지 세일즈만 하기 위해 접근하는 영업인들에게 거부감을 갖기 때문이다.

"열심히 하는데도 왜 난 안 될까?"라며 괴로워하는 영업인들을 필자는 자주 본다. 그렇다면 이런 영업인들은 왜 갈수록 늘어나는 것일까? 이유는 간단하다. 이제는 영업인 모두가 열심히 하기 때문이다. 성장하는 시장, 경쟁이 치열하지 않은 시장에서는 누구나 열심히 하면 성과를 올릴 수 있었다. 그러나 성장이 정체되고 경쟁이 치열한 시장에서는 그저 열심히 하는 것만으로는 안 된다.

그런데도 일부 기업과 일부 관리자들은 영업인들을 향해 그저 열심히 하라고 독려한다. 이런 말을 거의 매일 듣는 영업인들은 이렇게 반문한다. "도대체 무엇을 어떻게 열심히 하란 말이야?"라고 말이다.

이처럼 시장이 변하고 고객이 바뀌었는데도 그저 열심히 하는 것만 강요하는 회사와 관리자들은 지금까지의 영업관리 시스템에 대해 진지하게 고민해야 한다. 현재의 세일즈 패러다임을 확 바꿔 어떤 환경에서도 잘 팔리는 영업 시스템, 잘 파는 영업인을 육성하는 시스템을 어떻게 만들 것인지를 말이다.

그렇다면 잘 팔 수 있는 영업 시스템은 어떻게 만들 수 있을까? 먼저 영업인들을 영업달인으로 만들어야 한다. 영업달인은 잘 팔 수 있는 영업 시스템 만들기의 개척자이자 선구자들이기 때문이다. 이 책에는 잘 팔리는 영업 시스템을 만들기 위해 영업달인으로 가는 7가지 DNA와 세일즈 블루오션 4가지 전략, 17가지 방법이 다음과 같이 들어 있다.

먼저 당신은 영업달인이 되기 위한 7가지 DNA을 배우고 나서 가망고객이 스스로 찾아오게 만드는 세일즈 블루오션 첫 번째 전략을 배우게 될 것이다. 그리고 나서 도저히 거절할 수 없게 만든 뒤 접근하는 세일즈 블루오션 두 번째 전략과 오직 고객의 성공만을 생각하고 설득하는 세일즈 블루오션 세 번째 전략을 배우게 될 것이다. 그리고 마지막으로 항상 떠날 준비를 하는 나비와 같은 고객을 알파고객으로 만드는 비법, 즉 진정한 블루슈머인 알파고객을 만드는 세일즈 블루오션 네 번째 전략을 배우게 될 것이다.

국내에서는 업종별로 시장환경과 경쟁구도가 조금씩 다르다. 그렇기 때문에 어떤 업종에서는 영업달인으로 가는 7가지 DNA를 가르치는 것만으로도 충분할 수 있다. 그러나 어떤 업종과 기업들은 영업달인으로 가는 4가지 전략과 17가지 방법을 시장환경에 맞게 잘 활용해야 잘 팔리는 영업 시스템을 만들고 영업달인도 양성할 수 있을 것이다.

그렇다고 해서 4가지 전략과 17가지 방법이 만능 요술 보따리는 아니다. 그저 곁에 두고 읽기만 해도 최고의 성과를 가져다 주는 것은 아니다. 이 방법들을 자신의 것으로 만들기 위해서는 영업인 스스로의 노력이 필요하다. 그러기 위해서는 우선 영업달인으로 가는 7가지 DNA를 이식해야 한다. 아울러 여기에 날개를 달 수 있는 방법이 있다면 바로 훌륭한 멘토를 만나는 것이다.

무언가 팔아야 하는 사람들에는 3가지 유형이 있다.

첫째, 자신이 알아서 스스로 일하는 사람이다. 이런 유형의 사람들은 다시 잘하는 사람과 못하는 사람으로 분류된다. 못하는 사람은 노하우나 방법론, 경험 등이 부족한 경우가 대부분이다. 실패의 쓰디쓴 경험이나 시행착오를 겪고 나서 잘할 수도 있겠지만, 그런 사람들은 대개 수없이 좌절하다가 끝내는 포기한다.

둘째, 스스로 잘하지 못하고, 남의 지도나 감독을 받아야 일을 하는 사람이다. 의지가 약해서 실행을 못하거나 소극적이어서 도전하지 못하는 유형의 사람들이 여기에 속한다. 이런 사람들은 대개 자극을 계속 받아도 도전하지 않고 실행하지 않는다. 그러므로 이런 유형의 사람에게는 코칭, 즉 훌륭한 멘토가 필요하다.

멘토에는 3가지가 있다. 상사나 선배의 멘토링, 세미나와 교육, 그리고 책이나 칼럼·잡지 등을 통한 간접 체험이 그것이다. 이 중에서 가장 많은 형태가 첫 번째다. 그러나 의외로 멘토 역할을 하는 사람이 문제인 경우도 많다.

앞서 언급한 것처럼 "열심히 해라"라고 다그치거나 자신이 성공했던 경험만을 강조하는 사람들이 대부분이다. 이런 사람들을 필자는 관리자, 감독관 또는 평론가라고 부른다. "이번 달에는 얼마나 했느냐? 왜 그것밖에 못했느냐? 다음 달 대책은 무엇이냐?"라는 식으로 평가와 관리만 하기 때문이다.

그런데 교육을 받거나 책을 읽는 사람들의 경우에는 대부분 실행을 하지 않아서 문제가 발생한다. 이런 유형의 사람들은 교육을 받거나 책을 읽고 난 직후에는 그렇게 하겠다고 굳게 마음을 먹지만, 대부분은 실행을 하지 않는다. '내일부터 해야지!'라고 하면서 2, 3일이 훌쩍 지나가기도 하고 자신이 몸담고 있는 업종의 방식과 잘 맞지 않다고 생각하기 때문이다.

영업담당 임원, 부서장, 영업 관리자들이여! 당신은 훌륭한 멘토나 코치인가 아니면 관리자나 감독관인가? 만약 자신이 부하직원에게서 관리자나 감독자 또는 평론가로 평가를 받고 있다는 생각이 든다면, 이 책을 읽고 부디 훌륭한 멘토가 되기를 바란다.

셋째, 잘하지도 못하면서 남의 지도나 감독도 받지 않으려는 사람이다. 게다가 이들 대부분은 사사건건 불평이나 불만을 늘어놓기도 한다. 그렇다면 이런 사람들은 가차없이 회사를 그만두게 해야 하는 것일까? 아니다. 이 사람들에게도 코칭이 필요하다.

영업달인으로 가는 방법에는 2가지가 있다. 하나는 영업달인들의 방법과 노하우를 벤치마킹하여 그대로 따라하는 것이다. 이 방법은 자신의 재능과 성향 등은 고려하지 않는다. 자신의 일부 또는 전부를 무조건 영업달인에 맞춰 변화시키는 방법이기 때문이다.

다른 하나는 자신의 재능, 즉 강점을 활용하는 것이다. 성과가 아무리 부진한 사람이라도 무언가를 파는 데 있어 한 가지 이상의 재능은 가지고 있다. 그것은 신이 주신 선물이다. 그런데도 왜 이들의 세일즈 성과는 부진한 것일까? 물론 의욕과 의지가 약하거나 불성실한 태도를 가졌거나 고객으로부터 신뢰를 받지 못하는 등 여러 가지 이유가 있을 수 있다.

그러나 자신에게 주어진 세일즈 재능을 발휘하는 대신 모든 영업인들에게 획일적인 영업방식이 강요되기 때문일 수도 있다. 가령, 내성적이고 소극적인 사람에게 적극적으로 고객을 발굴하라는 것과 같은 방식 말이다. 물론 이런 방식에 잘 적응하는 사람들도 있을 것이다. 하지만 대부분의 영업인들은 자신의 숨은 세일즈 재능을 채 펴보지도 못하고 스트레스를 견디지 못해 포기하고 만다.

오히려 내성적이고 소극적인 사람들은 감성이 풍부할 수 있다. 따라서 이런 사람들에게는 거절을 두려워하지 말고 방문하고 또 방문하라고 가르치는 것보다 고객의 감성을 자극해 가망고객을 발굴하고 접근하도록 가르쳐야 한다. 신이 그 사람에게만 준 선물인 재능과 강점을 살려 영업달인의 경지에 오르게 하는 방식으로 말이다.

그렇다면 "나는 영업달인이 되기 위해 어떤 방식을 선택하는 것이 좋을까?'라는 질문을 할 차례다. 이에 대한 답은 추천사 다음에 올 '영업달인 체크 리스트'를 보면서 설명하겠다.

어떤 방법이 됐든 이 책이 영업달인으로 가는 데, 훌륭한 멘토로 가는 데 최고의 선물이 되었으면 하는 바람이다.

당산동 사무실에서
이성동

CONTENTS

05 책머리에
14 추천사
18 '영업달인' 체크 리스트

1장 영업인들을 위협하는 3가지 요소 · 23

2장 영업달인이 되어 당신의 인생을 바꿔라 · 31

33 왜 영업달인이 되어야 하는가?
36 이 세상 그 누구도 팔지 못하면 죽는다
39 영업달인은 부자가 되는 지름길
50 영업에는 선순환과 악순환의 법칙이 존재한다
54 영업달인으로 가는 로드맵

3장 영업달인으로 가는 7가지 DNA · 57

59 원대한 목표를 세우고 365일, 24시간 노력하라
69 신념과 열정으로 무장하라
73 자신의 일부나 전부를 바꿔라
84 전문가를 뛰어넘어 달인이 돼라
89 절대로 세일즈하려 하지 마라
95 실천 또 실천하여 습관이 되게 하라
100 슬럼프를 극복하여 악순환의 고리를 끊어라

4장 첫 번째 전략 고객이 스스로 찾아오게 만들기 · 111

113 인생을 즐기면서 고객 발굴의 달인이 돼라
124 고객이 찾아오게 만드는 스토리셀러가 돼라

- 145 나만의 인맥 지도를 그려라
- 157 세미나 개최와 후원은 이렇게
- 165 이벤트를 개최하고 후원하라
- 172 고객 연대감, 소속감이라는 심리적 효과를 활용하라

5장 두 번째 전략 도저히 거절할 수 없게 만든 뒤 접근하기 · 177

- 188 상대를 빚진 상태로 만들어라
- 207 고객이 나를 기다리게 하라
- 217 고객의 감성을 자극하라

6장 세 번째 전략 오직 고객의 성공만을 생각하고 설득하기 · 227

- 230 고객의 DNA를 파악하라
- 255 고객의 마음속에 있는 간절함까지 충족시켜라
- 266 고객을 기분 좋게 만드는 협상의 달인이 돼라

7장 네 번째 전략 최고의 블루슈머, 알파고객 만들기 · 273

- 288 고객 니즈별로 맞춤 세일즈를 하라
- 302 자아실현의 가치를 충족시켜라
- 309 고객과 마음을 나누는 친구, 인생의 동반자가 돼라
- 315 고객의 문제를 해결하고 도움을 제공하라
- 324 영원히 잊지 못할 특별한 경험을 제공하라

- 338 '이제는 영업달인이 될 수 있다' 체크 리스트
- 342 맺음말

|추천사|
책머리에

　내가 모시는 회장님은 자수성가를 하신 분이다. 그 분은 여섯 개의 계열사를 운영하며, 1년에 약 1조 원의 매출을 올린다. 그런데 젊으시다. 나이 차라고 해야 세 살, 내 셋째 형님과 동갑이다. 그러나 시쳇말로 가끔 헷갈린다. 전율이 일 정도로 무서운 카리스마와 예리한 결단력을 보일 때는 섬뜩함을 느낄 때도 있다. 불쑥불쑥 '아아, 저런 부분이 경영자의 핵심역량이구나!'를 느끼게 한다. 그러나 더러는 자상하고 인자하시다. 장난기가 발동하실 때는 친형같은 친근함을 느끼게 한다. 이럴 때는 영락없이 동심으로 돌아가 수작(?)을 부리고 싶어지기도 한다.
　샐러리맨으로 평생을 살아오다 자영업을 하고 있는 친형님은 요즘 상황이 좀 어렵다고 하신다. 워낙 마음이 순하고 착하니 동생인 내가 다 걱정스러운데, 형님은 오히려 동생 걱정이 더 크다. 쓸데없는 걱정 끼치지 않게 언제 한 번 시간을 내어 속내라도 내보여야겠다.

이 책을 쓴 저자도 앞에서 언급한 두 분 형님들과 동갑내기다. 서두에 굳이 세 사람 얘기를 꺼낸 것은 우리네 인생살이가 같은 시대, 같은 문화권에 살아도 이렇게 삶의 방향과 깊이가 다르게 투영될 수 있다는 사실이 흥미롭기까지 해서다.

문득 대한민국의 수많은 영업인들도 각양각색의 색깔을 띤 채 여러 가지 방법으로 전쟁터에서 뛰고 있음을 느낀다. 이 책에는 비즈니스 세계에서 영웅이 된 극소수 영웅호걸들의 성공 스토리와 실패의 애환이 담겨 있다. 모두 남의 얘기가 아니라 우리네 일상사다.

앞에서 회장 형님은 사업가답게 "인생은 과정이고, 사업은 결과다"라는 철학을 가졌고, 친형님은 소시민답게 "세상에 소금같은 존재가 되어 항상 남을 배려하며 살자"라는 소신을 가지고 산다.

저자인 성동 형님은 십수 년 동안 컨설팅과 연구소에 근무하면서 익힌 경험과 이론을 이 땅의 수많은 영업인들에게 나누어 주기 위해 기꺼이 이 책을 집필했다. 독자의 한 사람이자 컨설팅업계에 종사하는 동료의 한 사람으로서 정말 고맙게 생각한다.

책의 발간을 축하하는 글에서 굳이 세 분을 비교해서 그 결과를 계산하거나 분석하려고 앞의 이야기를 꺼낸 것은 아니다. 계산될 수도 없고 계산할 필요도 없다. 왜냐하면 아직도 살아온 만큼의 세월이 남아 있고, 삶은 언제나 현재 진행형이기 때문이다.

흔히 비즈니스 세계를 총성 없는 전쟁터에 비유하곤 한다. 나는 당신이 이 전쟁터에서 살아남기 위해 제3의 무기를 사용할 것을 제안한다. 최고의 무기, 그것은 바로 '진실'이다. 위에 언급한 친형님, 회장 형님, 저자 형님 모두 '진실'이라는 무기로 인생에 승부를 걸고 있지 않나 싶다. 감히 단정할 수 있다. 틀림없을 게다. 삶의 방식과 방향만 다를 뿐 최종의 목표는 동일하다. 세 분 형님 모두 '진실'과 통하는 성공에 인생을 걸고 있고 열정을 불태우고 있음이 틀림없다.

영업인들이여! 이 세상에 태어났다는 그 자체가 행운이고, 행복인 터. 이왕지사 영업이라는 전쟁터에 뛰어든 바에 영웅이 한 번 되어 보자. 그러면 어떻게 해야 영웅이 될 수 있을까?

세계적인 경영 컨설턴트이자 전미교육개발학회(ASTD)의 회장이자 말콤볼드릿지 전국품질관리대상의 심사위원으로 활동하고 있는 리차드 창의 말에 따르면, "몸만 고용하면 잠재력의 20%, 머리까지 고용하면 40%, 열정까지 얻으면 100%의 효과가 나온다"고 했다.

영웅은 아무나 되는 것이 아니다. 생각과 이론을 현실에 접목시키는 실천력이 뒤따라야 한다. 행동력이나 실천력도 그저 행해서는 아무 의미가 없다. 열정을 실어 실천해야 한다. 그리고 쉽게 지치지 않아야 한다. 지구력과 승부근성, 인내력을 얼마나 가지느냐가 관건이다.

기업이 성공할 수 있는 길은 간단하고 명료하다. 본문에서 저자가 언급하기도 하지만 영업달인, 즉 세일즈 영웅을 많이 고용하거나 모시고 있으면 된다. 델 러닝사에서 부회장을 역임하고 있는 존콘의 말처럼 재능 있는 인재들의 이직이 늘어나는 시대에 기업들의 최대 관심사는 책임감 있고 정열적인 직원들을 어떻게 붙잡아 두느냐에 있다.

이 책은 이러한 문제를 정면으로 다루면서 영업달인, 곧 세일즈라는 냉엄한 세계에서 영웅으로 탄생하느냐, 그저 평범한 사람으로 남느냐를 직·간접적으로 제시하고 있다. 우문일지 모르지만, 세일즈의 세계에도 블루오션이 있을까? 현답을 하자면, 당연히 있다.

이 책에서는 가망고객 발굴과 접근, 설득, 알파고객 만들기 등 세일즈의 핵심 프로세스별로 블루오션 세일즈의 방법론을 사례와 함께 구체적으로 제시했다. 이 책의 이런 내용이 전 세계에서 지금까지 출간된 수만 권의 세일즈 관련 책들과 확실하게 다른 점이다.

　이 책의 제목처럼 절대 세일즈하지 않으면서도 최고의 성과를 올릴 수 있다는 블루오션 세일즈의 방법론을 이제부터 체험해보기 바란다. 끝으로 저자는 컨설팅업계의 위대한 컨설턴트로, 영업인인 당신은 영업달인으로 한국사에, 아니 인류사에 기록되길 진심으로 바란다.

청호그룹 상무 · 경영학 박사 조희길

'영업달인'
체크리스트

다음 각 항목은 자신이 영업달인인지 아닌지 스스로 측정하는 체크 리스트이다. 항목별로 자신이 해당하는 점수를 다음과 같이 체크해보기 바란다.

매우 그렇다 (5)
대체로 그런 편이다 (4)
보통이다 (3)
그렇지 않다 (2)
전혀 그렇지 않다 (1)

1. 영업에 대한 확고한 신념, 열정을 갖고 있다. 열정적으로 영업하기 위해 자신의 일부 또는 전부를 바꿨거나 바꿀 생각이 있다. (   )
2. 영업목표를 누구보다 높게 잡고 이를 달성하기 위해 365일 24시간별로 계획을 세우고 반드시 실천한다. (   )
3. 팔지 않고 팔리는 시스템으로 영업 패러다임을 바꿨다. (   )
4. 파는 상품은 물론 고객에 대해서도 최고의 전문가다. (   )
5. 영업인으로서 해야 할 일들을 미루지 않고 반드시 실천한다. (   )
6. 고객을 찾아가기보다는 고객이 스스로 찾아온다. (   )
7. 가망고객을 발굴하기 위해 다양한 인맥을 지속적으로 구축하고 있다. (   )

8. 세미나나 이벤트 등을 통해 가망고객을 발굴하고 있다. (   )
9. 기존고객의 연대감과 소속감을 활용하여 가망고객을 발굴하고 있다. (   )
10. 가망고객에 접근하기 전에 어떤 방법으로든 상대를 빚진 상태로 만든다. (   )
11. 가망고객이 나를 기다리게 만드는 능력이 있다. (   )
12. 가망고객에게 접근할 때, 항상 밝게 웃고 유머화법을 구사해 고객의 감성을 자극한다. (   )
13. 고객의 프로필 정보는 물론 니즈와 선호 등의 핵심 정보를 파악해 지속적으로 업데이트를 하고 있다. (   )
14. 고객 가치를 충족시키고 설득할 수 있는 제안 능력과 프레젠테이션 능력을 보유하고 있다. (   )
15. 어떤 상황이라도 고객을 항상 기분 좋게 만들 수 있는 협상 능력이 있다. (   )
16. 고객을 알파고객으로 만들기 위해 고객별로 1 : 1 맞춤 세일즈를 하고 있다. (   )
17. 다양한 커뮤니티를 구성해 고객과 열정적으로 어울리며 커뮤니티를 통해 고객들의 자아실현 가치를 충족시키고 있다. (   )
18. 마음을 나누는 친구, 인생의 동반자 관계인 고객이 경쟁자들보다 많다. (   )
19. 고객별로 안고 있는 문제와 고민이 무엇인지 잘 알고 있고 이를 해결해 주거나 도움을 주기 위해 열심히 노력한다. (   )
20. 항상 고객의 기대를 뛰어넘는 즐거움과 감동, 추억, 향수 등을 주기 위해 노력하며 성과도 만족스럽다. (   )

이 측정 결과를 분석하는 방법은 다음과 같다. 이제 20개 항목별로 점수를 합산해보자.

- 평점 90점 이상은 이미 **최고의 영업달인**이다.
- 평점 80~89점까지도 **영업달인**일 가능성이 높다.
- 평점 70~79점까지는 **탁월한 영업 능력**이 있다.
- 평점 60~69점까지는 **우수한 영업 능력**이 있다.
- 평점 50~59점까지는 평범한 **보통 수준의 영업 능력**이 있다.
- 평점 40~49점까지는 **평균치 이하**다.
- 평점 39점 이하는 **분발**이 필요한 사람이다.

물론 주관적인 평가이므로 사람에 따라 결과가 다르게 나올 수 있다. 자기 자신에게 후한 사람도 있고 엄격한 사람도 있기 때문이다. 20개 항목 모두를 아주 잘하는 사람은 이 세상에 단 한 명도 없을 것이다. 신은 인간에게 모든 것을 잘할 수 있는 재능을 부여하지 않았기 때문이다.

1~5번 항목은 업종과 상품, 세일즈 형태와 관계없이 영업인이라면 누구나 다 잘해야 한다. 그러나 나머지 15개 항목 모두를 잘해야 영업달인의 경지에 오르는 것은 아니다. 물론 잘하는 항목이 많을수록 유리하겠지만, 필자가 분석한 바에 의하면 국내의 영업달인 중에는 15개 항목 중 한두 가지 항목에서 탁월한 능력을 발휘하는 이들도 많다.

그러므로 영업달인이 되려는 사람은 6~20번 항목 중에서 자신의 성격이나 스타일과 맞는 것에 집중하는 것이 좋다. 자신의 약점을 보완하는 것보다 자신의 강점을 강화하는 것이 더 효과적인 것이다. 그 다음에 자신의 약점을 보완해 나가면 된다.

그런데 여기서 주목할 점은 20개 항목이 다섯 개의 속성으로 구성되어 있다는 것이다. 1~5번 항목은 영업에 임하는 태도와 열정과 의지, 6~9번 항목은 가망고객 발굴 역량, 10~12번 항목은 가망고객에의 접근 역량, 13~15번 항목은 고객 설득 역량, 16~20번 항목은 충성 고객을 만드는 역량을 나타낸다.

여기서 중요한 것은 앞서 설명한 1~5번 항목을 제외한 네 가지 속성별로 자신의 성향 및 스타일과 맞는 항목이 최소한 한 개 이상은 있어야 한다는 점이다. 예를 들어, 두 번째 속성인 가망고객 발굴 역량, 즉 6~9번 항목과 관련해서 자신에게 재능이나 강점이 하나도 없다고 가정해보자.

이런 경우에는 자신의 재능과 강점만 강화하는 전략으로는 영업 달인이 되기 어렵다. 새로운 가망고객을 끊임없이 발굴하는 역량이 부족하기 때문이다. 그러므로 6~20번 항목과 관련한 네 가지 속성 중에 자신의 성향과 맞는 항목이 없을 경우에는 자신이 재능 있는 항목이 아니더라도 능력을 강화해야 한다.

이제 자신의 평가 점수를 다른 관점에서 분석해보자. 앞서 설명한 1~5번 항목을 제외한 4가지 속성 중에서 가장 높은 평점을 받은 한 항목씩을 선정하여 점수를 합산해보자. 1~5번 항목은 전부 5점을 받아야 하므로 만점은 45점(1~5번 항목×5점+6~20번의 4가지 속성별 1항목*5점=45점)이 된다.

이제 그 점수에 2.222를 곱하면, 100점 만점으로 환산된다. 이 점수로 당신은 자신이 위 평점 구간 중 어디에 속하는지 알 수 있을 것이다. 이 책을 읽고 난 후에는 모든 사람이 90점 이상 받을 수 있기를 바란다.

그럼 좀 더 객관적으로 평가하는 방법을 알아보자. 자신의 주변 사람들에게 자신의 영업 능력을 객관적으로 평가해 달라고 요청해보라. 상사나 동료, 후배 등에게 균등하게 평가를 받으면 더욱 좋다. 최소한 다섯 명 이상의 평가를 합산해 자신의 영업 능력을 판단해보자.

80점 미만의 평점을 받은 영업인들은 분발해야 한다. 지금까지의 방식을 계속 고수한다면, 언젠가는 도태되거나 그저 그런 영업인으로 남을 수밖에 없기 때문이다.

Sales Blue Ocean

| 1장

영업인들을 위협하는 3가지 요소

 **영업인들**을 위협하는 **3가지** 요소

업종이나 영업 대상(개인 고객, 기업 고객), 영업 형태(방문판매, 점두판매, 대리점 판매)를 불문하고 영업인들은 항상 다음과 같은 세 가지 위협에 노출되어 있다.

첫 번째 위협은 두말을 할 필요도 없이 경쟁사의 영업 담당자들이다. 물론 때로는 자사의 동료들도 강력한 라이벌이자 위협 요소가 된다.

두 번째 위협은 영업인들의 실적과 밀접하게 관련되어 있는 경기 사이클이다. 국내 영업을 주로 하는 영업인들은 내수경기의 사이클에 일희일비하는 경우가 많다. 최근의 10여 년만 보더라도 1997년 말에서 1999년까지 IMF 외환위기로 인한 불황, 2002년에 터진 신용카드 버블로 인한 2003~2004년의 불황, 2008년 9월에 터진 미국발 글로벌 금융위기로 인한 불황이 말해주듯 4~5년을 주기로 경기는 지속적으로 침체, 불황, 회복, 호황이라는 사이클을 그리고 있다.

이처럼 4~5년을 주기로 경기침체와 불황이 반복됨으로써 국내 영업에 종사하는 영업인들의 세일즈 환경은 점차 악화일로를 걷고 있다. 더 주목할 점은 소득과 소비의 양극화가 심화되어 중산층이 몰

락함으로써 상류층에 고객 기반을 갖지 못한 영업인들은 열심히 노력해도 성과를 올리기가 점점 더 어려워지고 있다는 것이다.

그래도 경기의 순환으로 인한 영업의 부진은 경기가 회복되면 곧 만회할 수 있다. 그러나 정말 심각한 문제는 일부 업종, 일부 영업인들은 경기가 나아져도 세 번째 위협 때문에 지금보다 크게 나아지지 않을 거란 사실이다.

세 번째 위협은 콜센터나 인터넷, 홈쇼핑 등의 뉴미디어 채널과 방카슈랑스, 소셜 미디어 등 새로운 채널의 등장이다. 2001년 하반기 교보다이렉트보험(현재의 AXA다이렉트보험)을 필두로 시장에 진출한 온라인 자동차보험과 2003년 9월부터 본격적으로 시행된 방카슈랑스가 그 대표적인 예다. 자동차보험을 판매하는 국내 13개 손해보험사 중 자사의 대리점과 영업인들을 위해 마지막까지 진출을 미뤘던 삼성화재도 결국은 온라인 자동차보험에 진출했다.

그리고 2004년 4월부터 12월까지 온라인 자동차보험료 수입이 5,790억 원을 기록하면서 3년 만에 20배 이상 훌쩍 넘어서더니 전체 자동차보험시장에서 온라인 자동차보험이 차지하는 점유율도 2001년 0.4%에서 2004년 7.9%, 2010년에는 20%대로 급증했다. 하지만 전문가들은 더 나아가 조만간 30%대를 돌파할 것으로 예상하고 있다. 게다가 영국이나 일본의 경우, 온라인 자동차보험의 시장 점유율이 이미 40~50%에 달한다는 보고도 있다.

또한 2003년 8월부터 연금, 교육보험 등과 같은 저축성 보험의 판매만 허용했던 방카슈랑스(은행에서 은행의 고객을 대상으로 보험상품을 파는 것) 1단계가 시행되자마자 저축성 보험의 영업인 판매 비중이 시행 전의 79.5%에서 22.8%로 급감했다. 그리고 2005년 4월에는

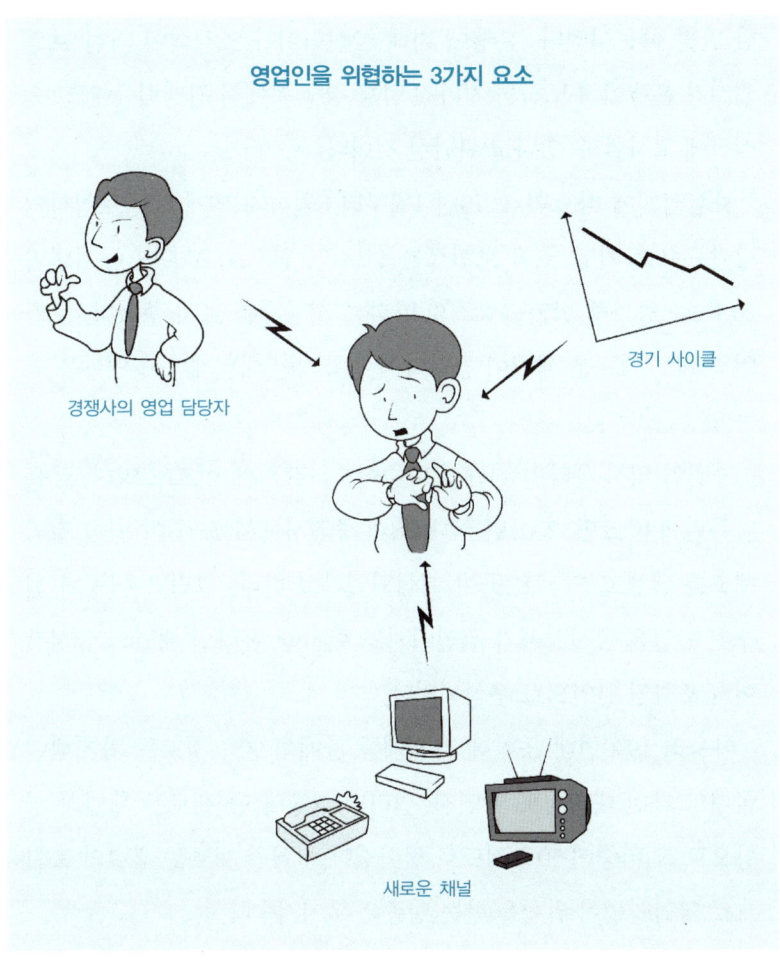

방카슈랑스가 2단계가 시행되면서 은행에서 취급하는 상품이 질병보험과 상해보험 등과 같은 순수 보장성 보험으로 확대되었을 뿐 아니라 2006년 10월부터는 만기 환급형 보험도 판매하게 되었다.

하지만 정부는 2008년 4월부터 보장성 보험과 자동차보험 판매를 허용키로 했던 방카슈랑스 3단계를 무기한 연기했다. 이것이 시행될 경우, 보험 영업인 3명 중 1명이 실직할 것이라는 보험업계의 강한 반발 때문이었다. 은행에 비해 공신력이나 조직력이 약한 보험업계가 은행이 주도하는 저마진 덤핑 경쟁 속에서 경쟁력을 잃고 순식간에 고사할 수 있다고 판단한 것이다.

보험업계에 따르면, 2010년 1월부터 8월까지 19개 생명보험사의 방카슈랑스 월납 초회 보험료는 1,224억 원으로 2009년 동기대비 26.1%나 증가해 방카슈랑스의 가파른 성장세를 보여 주었다. 보험업 외에도 새로운 채널이 등장하여 전통적인 대면채널이 영향을 받는 업종은 많다.

증권업 역시 온라인 거래의 비중이 70~80%에 이르고 있다. 금융감독원에 따르면, 2004년 국내 58개 증권사에서 1,700여 명이 정리해고를 당했고 지점 83곳이 폐쇄되었다고 한다. 그리고 이렇게 된 주된 원인은 증시침체가 원인이기도 했지만, 온라인 채널의 급성장이 구조적인 원인으로 분석되었다.

아울러 1990년대 초반에 가전제품 판매의 90% 정도를 차지했던 국내의 가전 대리점도 할인점, 인터넷 쇼핑몰 등 새로운 채널의 영향으로 그 비중이 50% 정도로 떨어졌다. 이처럼 새로운 채널의 출현으로 영업인들이 위협을 받는 업종은 부지기수다.

물론 보험이나 증권업종의 영업인들은 신채널에 자신들의 시장을 내주는 대신 다른 상품의 교차판매를 통해 이를 상쇄할 수도 있지만, 그럴 수 없는 업종의 영업인들도 있다. 대표적인 업종이 바로 식음료 분야다. 이 분야에 종사하는 영업인들은 자판기, 대형 할인점, 편의점, SSM 등과 같은 신채널에 밀려 그 입지가 급속히 위축되고 있다. 30여 년 동안 주스를 판매해 '주스 아줌마'로 불렸던 유일녀 씨가 그 대표적인 사례다. 다음은 그녀가 한 일간지와 가진 인터뷰 내용이다.

〰️ 모두 지나간 옛일이라고 말하는 주스 아줌마 유일녀 씨

30년간 주스 아줌마로 불렸던 유일녀 씨는 늘어나는 편의점만 보면 한숨이 절로 나온다고 한다. 편의점이 늘면 자신의 거래처가 줄기 때문이다. 편의점들은 본사에서 직판하는 경우가 대부분이기 때문이다. 지난 30여 년 동안 주스를 팔아 아이들 교육도 시키고, 생활도 했던 것을 생각하면 한숨이 절로 나온다.

해태음료㈜ 성북대리점의 유일녀 씨는 '훼미리(썬키스트의 전신) 오렌지 주스'가 출시됐던 1976년에 판매사원이 되었던 주스 배달 판매의 산증인이다.

(중략)

그녀는 경쟁업체의 판매사원보다 늘 한발 앞서 거래처에 도착해 냉장고를 정리하고 가게 청소를 돕기도 했었다. 이 때문에 그녀는 1990년대에 여러 차례 판매왕에 올랐다. 그리고 다른 주부 판매사원들에게 노하우를 전수하는 강사로 활약하기도 했다.

그러나 유일녀 씨는 "이젠 모두 다 지나간 옛일"이라고 말했다. 100군데가 넘었던 거래처도 30여 군데로 줄었다. 주요 거래처였던 경양식집과 구멍가게들도 점점 사라져 갔다. 대신 그 자리에 대형 커피 전문점이나 편의점이 들어서면서 유 씨는 설 자리가 좁아졌다.

그녀는 "거래처가 사라져 가는 모습에 서글픈 마음이 든다"고 말했다. 그래도 그녀는 "일을 시작할 당시 7살이던 막내를 36살이 될 때까지 키우고 지킬 수 있었던 것은 이 일 때문이었다"며 "마지막 거래처가 문을 닫는 그날까지 판매사원을 계속하고 싶다"고 말했다. ─ 중앙일보, 2005년 6월 20일자 화장품 산업 역시 현재 대리점 체제의 붕괴와 직판 체제의 도입으로 과도기를 겪고 있다. 그 대표주자는 아모레 퍼시픽의 종합 뷰티샵 '아리따움'이다. 2004년 7월 아모레 퍼시픽은 전신인 태평양이 런칭했던 '휴플레이스(Hue Place)'를 '아리따움'으로 전환하고, 점포를 신규로 출점해 현재는 1천여 개가 넘는 매장을 운영하고 있다. 이밖에 LG생활건강도 '뷰티플렉스(Beautiplex)' 1천여 개, '더 페이스샵'을 720여 개, '미샤'를 370여 개 가량 운영함으로써 전통적인 대리점 채널과 화장품 아줌마로 대변되는 화장품 방문 판매원의 입지를 위축시키고 있다.

이처럼 다양한 산업에서 영업인들의 입지는 시간이 지날수록 더 심각하게 위협받고 있는 상황이다. 그와 함께 경기침체와 불황, 신 채널의 급성장은 판매영업직 종사자의 수를 지속적으로 감소시키고 있다. 2010년 10월을 기준으로 했을 때, 서비스 판매직의 취업자 수는 529만 2천 명으로 2009년 10월의 545만 5천 명에 비해 3% 가량 감소했다는 통계청 자료가 이를 방증한다.

이처럼 영업인들은 항상 이 세가지 위협에 노출되어 있다. 따라서 이런 세 가지 위협을 극복하고 최고의 성과를 올리려면 이제까지의 영업방식을 대대적으로 혁신해야 한다. 새로운 영업 패러다임과 신무기로 무장해 영업달인의 경지에 올라야 비로소 생존할 수 있는 시대가 되었기 때문이다.

Sales Blue Ocean

| 2장

영업달인이 되어 당신의 인생을 바꿔라

 **영업달인**이 되어 당신의 **인생**을 바꿔라

01__
왜 영업달인이 되어야 하는가?

컨설팅을 하거나 강의를 할 때 가끔 이런 질문을 받는다.

"우리 회사는 업계에서 1, 2위를 다투는 회사도 아니고 브랜드 파워도 약합니다. 그리고 시장 내의 가격 경쟁도 심하고, 고객들의 신뢰도 낮아서 영업을 하는 데 어려움이 많습니다. 이를 어떻게 극복해야 합니까?"

당신이라면 어떻게 대답하겠는가? 고건 전 총리의 예를 들어 그 물음에 대한 대답을 대신한다.

2004년 3월 12일, 그 날은 우리나라 최초로 대통령 탄핵안이 국회에서 가결된 날이었다. 당시 다수의 국민은 나라가 큰 혼란에 빠지면 어쩌나 하고 많은 걱정을 했다. 그리고 이른 시일 내에 정국이 안정되기를 희망했다. 헌법에 따라 고건 전 총리는 대통령 권한대행을 맡게 되었다. 그는 자신을 중심으로 국가운영 시스템이 정상적으로 가동되도록 신속하게 대처했고 국정이 빠르게 안정을 되찾도록 조치를 취했다.

이전부터 고건 전 총리는 '행정의 달인'이라는 평가를 받아왔지만, 이 사건은 그의 그런 면모를 만천하에 확인시킨 계기가 되었다. 2007년 대통령 선거를 앞두고 2005년부터 2006년까지 국내의 주요 신문과 방송사들이 실시한 차기 대통령 후보에 대한 지지율 조사에서 고건 전 총리가 1위를 달릴 수 있었던 것도 그때 그가 보여준 '행정의 달인'이라는 이미지가 많은 영향을 미쳤을 것이다.

영업에서도 마찬가지다. 팔지 못하면 죽는 시대에 상품과 서비스를 팔아야 하는 사람들에게 생존과 성장을 위해서 가장 필요한 것은 무엇일까? 그것은 바로 달인의 경지에 오르는 것이다. 경기침체나 불황, 가격 경쟁의 심화, 강력한 경쟁자의 출현 등 아무리 어려운 환경이 닥치더라도 영업달인들은 항상 최고의 성과를 올린다. 또한 그들은 자기 회사가 업계 1, 2위가 아니고 브랜드 파워가 약한 것 등에도 전혀 영향을 받지 않는다.

치열한 시장 경쟁에서 살아남기 위한 기업의 전략 역시 마찬가지다. 스마트폰이나 명품과 같은 경우에는 고객이 선택할 때 상품의 본원적 가치만을 고려하는 경향이 강하다. 그러나 은행, 보험, 증권, 정수기 등 대면채널의 영향력이 큰 업종에서는 상품의 본원적 가치보다는 영업인의 역량에 의해 고객의 선택이 좌우지되는 경향이 매우 크다. 따라서 이런 업종일수록 영업달인을 많이 양성해야 한다. 마케팅 비용을 무한정 투입하는 것은 한계가 있으므로 한 사람이 한 개 지점과 맞먹는 성과를 올리는 영업달인을 많이 양성하는 것이 절대적으로 필요한 것이다.

또한 영업인들도 영업달인이 되기 위해 노력해야 한다. 왜냐하면 일당 백의 세일즈 성과로 회사에 크게 기여할 수 있는 것은 물론 개인적으로도 부와 성공을 동시에 얻을 수 있기 때문이다. 세일즈는 분명히 성공으로 그리고 부자로 가는 지름길이다. 그러나 모든 영업인들이 부와 성공을 얻는 것은 아니다. 단지 소수의 영업달인만들이 그 자리에 오를 수 있다.

게다가 영업도 경기와 마찬가지로 순환을 한다. 자신감이 자신감을 부르고, 고객이 고객을 부르며, 성공이 성공을 부른다. 영업에서 선순환의 사이클을 타려면 무엇보다도 영업달인이 되어야 한다. 영업달인이 되기 위한 비전과 목표를 설정하고 노력을 해야 하는 이유가 바로 여기에 있다.

02__
이 세상 그 누구도 팔지 못하면 죽는다

　원시 수렵사회에서는 잡지 못하면 죽을 수밖에 없었다. 그래서 원시인들은 생존하기 위해 동물이나 물고기를 잘 잡는 방법을 연구했다. 유목민들은 가축을 잘 키워야 생존할 수 있었다. 그렇기 때문에 유목민들은 초지를 찾아 이동하고 또 이동했다. 초지를 찾아 빠르게 이동하여 자신들의 생계수단인 가축들에게 풀을 배부르게 먹여야 했기 때문이다. 농경사회에서는 농사를 짓는 능력이 중요했고, 초기 산업사회에서는 많이 만드는 능력이 중요했다. 그러나 후기 산업사회와 지금의 첨단사회는 팔지 못하면 죽는 세상이다.
　대통령, 정치인, 지방자치단체장, 공무원, 의사, 운동선수, 영화감독, 식당주인도 모두 마찬가지다. 대통령은 국내에서는 자신의 국가운영 능력과 비전을 판다. 그리고 해외로 나가서는 세일즈 외교를 통해서 자신의 국가에서 만든 모든 것을 팔기 위해 노력한다. 정치인은 자신의 이미지, 능력, 리더십과 도덕성을 잘 팔아야 생존할 수 있다. 그래야 다음 선거에서 유권자들의 지지를 받을 수 있기 때문이다.

경영자는 자신의 경영 능력을, 개그맨은 웃음을, 탤런트는 연기를, 운동선수나 예술인들은 자신의 재능을 판다. 경영을 잘하고, 사람을 잘 웃기고, 연기를 잘 하고, 잘 치고, 잘 달리고, 잘 그려야 팔릴 수 있는 것이다. 그리고 의사는 의술을, 식당주인은 맛과 서비스를, 구직자는 자신의 능력을, 성직자는 설교를, 처녀와 총각은 아름다움과 건강을 경쟁자들보다 더 잘 나타내야 선택을 받는다. 그래서 최근에는 지방자치단체장들도 잘 팔기 위해 노력을 하고 있다. 2005년에 경북 울주의 군수를 역임했던 엄창섭 군수가 대표적이다.

세일즈 군수인 엄창섭 울주군수

엄창섭 울주군수는 눈에 띄는 수출 실적을 올려 군민들로부터 '600만 달러의 사나이'로 불린다. 엄 군수는 2002년 취임 후, 16개국 22개 도시를 대상으로 해외시장 개척에 나서 566억 원 상당의 수출 실적을 올렸다. 취임 전 1987년부터 1993년까지 대한무역투자진흥공사의 영국 런던 무역관장 등 27년간 해외에서 통상 전문가로 활동한 경험 덕분이었다.

그는 2003년 미국에 한국산 단감을 처녀 수출한 데 이어 배, 방울토마토, 호섭난 등 울주군의 특화 농산물을 적극적으로 수출했다. 그는 또 지역에 있는 중소기업의 해외시장 개척에도 꾸준히 나서 2004년 9월과 2005년 5월에 폴란드 등 동유럽 3개국과 모스크바 등 러시아 3개 도시에서 각각 600만 달러의 계약 실적을 거둬 들였다. ― 한국경제신문, 2005년 6월 16일자

이처럼 대통령이든 군수든 연기자든 식당주인이든 팔아야 생존

할 수 있는 세상이 되었다. 인간은 죽을 때까지 투쟁 속에서 살아간다. 때로는 자연환경과 때로는 경쟁자들과 때로는 자기 자신과 싸운다. 이 싸움에서 진 사람은 죽거나 노예적 삶을 살 수밖에 없다. 그렇기 때문에 지지 않기 위해서 이 시대를 살아가는 모든 사람은 무언가 열심히 팔고 있는 것이다.

하지만 싸움에서 진정한 승자가 되는 길은 싸우지 않고 이기는 것이다. 손자병법에도 나오듯이 전쟁에서 최고의 승리는 피 한 방울 흘리지 않고 이기는 것이다. 이는 세일즈에서도 마찬가지다. 치열한 영업 전쟁에서 진정한 승리자가 되는 길은 고객과 싸우지(세일즈하지) 않고 이기는(파는) 것이다.

이런 사람들을 필자는 영업달인이라 부른다. 영업달인들은 상품이나 서비스를 무리해서 팔려고 하지 않는다. 세일즈하지 않으면서도 탁월한 성과를 올리는 자신들만의 노하우를 갖고 있기 때문이다. 그들은 다음과 같이 주장한다.

"고객에게 뭘 팔려고 하는 것은 하수들이나 하는 짓이다.

03__
영업달인은 부자가 되는 지름길

― 영업인들이여! 부자의 꿈을 꾸어라

많은 사람들이 부자를 꿈꾼다. 그들은 부자의 성공 이야기에 공감하면서 자신도 꼭 그렇게 되리라 다짐한다. 그리고 부자가 되기 위한 특별한 비결을 찾고자 노력한다. 그런데도 정작 부자가 되는 사람은 소수에 지나지 않는다.

왜 그런 것일까? 부자가 되는 방법을 잘 모르기 때문일까? 물론 그럴 수도 있다. 하지만 이것은 현대를 살아가는 사람들에게는 전혀 해당되지 않는 얘기다. 우리가 사는 세상은 부자가 되는 방법에 관한 책과 정보로 넘쳐나고 있기 때문이다.

그런데도 왜 많은 사람들이 부자가 되지 못하는 것일까? 그 이유는 간단하다. 부자가 되는 데 필요한 조건을 알고는 있지만, 갖추지 못했기 때문이다. 그렇다면 부자가 되기 위해 갖춰야 할 조건은 무엇일까? 다음의 두 가지가 있다.

첫 번째는 부모를 잘 만나야 한다. 이 말에 허탈감을 느끼는 사람도 있을 것이다. 그러나 이 말은 부잣집 자식으로 태어나야 막대한 유산을 물려받을 수 있다는 의미가 아니라 부자가 되기 위해 필요한 조건, 즉 부자 DNA를 물려받을 수 있다는 것을 의미한다. 부자가 되기 위해서는 사실 돈을 많이 벌 수 있고, 이를 유지할 수 있으며, 이를 더 크게 불릴 수 있는 DNA가 필요하다. 따라서 부모를 잘 만나야 이런 DNA를 물려받을 수 있다

그렇다면 부모로부터 이런 DNA를 물려받지 못한 사람들은 어떻게 해야 할까? 스스로 노력해서 자신의 몸 안에 부자 DNA를 이식해야 한다. 이것이 바로 부자가 되기 위해 갖춰야 할 두 번째 조건이다. 그렇다면 이식해야 할 부자 DNA에는 어떤 것이 있을까? 다음과 같이 5가지가 있다.

1. 재(才)테크 DNA
2. 인(人)테크 DNA
3. 검(儉)테크 DNA
4. 혼(婚)테크 DNA
5. 재(財)테크 DNA

이 5가지 부자 DNA 중 영업인과 가장 관련이 깊은 것이 재(才)테크와 인(人)테크 DNA다. 재(才)테크 DNA란 돈을 많이 벌 수 있는 재능을 말하고, 인(人)테크 DNA란 좋은 인맥을 만드는 능력을 말한다. 물론 철저하게 검소한 생활을 실천하는 검(儉)테크 DNA, 결혼을 잘

하는 혼(婚)테크 DNA, 투자를 잘 하거나 돈을 잘 불리는 재(財)테크 DNA도 영업인이 부자가 되는 데 필요한 DNA다.

하지만 이 5가지 부자 DNA 중 영업인이 갖춰야 할 첫 번째 DNA를 꼽으라고 한다면, 그건 바로 재(才)테크 DNA다. 재(才)테크 DNA란 축구나 야구, 골프 등과 같은 운동을 잘하든 노래나 연기를 잘하든 공부를 잘해 고소득 전문직업을 갖든 장사나 세일즈를 잘하든 돈을 많이 벌 수 있는 재능과 관련된 DNA를 말한다.

그렇다면 필자는 왜 세일즈를 굳이 재능을 발휘하여 부자가 되는 방법으로 분류했을까? 그 이유는 다음과 같다.

2009년을 기준으로 세일즈로 억대 소득을 올리는 영업인의 숫자는 2만여 명이 넘는다. 억대 연봉자가 가장 많은 생명보험 분야는 이미 오래 전에 1만여 명이 넘었고 은행과 증권, 손해보험 분야는 5천여 명, 그리고 자동차 세일즈 분야는 5백여 명이 넘는다. 이밖에도 가전, 화장품, 정수기, 건강식품, 이동통신, 백화점 등 다양한 업종에서 세일즈를 하는 사람들과 직접 세일즈를 하지 않는 관리자들까지 모두 합하면 3만여 명이 넘을 것으로 추산된다.

그리고 억대 연봉자가 되려면 대부분의 업종에서는 상위 1~5% 이내에 들어야 하지만, 특히 생명보험 분야의 경우에는 상위 20~30% 이내만 돼도 억대 연봉이 가능하다. 게다가 이 분야에서는 그 수준이 1억을 조금 넘는 정도에 머무는 것이 아니라 2~3억대도 상당하며, 많게는 10억대를 받는 영업인들도 있다. 이처럼 영업은 개인의 능력에 따라 단기간에 고소득을 올릴수 있는 직종이다

하지만 최고의 성과를 올려도 억대 연봉을 받지 못하는 업종에서 일하는 영업인들이 아직은 더 많은 편이다. 물론 이런 업종에서 일

하는 영업인들은 세일즈로 부자의 꿈을 이룰 수 있다는 말에 전혀 공감을 할 수 없을 것이다. 그럼에도 불구하고 이들 역시 부자의 꿈을 가지면 얼마든지 부자가 될 수 있다. 그렇다면 필자가 이렇게 말하는 이유는 도대체 무엇일까? 다음과 같은 이유 때문이다.

직장인들은 일반적으로 사원, 과장, 부장, 임원 등의 단계를 거치면서 저축을 해서 집을 사거나 종잣돈을 만든다. 그러나 일반 직장인들이 급여만으로 부자가 되는 것은 현실적으로 매우 어렵다. 이들이 부자가 되려면, 임원이 되거나 부업을 하거나 재테크를 잘하는 길밖에 없다.

그런데 보통 사람들이 부자가 되기 어려운 이유 중 하나는 지속적으로 투자해야 할 종잣돈을 모으기 어렵다는 데 있다. 하지만 영업인들은 일반 직장인들에 비해 종잣돈을 모으는 데 있어 훨씬 유리한 고지에 있다. 대부분의 기업에서 영업인을 대상으로 성과급 제도를 운영하고 있기 때문이다. 굳이 재테크에 성공하지 못한다해도 성과급만으로도 일반 직장인들에 비해 더 많은 종잣돈을 단시간에 마련할 수 있는 것이다.

또한 영업직은 누구나 입문할 수 있도록 문호가 비교적 활짝 열려있는 편이다. 생산직이든 일반 사무직이든 전업주부든 제약이 별로 없다. 게다가 학력이나 출신도 크게 상관하지 않는다. 본인이 원하기만 하면 다양한 업종의 회사에서 비교적 쉽게 일할 기회를 얻을 수 있는 것이다.

그러니 영업인들이여, 부디 부자의 꿈을 가져라! 그리고 그 꿈에 도전하라!

__ 세일즈로 부자가 된 사람들

지금부터 10여 년 전만 해도 영업인들에게 꿈의 목표는 연봉 1억 원이었다. 그러나 앞서 말한 것처럼 연봉 1억 원 이상을 받는 영업인의 수는 크게 증가했다. 이들 중 초일류 영업인들은 연봉이 10억 원 이상이 되기도 하고, 2~3억 원 가량을 받는 영업인들도 상당수에 이른다. 이제는 '1억'이 아니라 '몇 억' 시대가 온 것이다.

그렇다면 영업달인들은 도대체 얼마나 받는 것일까? 다음은 국내에서 초고액 연봉을 받은 대표적인 영업달인들이다.

- 화장품 방문판매 사원으로 출발해 연봉 12억 원을 받은 화진화장품의 박형미 전(前)부회장!
- 화장품 방문판매 사원으로 출발했다가 가전제품 판매에서 누적판매 200억 원 돌파라는 경이적인 성과를 올린 대우일렉트로닉스의 백숙현 전 특판 본부장!
- 2000년부터 2009년까지 10년 연속 연도대상 1위. 지금 당장 신규 고객 유치를 중단하고 현재의 고객들만 잘 관리해도 앞으로 3년 동안 연도대상 1위와 연봉 10억 원이 문제없다는 삼성생명 대구 지점의 예영숙 전무!
- 삼성생명에서 연도대상을 10연패했던 예영숙 전무를 밀어내고 2010년 연도대상을 차지한 배양숙 FC! 그녀의 2010년 연봉은 12억 원 선이었다
- 보험회사에서 관리직으로 입사해 지점장을 거쳐 직접 보험영업에 뛰어든 교보생명 광화문지점의 정재형 FC! 그는 할아버지, 아버지,

손자까지 3대를 고객으로 확보해 관리하는 '가문 컨설팅'이라는 독특한 영업 전략으로 2004년 30대 중반의 젊은 나이에 월봉 1억 원을 돌파했다.

- 1년에 구두를 8켤레나 갈아 신을 정도로 열심히 세일즈를 해 6년 연속으로 판매왕과 6억 원대 연봉의 자리를 굳건히 지키고 있는 삼성화재 평택지점의 우미라 FC!
- 정수기 세일즈로 2억 원대 연봉을 받는 청호나이스 은평지점의 양계영 플래너!

이들 외에도 세일즈를 통해 부자의 반열에 오른 사람들은 수없이 많다. 프로야구 선수 중 2005년 현재 연봉 1억 원이 넘는 선수는 내국인 선수 380여 명 가운데 77명이다. 이는 전국에 있는 고등학교 야구선수 1,500여 명의 약 5%에 해당된다.

그런데 국내 최고의 인기 스포츠인 프로야구 선수들의 최고 연봉보다도 최고 영업달인들이 더 많은 연봉을 받고 있으며, 그 비율 또한 높다는 것을 아는가. 실제로 영업직의 경우 상위 5% 이내, 보험업의 경우 상위 20% 정도만 되어도 억대 연봉을 받을 수 있다.

게다가 프로야구 선수들이 억대 연봉을 받을 수 있는 기간보다 영업달인들이 억대 연봉을 받을 수 있는 기간이 더 긴 편이다. 영업의 선순환 작용 때문이다. 삼성생명 예영숙 전무의 경우 2000년부터 2009년까지 10년 연속 10억 원 수준의 연봉을 받고 있다.

예영숙 전무 이외의 영업달인들도 한 번 억대 연봉을 받기 시작하면 대부분 5년 이상 억대 연봉을 유지한다. 이렇게 본다면 세일즈야말로 보통 사람들이 부자로 가는 지름길인 것이다.

지금까지의 내용을 보고 회사에서 상위 1%에서 5% 이내에 드는 최고 영업인들 중에는 보험업계로 전직하고 싶은 사람도 있을 것이다. 자신도 1억 원 이상의 연봉을 받을 자격이 충분하다고 믿기 때문이다.

사실 어느 기업에서든 상위 1%에서 5% 이내에 꾸준하게 드는 사람은 어떤 업종으로 전직을 하더라도 높은 성과를 올릴 가능성이 높다. 그런 영업인들은 대부분 탄탄한 고객 기반을 가지고 있기 때문이다. 또한 업종을 바꾸더라도 자신만의 차별화된 영업 노하우를 갖고 있어 높은 성과를 올릴 확률이 높다.

하지만 다른 업종으로 전직을 하는 것은 신중하게 고려해야 한다. 보험 세일즈 분야를 예로 들자면, 생각보다 훨씬 낮은 연봉을 받고 있는 영업인들도 제법 많기 때문이다. 실제로 금감원이 2010년 11월 발표한 통계에 따르면, 보험 영업인의 월 평균 급여는 280만 원 내외였다고 한다.

가령, 억대 연봉자들의 월 평균 급여를 1~2천만 원으로 가정한다면, 100만 원대 또는 그 이하의 급여를 받는 이들도 제법 있다는 것을 알 수 있다. 보험 영업직으로 전직을 했을 경우, 오히려 현재보다 더 낮은 연봉을 받을 수도 있는 것이다.

또한 영업인들의 억대 연봉 트렌드가 특정 업종, 특정 회사만의 현상으로 끝나지 않을 것이라는 점도 전직을 신중하게 고려해야 할 요소다. 경쟁이 치열하고 대면판매의 역할이 중요시되는 업종들, 즉 은행, 증권, 자동차, 제약, 가전, 정수기, 화장품, 학습지, 건강식품 등은 앞으로도 보험업종과 같이 1억 원 이상의 고액 연봉자를 지속적으로 배출하게 될 것이다. 따라서 가장 중요한 것은 우선 자신의 분야에서 최고의 영업달인이 되는 것이다.

― 종잣돈을 가장 빨리 만들어 안전하게 관리할 수 있다

부자가 되는 방법 가운데 가장 중요한 것은 부자가 되는 큰 꿈과 목표를 가지는 것이다. 그 다음엔 종잣돈을 만드는 것 그리고 목표를 위해 계획대로, 하지만 남들과 다르게 실천하는 일이다. 이 세 가지 원칙 중 가장 어려운 일이 바로 종잣돈을 모으는 일이다. 많은 재테크 책들이 한결같이 종잣돈의 중요성을 강조하는 이유도 바로 그 때문이다.

그럼에도 불구하고 부자를 꿈꾸는 많은 사람들이 정작 궁금해 하고 가장 어렵게 느끼는 부분이 바로 '종잣돈을 어떻게 모을 것인가'이다. 그리고 대체로 재테크 전문가들이 말하는 최소한의 종잣돈은 3천만 원~3억 원 정도라고 한다.

하지만 연봉이 많든 적든 월급 생활자는 항상 쪼들린 생활을 하게 마련이다. 받은 월급으로 생활비, 집을 샀을 때 대출받은 은행 원리금, 아이들 학원비, 경조사비 등에 사용하고 나면 저축할 돈이라곤 쥐꼬리만큼 남는 경우가 대부분이다.

이런 상태에서 언제 어떻게 종잣돈을 모은단 말인가? 그렇다고 살던 집을 팔고 전세로 가거나 변두리로 이사할 수는 없지 않은가? 다음의 표는 건설회사에 근무하는 과장 1년차인 30대 중반 B과장의 월 평균 소득과 지출을 나타낸 것이다.

생활여건이 비슷한 중견사원의 월평균 지출 비교 (단위 = 원·%)

1996년 P건설 A과장 (과장 1년차, 자녀 2명 ; 6살, 2살)

생활비 730,000(36.9)

총소득	교육비	교육관련 저축	주택관련 저축	교통·통신	식료품 등	의류·기타	내구재	기타	근로소득세
1,980,000	200,000	150,000	300,000	150,000	400,000	180,000	150,000	290,000	160,000
	(10.1)	(7.6)	(15.2)	(7.6)	(20.2)	(9.1)	(7.6)	(14.6)	(8)

2004년 P건설 B과장 (과장 1년차, 자녀 2명 ; 7살, 2살)

총소득	교육비	교육관련 저축	주택관련 저축	교통·통신	식료품 등	의류·기타	내구재	기타	근로소득세
3,100,000	450,000	250,000	600,000	290,000	600,000	200,000	200,000	140,000	370,000
	(14.5)	(8.1)	(19.3)	(9.4)	(18.35)	(6.45)	(6.45)	(4.5)	(11.9)

생활비 1,000,000(32.3)

* 괄호 안은 소득대비 비중

– 매일경제신문의 기획 시리즈 '경제위기 이대로 극복하자'의 2004년 7월 15일자 내용 중 일부

여기서 볼 때 미래에 부자가 되기 위해 B과장이 준비하는 것은 주택 관련 저축 월 60만 원 정도임을 알 수 있다. 이렇게 B과장처럼 월 60만 원을 이자율 5%의 은행 정기적금에 불입할 경우, 1억 원을 만드는 데는 127개월, 즉 10년 3개월이 걸린다. 2011년을 기준으로 월 120만 원을 똑같은 이자율 5%로 저축한다고 해도 약 6년이 더 걸린다.

부자의 기준이 정해져 있는 것은 아니지만, 현재 사회 통념상 부자라 할 수 있는 최소 자산 규모는 부동산 20억 원 이상, 금융자산 10억 원 이상으로 총 30억 원 이상은 되어야 한다. 그렇다면 B과장이 월 60만 원씩 은행에 5% 이율의 정기적금으로만 자산 30억 원의 부자가 되기 위해서는 과연 몇 년이 걸릴까? 아마 100년도 넘게 걸릴 것이다. 그렇기 때문에 많은 재테크 서적들은 종잣돈을 만들어 고수익을 올릴 수 있는 재테크 방법을 권한다.

하지만 이처럼 30대 초중반의 나이에 부모의 도움을 받지 않고 사업이나 재테크에 필요한 종잣돈을 마련하는 것은 쉬운 일이 아니

다. 일반 직장인들의 급여체계는 대개가 승진이라는 방법으로 장기적으로 보상을 해주는 구조이기 때문이다. 그래서 사람들은 "월급을 가지고 살 수는 있으나 월급으로 부자가 될 생각은 하지 말라"라고 말한다.

이에 반해 영업인들은 금전적인 보상이 크고 빠르다. 세일즈가 부모나 친인척의 도움 없이도 종잣돈을 남들보다 빨리, 더 많이 만들 수 있는 매력적인 직업이라고 말한 이유가 바로 여기에 있다.

필자는 앞에서 자수성가형 부자가 되는 방법 가운데 하나가 자신의 재능을 발휘하여 높은 소득을 올리는 것이라고 말했다. 그러나 여기에는 대개 투자가 뒤따른다. 병원이나 변호사 사무실, 식당 등을 개업하는 경우에는 자본까지 투자해야 한다.

창업자금을 투자하면 리스크가 따르는 것은 당연하다. 사업이 실패했을 때는 종잣돈을 날리는 것은 물론 상당한 액수의 빚까지 지게 된다. 이 때문에 살던 집을 가압류 당하거나 자신에게 도움을 준 친인척이나 친구들에게까지 금전적·정신적 피해를 주는 경우를 우리는 주변에서 심심찮게 볼 수 있다.

반면 세일즈는 재능을 발휘하여 부자가 되는 다른 방법에 비해 종잣돈을 투자하여 손실을 볼 위험이 전혀 없다. 오히려 일정 기간 고정된 급여까지 받는다. 물론 영업인들도 실적에 대한 부담 등으로 인해 자신이 직접 구매를 하여 빚더미에 올라앉기도 하지만, 그런 경우를 제외하고는 리스크가 거의 없다. 즉 무자본 창업이자 급여를 받는 창업인 셈이다.

이처럼 세일즈는 창업자금을 투자해야 하는 리스크가 거의 없다는 장점을 가지고 있다. 또한 큰 성과를 올리면 그 어떤 직종보다 종잣돈을 빨리 그리고 많이 모을 수 있다. 이렇게 모은 여유자금을 펀드, 주식, 부동산 등에 안전하게 투자하여 자산을 늘릴 수도 있다. 종잣돈도 모을 수 있고, 창업으로 인한 투자 리스크도 없으며, 재테크 효과까지 얻을 수 있으니 그야말로 1석 3조인 셈이다.

이처럼 세일즈는 부자가 되는 지름길이자 안전하고 쾌적한 길이다. 그러나 모든 사람이 부자가 될 수 없듯이 영업인 역시 누구나 부자가 되는 것은 아니다. 세일즈로 부자가 되는 것은 영업달인들만의 몫일 뿐이다. 영업에 입문한 모든 영업인이 영업달인이 되어야 하는 이유가 바로 여기에 있다.

04__
영업에는 선순환과 악순환의 법칙이 존재한다

    영업달인이 되어야 하는 또 다른 이유는 영업은 반드시 순환 사이클을 그리기 때문이다. 수많은 사람들이 영업에 몸을 담았다가 떠난다. 오늘도, 내일도 그리고 모레도 이런 현상은 계속될 것이다. 이렇듯 많은 사람들이 영업이라는 직무를 거친다. 그러나 영업을 하게 된 동기는 사람마다 제각기 다르다. 높은 소득을 올려 부자가 되기 위해 세일즈의 길을 선택한 사람도 있고, 극심한 취업난으로 직장을 구하기가 힘들어 차선책으로 세일즈를 택한 사람도 있다.

    남편의 소득만으로는 아이들의 학원비와 치솟는 생활비를 감당할 수 없어 가계에 보탬이 되고자 영업의 길로 들어선 주부들도 있고, 아이들을 다 키우고 시간이 남아 소일거리로 세일즈를 하는 사람도 있다. 그리고 다단계업체 등에서 세컨드 잡으로 세일즈를 하는 투잡스 족들도 있다. 또한 지원부서나 생산부서 등에서 차출되어 본인의 의사와는 무관하게 영업을 시작한 사람들도 있다.

그리고 영업에 입문하게 된 동기야 어떻든 그들은 대부분 영업으로 최고의 성과를 올리고 싶어한다. "사람은 죽어서 이름을 남긴다"는 말처럼 영업 현장을 떠나도 실적은 영원히 남기 때문이다. 하지만 그렇다고 해서 제품과 서비스를 파는 사람들이 모두 탁월한 성과를 올리는 것은 아니다.

그렇다면 왜 그들은 자신이 원하는 만큼 성과를 올리지 못하는 것일까? 그것은 시장의 성장이 정체되고 경쟁이 치열하기 때문일 수도 있고 불경기 때문일 수도 있다. 또한 자사 제품의 브랜드 파워가 약하거나 품질이 떨어지기 때문일 수도 있고 경쟁자가 아주 싼 가격에 덤핑으로 판매하기 때문일 수도 있다.

그런데 이런 어려운 조건에서도 유독 두드러지게 잘 파는 사람들이 있다. 영업달인들이 바로 그들이다. 사람들은 '그들은 도대체 왜 잘 파는 것일까? 그리고 그들의 특별한 노하우는 무엇일까?'라고 많은 그 비결에 대해 궁금해 한다.

보험이나 자동차, 가전, 정수기 등을 판매하는 회사에서는 매년 자사의 최고 판매왕을 선발하고 시상한다. 그리고 그때마다 여러 언론사들은 이들의 세일즈 비결에 대한 인터뷰 기사를 싣는다. 그런데 정작 그 기사에 등장한 판매왕들의 답변은 어떤가? 그들은 대개가 이렇게 말하곤 한다.

"특별한 비결은 없다. 단지 성실하게 고객의 신뢰를 얻기 위해 그리고 감동을 주기 위해 노력했을 뿐이다."

또 어떤 판매왕들은 이렇게 말한다.

"비결은 없다. 영업방법을 몰라서 못하는 사람은 없을 것이다. 모두 다 알고 있다. 나는 다만 목표를 세우고 꾸준하게 실천했을 뿐이다."

그런데 여기서 우리가 눈여겨보아야 할 부분이 있다. 판매왕으로 선정된 사람들은 매년 단골처럼 판매왕에 다시 등극한다는 사실이다. 이처럼 성과가 뛰어난 영업인들은 계속해서 잘 나간다. 반면 성과가 부진한 영업인들은 계속 부진의 늪에서 헤어나지 못하는 경향을 보인다.

그렇다면 왜 이런 현상이 반복되는 것일까? 그 답을 찾기 위해 잘 나가는 영업인들과 그렇지 못한 사람들을 분석해보았다. 다음은 매년 최고의 성과를 올리는 대표적인 영업달인들이다.

- 삼성생명 예영숙 전무 : 2000년부터 2009년까지 10년 연속 그랜드 챔피언 등극
- 대한생명 유현숙 매니저 : 2006, 2009년, 2010년 등 판매왕 3회 수상
- 한국GM 동대문영업소 박노진 대표 : 자동차 누적판매 5천 대 고지를 앞둔 단골 판매왕
- 현대자동차 최진성 차장 : 영업대통령으로 통하며, 8년 연속 판매왕 수상
- 삼성화재 우미라 RC : 2010년까지 6년 연속 판매왕 수상
- 르노삼성자동차 원도희 팀장 : 2009년까지 누적판매 2천 대를 넘어 최다 판매를 기록중인 슈퍼리어

이들 외에도 보험, 은행, 자동차, 가전, 화장품, 정수기 등 대부분의 업종에서 좋은 성과를 올리는 영업달인들은 계속해서 잘 나간다. 이들은 짧게는 5년 내외, 길게는 20여 년 넘게 장수하고 있다. 그

렇다면 도대체 왜 이런 현상이 나타나는 것일까? 그것은 세일즈의 세계에 선순환과 악순환의 법칙이 존재하기 때문이다. 선순환의 법칙은 신뢰가 신뢰를 부르고, 고객이 고객을 부른다. 그리고 자신감이 자신감을 부르고, 성공이 또 다른 성공을 부른다.

반면 성과가 좋지 않거나 나쁜 영업인들은 악순환 법칙의 지배를 받는다. 의지와 신념, 열정의 약화로 인해 고객의 신뢰를 잃고 신뢰의 약화는 고객의 이탈로 이어진다. 고객의 거절로 좌절감과 패배감, 두려움이 생기고 이로 인해 고객의 신뢰는 더욱 떨어진다. 그리고 이런 악순환은 결국 지속적인 실패로 연결된다.

그렇다면 선순환의 사이클을 계속 타려면 어떻게 해야 할까? 여러 가지가 있겠지만, 가장 먼저 해야 할 일은 지속적으로 최고의 영업달인들을 벤치마킹하는 것이다. 영업달인들은 선순환의 법칙을 가장 잘 활용하는 사람들이기 때문이다.

그 다음에 해야 할 일은 악순환의 고리를 끊는 일이다. 특히 슬럼프의 연결고리를 끊어야 한다. 슬럼프란 영원불멸의 것이 아니다. 따라서 이것을 한 번 극복하고 나면 자신감을 얻을 수 있다. 그러면 다시 슬럼프가 찾아온다 해도 이를 극복할 수 있는 자신감을 가지게 되고, 그 방법이 자신의 DNA로 남게 된다.

뒷부분에서 필자는 영업달인들의 선순환의 법칙과 악순환의 연결고리를 끊는 방법에 대해 자세히 소개할 것이다. 이를 참고로 해서 선순환의 법칙을 실천할 수 있기를 바란다.

05__
영업달인으로 가는 로드맵

　영업달인들이 가진 선순환의 법칙을 소개하기 전에 우선 영업달인으로 가는 5단계 로드맵을 알아보자. 영업달인이란 시장의 경쟁상황이나 경기적인 요인, 브랜드 파워나 가격조건 등에 영향을 받지 않고 최고의 성과를 지속적으로 올리는 사람을 말한다. 이들이 최고의 성과를 올리는 방법은 무엇보다도 지속적으로 신규고객을 유치하고 기존고객이 이탈하지 않게 하는 데 있다.
　그렇다면 어떻게 해야 과연 영업달인과 같은 역량을 갖출 수 있을까? 다음 그림과 같은 다섯 가지 프로세스가 필요하다.
　영업달인은 끊임없이 새로운 시장과 새로운 수요를 창출하고 기존시장과 기존고객을 유지·성장시킬 수 있는 능력을 갖고 있는 사람이라고 할 수 있다.
　그러기 위해서 가장 먼저 필요한 일은 자기 자신을 혁신하는 것이다. 지금까지 해온 자신의 영업방식을 획기적으로 변화시키고 이전

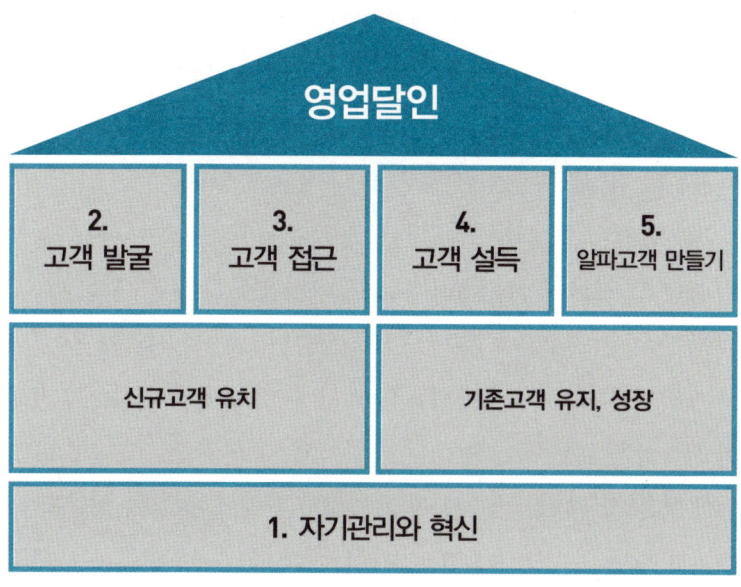

의 자신이나 영업방식과 단절하는 것이 필수다. 두 번째 프로세스는 신규고객 유치를 위해 가망고객을 발굴하는 역량을 강화하는 것이다. 세 번째 프로세스는 가망고객에게 어떻게 효과적으로 접근할 것인가 하는 것이다. 네 번째 프로세스는 가망고객을 설득하고 협상하는 능력을 강화하는 것이다. 마지막으로 다섯 번째 프로세스는 기존고객을 유지, 성장시키기 위해서 자신의 모든 고객을 알파고객으로 만드는 것이다.

 이 다섯 가지 프로세스별 역량이 뛰어난 사람만이 영업달인의 경지에 오를 수 있다. 물론 어떤 사람은 선천적으로 이 다섯 가지 프로세스에서 탁월한 능력을 발휘할 수도 있다. 그러나 이런 사람은 극소수다. 또한 그들 모두가 영업에 입문했던 초기부터 탁월한 성과를 올렸던 것도 아니다.

그들 중에는 몇 년 연속 판매왕 타이틀을 차지한 사람일지라도 초기에는 몇 달 동안 실적을 한 건도 올리지 못한 사람들도 있다. 그리고 그들 중에는 성과를 올리기 위해 매일 서너 시간만 잠을 자면서 아침부터 저녁까지 엄청나게 노력한 사람들도 있다.

그래도 앞서 소개한 판매왕들은 정말 행복한 사람들이다. 그들처럼 또는 그들보다 더 노력하는데도 성과가 신통치 않은 사람들도 많기 때문이다. 지금은 무조건 열심히만 한다고 해서 성과가 좋게 나오는 시대가 아니다. 그 방법을 알고 난 후 그 방법을 열심히 실천해야 성과가 나오는 법이다.

이 책은 상품과 서비스를 정말 열심히 팔려고, 최고의 성과를 올리려고 노력하는 당신과 같은 사람들에게 영업달인이 되는 구체적인 실천방법을 제시할 것이다. 영업달인으로 가는 데 필요한 최고의 선물이 되었으면 한다.

Sales Blue Ocean

| 3장

영업달인으로 가는 7가지 DNA

영업달인으로 가는 **7가지** DNA

01__
원대한 목표를 세우고 365일, 24시간 노력하라

보통 영업인들은 회사에서 부여를 받았든 자신이 스스로 정했든 영업목표를 달성할 의지와 전략이 약한 편이다.

"연초가 되면 항상 그렇듯이 무지막지한 영업목표를 앞에 세워두고 영업 계획을 잡습니다. 그런데 확실한 것은 하나도 없도 그저 숫자만 나열할 뿐입니다."

이 말은 실제로 국내 모 IT 기업에 종사하는 영업 관리자의 고민이다. 많은 영업인들이 이와 비슷한 고민을 한다. "회사에서 이렇게 높은 목표를 부여하다니"라고 하면서 불평을 하거나 "전년도 같은 불경기에 악전고투 끝에 실적을 달성했더니, 올해는 달성한 실적에 20%를 더 판매하라고 한다"면서 볼멘소리를 하곤 한다.

그러면서 "IMF 때보다 더 어렵다는 이런 불경기에 이건 도저히 달성이 불가능한 목표야!"라고 지레 포기를 해버린다. 혹은 목표를 달성하기 위해 노력하기보다는 안 되는 이유를 들어 자신을 합리화하는 데 더 열을 올린다. 물론 대부분의 영업인들은 다음과 같은 경우처럼 목표를 달성하기 위해 고민하고 노력한다.

"회사의 제품 경쟁력이나 브랜드 파워, 마케팅 능력이 떨어진다고 영업사원들이 불만이 많습니다. 물론 회사에서는 이 점을 인정하지 않지만, 강력한 경쟁자들에 비해 상대적으로 많이 떨어지는 것을 그 누구도 부인하지 않습니다. 이 어려운 상황을 어떻게 돌파해야 할까요? 스트레스를 받으면서 몸으로 부딪쳐야만 하나요? 주변에 열심히 일하지 않는 영업사원들은 없는 것 같은데, 신규고객을 좀더 적극적으로 유치하려고 아이디어도 내지만, 막상 실천하려면 어디서부터 어떻게 해야 할지 막막할 때가 많습니다."

이 말은 영업인들이 영업목표에 대해 가지는 부담감을 잘 보여주는 단적인 예다. 또 한편으로는 목표를 달성하기 위한 전략과 방법론이 없는 영업인들의 심리상태를 잘 나타내고 있다. 이런 목표와 관련된 재미있는 일화를 하나 소개한다.

2002년 한일 월드컵에서 우리나라의 4강 신화를 이끈 히딩크같은 세계적인 축구감독들은 기본적으로 세 가지 목표를 세운다고 한다. 프로팀을 맡아 자국 리그를 우승하는 것이 그 첫 번째이고, 유럽 각국에서 우승한 클럽팀들이 격돌하는 '챔피언스 리그'에서 우승하는 것이 두 번째, 그리고 월드컵에서 우승하는 것이 세 번째 목표라고 한다.

1998년 프랑스 월드컵 당시 네덜란드 축구대표팀을 이끌고 4강에 올랐던 히딩크 감독 역시 2002년 한국 축구대표팀을 맡았을 때, 우승 또는 결승전 진출이라는 목표를 가지고 있었다. 월드컵이 개최되기 30일 전에 전 세계 언론과의 인터뷰에서 히딩크 감독이 "선수들이 상당한 수준에 도달했다. 우리는 전 세계를 깜짝 놀라게 할 것이다"라고 했던 말이 그 방증이다.

2002년 당시 한국이 월드컵에서 16강에 오른다고 전 세계가 과연 깜짝 놀랐을까? 아니다. 그 정도는 개최국의 이점으로 충분히 가능하다고 여겼을 것이다. 오히려 16강에 오르지 못하고 탈락했다면 세계가 놀랐을 것이다. 그 이전까지 열린 월드컵에서 개최국이 16강에 오르지 못하고 탈락한 적이 단 한 차례도 없었기 때문이다. 그렇게 본다면 "전 세계를 깜짝 놀라게 하겠다!"는 히딩크 감독의 인터뷰에는 "한국이 이번 월드컵에서 우승하여……"라는 말이 생략되어 있었던 것이다.

이탈리아와 16강전을 앞두고 그가 언론과 한 인터뷰에서 "우리는 아직도 배가 고프다"라고 했던 말을 기억하리라. 그는 8강을 거쳐 결승전까지 가서 우승하기 전에는 샴페인을 터뜨려 축배를 들 수 없었던 것이다. 아울러 이탈리아와 벌인 16강전에서 승리한 뒤에 그는 "역사를 만들어 보자!"라는 말도 했다. 월드컵 우승에 대한 그의 강한 목표를 드러내는 두 번째, 세 번째 증거라 할 수 있다.

그에 반해 그 당시 일본 축구대표팀의 감독을 맡았던 프랑스 출신의 필립 트루시에는 월드컵 개최 한 달여를 앞두고 일본 언론과의 인터뷰에서 일본 열도를 발칵 뒤집는 말을 했다. "일본 축구대표팀이 이번 월드컵에서 16강 이상을 하는 것은 바람직하지 않다"라고 한 것이다.

그 당시 일본은 비교적 대진운이 좋아 예선에서 조 1위도 가능하다고 내심 기대하고 있었다. 그렇게 되면 상대 조의 2위팀과 16강전에서 맞붙게 되어 이길 승산이 높다고 보고 8강까지 바라보는 분위기였다. 그런데 트루시에 감독이 완전히 초를 친 것이었다. 트루시에의 논리는 이랬다.

"월드컵에서 8강 이상을 하는 나라는 하루아침에 그 수준에 오른 것이 아니다. 각 나라별로 프로축구팀과 리그의 수준, 축구팬, 유소년 축구 인프라 등이 16강 이상이 되어야 한다. 그런 점에서 일본은 아직 아니다. 일본 축구의 바람직한 발전을 위해서는 일본의 축구 수준에 걸맞은 성적이 필요하다."

물론 맞는 이야기다. 적어도 축구 칼럼리스트가 이렇게 얘기했다면 말이다. 그러나 한 국가의 축구대표팀 감독을 맡고 있는 사람이 할 말로는 절대 바람직하지 못한 말이었다. 목표라는 관점에서 보면 0점을 받을 수밖에 없다. 물론 일본 열도의 높은 기대치에 부담을 느껴 이런 말을 했을 수도 있다. 그러나 이것은 앞에서 영업인들이 목표와 실적에 대한 불만을 갖거나 부담을 느껴 얘기하는 것과 다를 바가 없다.

어쨌든 2002년 한일월드컵에서 한국은 4위, 일본은 16강에 올랐다. 물론 히딩크 감독이 우승 또는 결승전 진출이라는 목표를 갖고 있었기 때문에 우리는 4강을 했고, 트루시에 감독의 일본은 16강에 머문 것은 아닐 것이다. 그 외에도 여러 가지 변수가 복합적으로 작용하여 나타난 결과이기 때문이다.

하지만 이 일화는 우리에게 목표는 항상 크고 원대하게 가져야 한다는 것을 알려준다. 일단 목표를 정하면 그 목표에 도달하기 위해 전략을 세우고 방법을 연구하고 실행하기 때문이다. 목표란 항상 그 뒤에 따라오는 실행의 범위와 활동 반경을 규정한다.

그리고 목표치란 의욕적인 부분이자 결과를 지향하는 바람이다.

목표치를 높게 잡고 그에 따르는 실행과 활동을 해도 미달하는 경우가 많은데, 하물며 목표치를 낮게 잡는다면 그 결과는 불을 보듯 뻔하다.

우승을 목표로 준비해야 차질이 생기더라도 8강 또는 16강에 머무를 확률이 높다. 반면 16강 정도를 목표로 설정하면, 아예 조별 리그에서 탈락할 가능성이 크다. 16강 정도에 맞는 준비를 할 것이기 때문이다.

1986년까지 한국 축구대표팀의 목표는 월드컵 본선진출이었다. 1954년 스위스 월드컵에 출전한 뒤로 매번 예선탈락의 고배를 마셨기 때문이다. 그리고 비록 32년이란 긴 세월이 걸려 1986년 멕시코 월드컵에서 본선진출이라는 목표를 달성할 수 있었다.

그런 의미에서 월드컵 대회에 출전하는 우리 축구대표팀은 이제부터 목표를 우승으로 잡아야 한다. 32년이란 기간보다 더 오래 걸릴지 모르지만, 우승이라는 목표를 세우면 언젠가는 반드시 우승하는 날이 올 것이기 때문이다.

소위 비인기 종목이라는 핸드볼, 유도, 레슬링, 펜싱, 역도 등은 올림픽에서 단골로 메달을 따는 종목들이다. 그렇다면 이들 종목은 왜 올림픽에서 금메달을 따는 것일까?

이유는 간단하다. 올림픽에서 금메달을 따겠다는 목표만을 갖기 때문이다. 은메달도 동메달도 그들의 목표가 아니다. 오직 금메달만이 그들의 목표이다. 그들은 목표를 달성하기 위해 전략을 세우고 4년 동안 뼈를 깎는 노력을 한다.

축구도 이처럼 목표를 우승으로 잡아야 우승하기 위한 전략도 세우고 체계적인 준비도 할 수 있다. 16강 정도를 목표로 잡고 전략을 세우는 것보다 풀어야 할 숙제들이 더 많기 때문에 더 많은 준비를 할 수 있는 것이다.

가장 먼저 해야 할 일은 세계 최고의 축구대표팀과 우리나라 축구대표팀의 수준을 비교해 그 갭을 분석해야 한다. 그리고 현재 맡고 있는 감독이 우승시킬 수 있는 역량이 있는 지도자인지 아닌지 평가해야 한다. 만약 아니라면, 새로운 감독과 코칭스태프를 선임해야 한다. 어쩌면 히딩크 감독보다 더 역량 있는 감독을 선임해야 할 것이다.

그 다음으로 할 일은 월드컵 우승을 위한 맞춤 프로그램을 짜는 것이다. 선수 구성, 월드컵 본선 진출국들의 전력 분석, 선수 개개인의 개인 전술 및 체력 강화 프로그램, 골 결정력을 높이고 수비를 강화하기 위한 팀 전술과 조직력 극대화 프로그램 등을 한 치의 오차도 없이 준비해야 한다. 이런 준비 과정이 있어야 차질이 생겨도 준우승이나 3위 또는 4위를 할 수 있다.

또 한 가지 원대한 목표의 예로 세계 최고의 기업이 된 삼성을 들 수 있다. 삼성이 오늘날 세계 최고의 기업이 될 수 있었던 가장 큰 원동력도 초일류주의라는 목표 때문이었다. 삼성은 이병철 회장 때부터 세계 1등을 목표로 제품을 개발하고 인재를 육성해 왔다. 그래서 이를 위해서라면 세계 어디에서든 인재를 영입했고, 투자도 과감하게 진행했다.

그 후 1990년대 중반 이병철 회장에게서 경영권을 넘겨받은 이건희 회장은 세계 1등이 되기 위해 필요하다면 가족을 빼고는 모든 것을 다 바꿔야 한다고까지 주장했다. 이러한 세계 1등이라는 목표가 있었기 때문에 오늘의 삼성이 있는 것이다.

목표란 참 묘하다. 목표를 높게 설정해서 노력하면 반드시 그 근처까지 간다. 그러나 반대로 목표를 낮게 설정하면 결국은 낮은 목표치까지밖에 가지 못한다. 그렇다면 왜 이런 현상이 나타나는 것일까? 그것은 아마 인간의 속성 때문일 것이다.

앞서 소개한 어느 IT기업 영업 관리자의 말처럼 무지막지한 목표치를 받았다고 생각하는 영업인들은 불만을 토로하게 마련이다. 그리고 어떤 영업인들은 그 목표에 자포자기 하기도 하지만, 어떤 영업인들은 그 목표를 달성하기 위해 노력을 하기도 한다.

그런데 여기서 놀라운 사실은 무지막지한 목표라고 불만을 나타냈던 사람들 중에도 목표를 달성하는 사람들이 반드시 나타난다는 것이다. 왜냐하면 그 목표를 달성하기 위해서 365일, 24시간 노력했기 때문이다. 비인기 종목의 선수들이 올림픽에서 금메달을 따기 위해 4년 동안 노력하는 것처럼 말이다. 이처럼 목표란 참 묘한 것이다. 할 수 없다고 느꼈던 목표도 열심히 노력하다 보면 달성하게 되니 말이다.

그렇다면 원대한 목표를 세우고 365일, 24시간 노력한다고 해서 누구나 자신의 목표를 달성할 수 있을까? 그렇다고 대답하는 사람은 아마 한 사람도 없을 것이다. 원대한 목표는 노력만으로 달성되는 것이 아니다. 목표와 현상의 갭을 분석하고 달성할 수 있는 전략을 수립해야 가능하다. 그리고 다른 사람들과 다른 방법으로 반드시 실천해야 가능하다.

그렇다면 원대한 목표에는 어떤 것들이 포함되어야 할까? 일반적으로 '목표'라고 하면 사람들은 매출 목표와 이익 목표만을 떠올린다. 그러나 목표를 수립할 때는 좀더 구체적이어야 한다. 즉 구체적인 목표에 해당하는 '무엇을', '얼마나', '언제까지' 달성하겠다는 내용이 포함되어야 한다.

자동차와 보험의 예를 들어보자. 예를 들어, '무엇을'은 2000년에는 자동차 판매 목표 700대, 보험 신계약 목표 2백 건 이상과 같은 성과 또는 결과치를 말한다. '얼마나'란 대형 승용차 2백 대, 중형 승용차 2백 대, 소형 승용차 1백 대, SUV 1백 대처럼 세분화된 목표를 말한다. 보험의 경우에는 월납 보험료 50만 원 이상 종신보험 신계약 1백 건, 1백만 원 이상 연금 보험료 1백 건 이상과 같이 세부적으로 달성해야 할 수준이나 상태를 말한다. 또한 자동차 7백 대 판매와 보험 신계약 2백 건을 달성하기 위해 매일 자동차 판매 2대 이상, 매주 보험 신계약 4건 이상 등과 같은 목표치 역시 '얼마나'의 범주에 해당한다. '언제까지'란 2000년 11월 30일까지, 즉 달성하고자 하는 기한을 말한다.

목표를 달성하기 위해서는 확률 차원의 목표도 설정해야 한다. 이는 방문 예약률, 방문율, 계약률 등과 같이 한 건의 계약을 성사시키기 위해 필요한 확률을 바탕으로 한 영업에 대한 활동 계획을 말한다. 매일 자동차 2대 판매, 매주 보험 신계약 4건을 달성하기 위해서 필요한 방문 예약과 방문 및 상담 건수, 제안 건수가 얼마나 필요한지 구체적인 행동 목표도 명확히 해야 하는 것이다.

필자에게 종종 이런 고민을 털어놓는 영업 본부장이나 관리자들이 있다. 영업인들 중에는 능력이 충분한데도 일정한 수준 이상은 절대 더 하려 하지 않는 이들이 있다는 것이다. 축구에 비유하자면, 목표를 16강까지만 세우고 더 이상 노력하지 않는다는 것이다. 목표를 우승으로 높게 잡아야 부족한 전략과 방법론을 코칭도 해줄 텐데 그렇지 않아 참 안타깝다는 하소연을 하는 것이다.

당신은 어떠한가? 당신도 목표를 16강이나 4강까지만 세우고 있지는 않은가? 또는 우승하기 위한 의지와 전략, 방법론도 없이 그저 목표만 우승으로 잡고 있지는 않은가? 주 5일 근무니까 토·일요일은 당연히 쉬고, 월요일은 월요병이 도져서, 화요일은 화가 나서, 수요일은 술이 땡겨서, 목요일은 목이 타서, 금요일은 내일부터 이틀 동안 쉬니까 동료들과 술도 한 잔 하고 영화도 보러 가야 한다며 실행을 뒤로 미루고만 있지는 않은가?

그러고는 제품력이, 품질이, 브랜드 파워가 약하다고 불평만 하고 있지는 않은가? 만약 그렇다면 지금이라도 목표를 우승으로 수정하고 목표를 달성하려는 의지를 굳건히 하기 바란다.

그리고 목표를 달성하기 위한 전략과 방법론을 다시 한 번 생각하기 바란다. 자신이 현재 하고 있는 방법이 최상인지, 과거의 방식을 답습하고 있는 것은 아닌지 말이다. 마라톤 풀코스를 완주하기 위해서는 젖 먹던 힘까지 쏟아부어야 한다. 혹시 당신은 마라톤을 완주하고도 아직 힘이 남아 있지는 않은가?

절대로 작은 목표에 안주하지 마라. 작은 목표는 당신의 피를 들끓게 하는 기적을 만들지 못한다. 당신이 도저히 도달할 수 없을 것 같은 원대한 목표를 세워라. 그런 다음 목표와 현상의 갭을 분석하고 달성할 수 있는 전략을 수립하라. 그리고 원대한 목표를 달성하기 위해 1년 365일, 1일 24시간 노력하라.

이와 같은 프로세스가 영업달인을 만드는 핵심 DNA를 당신의 세포에 이식시키는 첫 번째 과정이다.

02__
신념과 열정으로 무장하라

자신의 회사나 상품에 대해 불만이 있는 사람들은 의외로 많다. 이들은 품질과 가격 경쟁력이 없고 인센티브나 지원제도도 떨어진다고 수시로 불평불만을 늘어 놓는다. 특히 자신의 의지와 관계없이 영업을 시작한 사람들에게 이런 불만이 더 많은 편이다.

그런데 자기 회사의 상품에 대한 확고한 신뢰가 없는 상태에서 고객을 설득한다는 것은 사실 무리가 있다. 아니 오히려 역효과가 날 수도 있다. 이런 사람들에게 있어 무엇보다도 가장 중요한 것은 우선 확고한 신념과 열정을 갖는 것이다.

반면에 자신의 의지로 영업을 시작한 사람들은 다르다. 이런 사람들은 자신이 파는 상품과 서비스에 대해 확고한 신념을 갖고 있다. 그리고 강한 자부심으로 무장되어 있어 자신이 가장 좋아하는 일을 할 때처럼 즐거운 마음으로 세일즈를 한다.

또한 무언가를 파는 일에 있어서도 항상 긍정적인 자세를 가지고 있다. 절대로 힘겨운 노동이 되어서는 안 된다고 스스로 생각하는 것이다. 아울러 모든 일을 열정적으로 처리한다. 이처럼 자신의 의지로 영업을 시작한 사람들과 어쩔 수 없이 시작한 사람들의 신념과 열정에는 차이가 많다. 성공을 하고 부자가 되겠다는 뜻을 세운 사람들은 영업에 임하는 태도부터 다를 수밖에 없다.

그런데 자신의 의지로 영업을 시작한 사람들도 시간이 지날수록 그 의지가 약해지게 마련이다. 왜 그런 것일까? 열정에도 유효기간이 있기 때문이다. 그중에는 유효기간이 하루나 이틀 정도인 영업인도 있고 한두 달 가는 영업인도 있다. 하지만 영업달인들은 다르다. 한두 달이 지나든 1, 2년이 지나든 언제나 초심을 잃지 않는다.

그렇다면 열정의 유효기간이 짧은 영업인들은 어떻게 해야 할까? '이 정도면 됐어'라는 생각을 버려야 한다. 이런 생각을 하는 순간부터 열정의 배터리는 방전되기 시작한다. '방전된 열정의 배터리는 재충전하면 되지, 뭐!'라고 생각하면 오산이다. 앉으면 눕고 싶은 게 인간의 마음이다.

그래서 영업달인들은 '이 정도면 됐어'라는 생각을 절대 하지 않는다. 이런 생각을 갖는 순간부터 열정의 배터리가 방전되기 시작해 결국 시장과 고객으로부터 버림을 받게 된다는 것을 그들은 너무나 잘 알고 있기 때문이다. 그 대신 그들은 항상 처음 일을 시작했을 때의 열정을, 처음 계약했을 때의 감사하는 마음을 잊지 않기 위해 노력한다. 다음과 같은 사례에서처럼 말이다.

열정의 화신, 김경희 태평양 서울 북부지역 수석 지부장!

김 지부장은 화장품 방문판매만 18년째인 베테랑이다. '아모레 아줌마'로 불리며 초록색 가방에 화장품을 바리바리 넣고 온 동네를 누비고 다닌 게 엊그제 같은데, 어느새 '화장품 카운슬러'라는 이름으로 억대 연봉을 거머쥐는 커리어 우먼이 됐다.

2002년에 연도대상을 수상하고, 2004년의 극심한 불황에도 상반기 서울 북부지역 판매왕 자리를 거뜬히 차지한 김 지부장. 김 지부장의 이런 성공은 화장품 판매에 대한 신념과 열정 때문에 가능했다. '빨간 날'이 없을 만큼 프로의식으로 무장한 김 지부장은 아침 9시에 출근해 직원들의 판매현황을 점검하고 점심을 먹는다. 그러고 나서래 고객 영업에 나서는 그녀는 빨라야 저녁 7시쯤 하루 일을 마무리한다.

토요일, 일요일은 물론 심지어 명절 때도 고객이 부르면 언제든지 달려 나간다. 일과 고객에 대한 열정이 없으면 불가능한 일이다.

— 국민일보, 2005년 1월 2일자

만약 '이 정도면 됐지' 하는 마음이 있었다면, 김 지부장은 휴일이나 밤늦은 시간에 고객이 불렀다고 해도 달려가지 않았을 것이다. 그리고 이것은 일에 대한 열정뿐 아니라 고객을 사랑하는 열정이 있어야 가능하다. "오늘은 가족과 모처럼 등산을 하기로 했는데……", "밤 10시에는 학원에서 귀가하는 딸을 데리러 가야 하는데……" 정도의 핑계는 어떤 영업인이나 가지고 있다. 물론 고객은 얼마든지 이것을 이해하려 할 것이다.

그러나 이런 일들을 취소하고 휴일과 밤늦은 시간에 자신을 위해 달려오는 영업인의 열정과 희생을 고객은 쉽게 잊지 못한다. 그 대표적인 사람이 바로 현대자동차의 판매왕 최진성 차장이다. 최 차장은 가족과 놀이공원을 갔을 때라도 고객에게 전화가 걸려오면 총알

같이 달려간다.

    가족에게는 빵점짜리 아빠로 불릴지 몰라도 고객은 그의 열정에 감동할 수밖에 없다. 그는 고객을 위한 일이라면 매사에 열정을 가지고 임한다. 현대자동차에서 수많은 영업인들을 제치고 판매왕 자리를 계속 유지하고 있는 그만의 노하우는 여러 가지가 있을 것이다. 하지만 첫 번째 DNA를 꼽으라면 다름 아닌 열정이다.

    이제부터 상품과 서비스를 팔기 위해 고객을 만난다는 생각은 버려라. 그 대신 '고객이 원하는 것을 이 세상에서 가장 잘 해줄 수 있는 사람은 바로 나다'라는 확고한 신념을 가져라. 첫 계약을 위해 노력했던 뜨거운 열정으로 재무장하라.

    그리고 가슴에서 가슴으로 당신의 열정이 고객에게 전달되도록 노력하라. 영업에 입문할 당시 가졌던 확고한 신념과 뜨거운 열정을 유지하는 것만이 당신으로 하여금 영업달인으로 가는 마라톤 코스를 완주할 수 있게 해줄 것이다.

03__
자신의 일부나 전부를 바꿔라

많은 사람들이 한때 축구선수 박주영을 '축구천재'라고 불렀다. "잘 알아듣고 잘 받아들이니 바로 천재 아니냐"며 "커버플레이를 할 때와 벗어날 때 그리고 드리블을 할 때 모두 그는 천재성을 유감없이 드러냈다"라며 청구고 은사였던 변병주 감독은 그를 치켜세웠다. 그리고 FC서울의 플라비오 전 피지컬 코치도 "박주영이 다른 선수와 다른 점은 엄청난 순발력과 반응속도에 있다"며 "이는 신이 내려준 선물이다"라고 말했다. 공 없이 달릴 때보다도 드리블을 할 때의 주력이 더 빠르다는 사실이 이를 잘 뒷받침한다고 하면서 말이다.

그와 더불어 박주영의 프리킥과 드리블 능력은 발목의 유연함이 없으면 불가능하다는 분석도 나왔다. FC서울에서 박주영의 주치의를 담당했던 이경태 박사는 박주영의 발목 인대는 보통 사람보다 월등히 유연하기 때문에 정확한 킥을 구사할 수 있다는 것이었다. 그리고 이장수 전 FC서울 감독도 "발목이 유연하지 않으면 그런 킥과 드리블이 나올 수 없다"며 박주영을 높이 평가했다

하지만 박주영의 100m 달리기 기록은 12초다. 국내 K리그 선수들의 100m 달리기 평균 기록이 12초대임을 감안하면 그가 특별히 빠른 것은 아니다. 그러나 순간적인 반응 속도는 다른 선수들에 비할 수 없을 만큼 빠르다.

박주영의 빠른 반응 속도는 그만큼 상대 수비수에게는 치명적이다. 자신에게 투입되는 패스를 상대 수비수와 동시에 인식한다 해도 공을 먼저 차지하기 때문이다. 종종 상대의 오프사이드 트랩을 무력화시키는 박주영의 빠른 순간 침투도 바로 여기에서 나온다고 한다.

이와 같은 박주영에 대한 평가는 그의 천재성과 타고난 재능을 유감없이 설명하는 말이라 하겠다. 그래서 많은 사람들이 그를 천부적으로 타고난 골잡이라 부르며 칭찬을 아끼지 않는다.

그러나 그에겐 페널티킥 징크스가 있다. 2005년 6월말까지 그는 K리그와 청소년 대회에서 페널티킥을 네 번 차서 한 번밖에 성공하지 못했다. 25%의 성공률이다. 필드게임에서 골을 성공시키는 확률보다도 오히려 낮다.

박주영은 국내에서 활약했던 2005년 상반기 프로축구컵 대회와 K리그 18경기에서 14골을 터뜨려 경기당 0.78골의 집중력과 총 50개의 슈팅에서 14골을 넣어 28%의 슈팅 성공률을 나타냈다. 그리고 특히 K리그 들어서는 7경기에서 8골을 넣어 경기당 1.14골을 기록했으며, 22개 슈팅에서 8골을 뽑아내 36.3%의 슈팅 성공률로 고감도의 골 결정력을 보여 주었다.

그렇다면 천부적인 골잡이로 평가받는 박 선수가 페널티킥 성공률은 왜 이렇게 낮은 것일까? 그것은 그의 나쁜 습관 때문이다. 그는 페널티킥을 찰 때, 대부분 자신의 왼쪽 방향으로 찬다고 한다. 골키퍼 입장에서는 자신의 오른쪽 방향만 막으면 되는 것이다. 이것을 아는 그도 오른쪽으로 차려고 마음을 먹는다고 한다. 그러나 정작 달려가면서 볼을 차고 보면 또 다시 왼쪽이라고 한다.

그렇다면 그는 왜 이 습관을 고치지 못하는 것일까? 그는 한 인터뷰에서 페널티킥을 차려고 달려가는 순간 잊어버린다고 말했다. '이번에는 오른쪽 방향으로 차야지'라고 마음 먹고 공을 차려고 달려가는 순간 이를 잊어 먹고 예전처럼 다시 왼쪽으로 차는 것이다.

따라서 진정한 축구천재, 축구달인이 되려면 그도 페널티킥을 차는 습관을 바꿔야 한다. 더 나아가 패스를 받았을 때나 패스를 할 때, 드리블을 할 때나 슈팅을 할 때의 습관까지 바꿔야 한다. 그렇지 않으면 상대편 수비수나 골키퍼가 이를 간파하게 된다. 그렇게 되면 운동선수는 슬럼프에 빠지게 마련이다.

영업인도 마찬가지다. 영업인들 중에서도 타고난 영업천재가 있을까? 영업달인들만 보면 그렇다. 체계적인 교육을 받지 않았음에도 불구하고 그들이 영업을 하는 과정을 지켜보면, 마치 타고난 것처럼 여겨진다.

그러나 타고난 사람은 사실 1%가 채 안 된다. 그들 중 거의 대부분은 마치 타고난 것처럼 여겨지도록 체득한 것이다. 그래서 몸에 배인 것처럼 자연스러울 뿐이지 절대 타고난 것이 아니다. 그 정도로 그들은 자신의 일부 또는 전부를 바꾸어 영업달인이 되었으며, 성공을 보장받을 수 있었다.

세계 최고의 세일즈맨으로 12년 연속 기네스북에 오른 미국의 자동차 판매왕 조 지라드! 세일즈의 신화라고까지 불리는 조 지라드지만, 그의 성공 방정식은 의외로 간단했다. 쉐보레 자동차에 세일즈맨으로 입사한 그는 동료 세일즈맨들과 다른 방법으로 고객을 발굴했다.

당시 세일즈맨들은 대개 영업소에 찾아오는 고객을 순번대로 상담해 영업을 하고 있었다. 그러나 그는 1980년대 초반 당시로는 아주 새로운 영업방식, 즉 고객을 찾아다니는 방식을 택했다. 만약 기존의 영업방식을 과감하게 파괴하지 못했다면, 조 지라드도 평범한 세일즈맨으로 남을 수밖에 없었을 것이다.

교보생명에서 판매왕 타이틀을 여러 차례 차지한 조용신 팀장도 조 지라드와 비슷했다. 조 팀장은 맨 처음 현대자동차에서 영업에 입문했다. 다음의 사례는 그가 현대자동차에 근무할 당시의 이야기다.

자신만의 전단지를 만들어 뿌린 현대자동차의 조용신 씨

현대자동차 영업소에 배치된 조용신 씨는 이상한 사실을 하나 발견했다. 동료 영업사원들이 고객을 찾아다니기보다는 영업소로 걸려오는 고객의 전화에 더 많이 의지하더라는 것이다.

그래서 조용신 씨는 영업소장에게 자신만이 활용할 수 있는 자동차 판촉용 전단지를 만들어 달라고 건의했다. 당시는 판촉용 전단지를 영업소 단위로 만들어 신문에 넣거나 시장이나 길거리에서 나누어 주었다. 영업소 단위로 전단지를 배포하다 보니 연락처도 영업소의 대표번호만 기재되었다. 당연히 고객의 문의전화가 영업소 대표번호로만 올 수밖에 없었다. 이러니 영업사원들이 전화를 먼저 받으려고 경쟁을 한 것은 당연했다. 조용신 씨는 영업소장을 설득해 자신만의 전단지를 만들었다.

그날부터 시장, 사무실, 병원, 주유소 등 자신이 다닐 수 있는 모든 곳에 전단지를 뿌리고 다녔다. 그리고 그렇게 일주일쯤 지나고 나자 영업소에 걸려오는 전화의 70%는 조용신 씨를 찾는 전화였다고 한다.

지금 자동차를 파는 영업인들이라면 조 지라드나 조용신 팀장의 사례를 읽으면서 아마 다들 웃을 것이다. 지금이 어떤 세상인데 호랑이 담배 피던 시절 이야기를 하느냐고 말이다. 아마 지금은 과거의 조 지라드나 조용신 팀장처럼 영업하는 사람은 단 한 사람도 없을 것이다. 당시에는 통할 수 있는 새로운 방법이었지만, 지금은 그보다 훨씬 세련되고 적극적인 방법으로 자동차를 팔기 때문이다.

"가망고객에게 DM도 보내고, 고객과 식사도 하고, 명절 때 선물도 보내고, 생일 등 기념일도 챙기고, 골프도 가끔 칩니다. 그런데도 성과는 별로 없습니다"라고 하소연하는 영업인들이 있다. 그렇다면 왜 그들에게 이런 현상이 나타나는 것일까?

업종마다 차이가 있겠지만, 거기에는 일반적으로 두 가지 이유가 있다. 첫 번째 이유는 시장의 성장이 정체되고 경쟁이 치열해졌기 때문이다. 또 다른 이유는 DM이나 선물을 보내고 식사도 하고 기념일도 챙기는 정도는 이미 다른 사람도 다 하고 있기 때문이다.

고객의 눈높이도 진화한다. 영업소에 찾아오는 사람들만 상담하던 시절에는 직접 고객을 찾아다니는 것만으로도 성과를 올릴 수 있었다. 그러나 모두가 직접 고객을 찾아다니면 다른 방법을 찾아야 한다. 그리고 모두가 DM을 보내면 다른 차별화된 방법으로 고객을 사로잡아야 한다.

물론 많은 영업인이 열심히 노력한다. 하지만 그 결과는 현저한 차이로 나타난다. 세일즈에서 성공하기 위해서는 성공한 사람들보다 더 열심히 노력해야 한다. 아니, 이제는 열심히 하는 것만으로는 안 된다. 부단히 그리고 차별화된 방법으로 노력해야만 한다.

영업달인들이 하루에 백 명의 가망고객과 커뮤니케이션을 하면 자신은 101명 이상의 가망고객과 만나야 한다. 영업달인들이 하루 10시간씩 일을 한다면 자신은 10시간 이상씩 일해야 한다. 매일 101명 이상의 가망고객과 커뮤니케이션을 하는데도 성과가 오르지 않는다면 자신의 커뮤니케이션 방법을 수정하고 차별화해야 한다.

그리고 진화하는 고객의 눈높이에 맞게 자신의 영업방식도 변화시켜야 한다. 자신의 일부를 또는 일부로 안 되면 전부를 말이다. 영업방식을 바꿔도 안된다면 자신의 성격까지도 바꿔야 한다. 월 평균 3천만 원의 매출을 올려 전국 6천여 명의 백옥생 판매원 중 당당히 1위를 차지한 박서진 점장의 사례처럼 말이다.

자신을 완전히 바꿔 성공한 백옥생 화장품의 박서진 점장!

박 점장이 판매사원 일을 시작한 것은 2000년이었다. 남들은 은퇴를 생각할 나이인 50대 중반에 쉽지 않은 화장품 방문판매를 시작한 것이다. 그로부터 5년 만에 그녀는 최고 판매왕의 자리에 올랐다.. 그렇다면 무엇이 50대 중반의 나이에 영업을 시작한 박 점장을 판매왕으로 이끌었을까? 박 점장의 이런 신화는 자신을 변화시켰기에 가능했다.

10년 넘게 하던 식당을 접고 충청남도의 시골마을에서 텃밭을 가꾸며 전원생활에 푹 빠져 있던 그녀는 어느 날 백옥생 화장품을 접하게 되었다. 탄력을 잃고 거칠어지는 피부를 그저 나이 탓으로만 여겼던 박 점장은 불과 몇 개월 만에 백옥생 덕분에 깨끗한 얼굴을 되찾았다. 박 점장은 "직접 써보고 스스로 제품의 우수성을 느끼게 되면서 나도 팔아보고 싶다는 생각을 하게 됐다"며 당시를 설명했다.

하지만 제품에 대한 자신감만으로 뛰어든 그녀에게 세일즈의 세계는 그리 호락호락 문을 열어주지 않았다. 박 점장은 "거절도 많았고 후회도 많았다"며 "나중에는 도도하고 차가웠던 나의 성격까지 바꿀 수밖에 없었다"며 당시를 회상했다. 그러나 그녀는 포기하지 않았다. 스스로 체험한 제품에 대한 자신감에 고객 한 명 한 명을 신처럼 생각하는 성실성으로 정면돌파를 한 것이다.

박 점장은 "찜질방과 제과점, 심지어 길거리에서도 먼저 말을 걸고 설득했다"며 "처음에는 용기가 촌스럽다며 거들떠보지도 않던 강남 아줌마들의 클레임도 고객의 입장에서 해결한 결과, 지금은 이들이 손님을 소개하기도 한다"며 웃었다. 까다롭고 힘들기만 했던 고객들을 이제는 자신의 훌륭한 도우미로 만든 것이다. 그녀는 포기하지 않고 자신의 자존심과 성격까지 바꿀 수 있었기에 판매왕의 자리에까지 오를 수 있었던 것이다.

— 머니 투데이, 2005년 7월 18일자

그러면 무엇을 어떻게 변화시키는 것이 좋을까?

현대자동차 최진성 판매왕, 백숙현 대우일렉트로닉스 전 특판 본부장, 화진화장품 박형미 전 부회장, 삼성생명 대구지점 예영숙 전무, 청호나이스 양계영 플래너 등은 국내의 대표적인 영업달인들이다. 이들이 영업달인이 될 수 있었던 것은 다음과 같은 9가지 성공법칙을 실천했기 때문이다.

당신도 이런 9가지 성공법칙에 맞춰 자신을 변화시켜야 한다. 만약 9가지 모두가 안 된다면 우선 한두 가지라도 바꿔야 한다.

1. 영업에 대한 강한 신념과 열정을 가졌다. 영업이라는 일을 좋아하거나 좋아하려고 노력했다.
2. 목표를 높이 세우고 이를 달성하기 위해 끊임없이 노력했다. 남에게 지지 않으려는 승부근성을 가졌다.
3. 기존의 영업 패러다임을 바꿨다.
4. 자신에게 맞는 독특한 영업 노하우를 개발했다.
5. 고객에게 팔려고만 하지 않았다. 고객이 스스로 마음을 열어 사게 하고 새로운 고객을 추천하도록 만들었다.
6. 영업 초기부터 최고의 성과를 올린 것은 아니었다. 수많은 시행착오와 좌절을 겪었다.
7. 남보다 부지런히 그리고 더 열심히 일했다.
8. 고객과의 신뢰를 가장 중요하게 생각했다. 고객과 한 약속을 생명처럼 중요하게 여겼다.
9. 고객을 위해 자신을 희생했다. 고객의 업무적인 문제를 해결하는 것은 물론 고객의 기쁨과 슬픔까지도 함께 했다.

당신은 어떤가? 영업달인들의 9가지 성공법칙 중 몇 가지 역량을 보유하고 있는가? 그리고 9가지 성공법칙 중 몇 개 항목에서 최고가 되기 위해 노력하고 있는가? 혹시라도 고객에게 상품을 파는 것으로만 최고가 되려고 하고 있지는 않은가?

영업에 처음 입문했을 때나 매년 초가 되면, 거의 모든 영업인들은 새로운 다짐을 한다. 그리고 영업목표, 연봉목표, 신규고객 확보를 위한 목표와 달성전략, 실행계획까지 수립하기도 한다. 아울러 이를 달성하기 위해 자신이 부족한 부분에 대해 교육을 받기도 하고 영업달인들의 성공사례나 노하우를 다룬 책들을 읽고 다시 한 번 전의를 불태우기도 한다. 그러나 대다수 영업인들은 시간이 지나면 초심을 잃고 고민에 빠진다. 시장과 고객이 생각만큼 만만치 않기 때문이다.

그렇게 되면 시간이 흐를수록 그 스트레스는 점차 커지고 가슴을 옭죄이게 마련이다. 그리고 결국에는 부자가 될 수 있는 방법, 즉 세일즈 재능을 제대로 발휘하지도 못한 채 포기하고 만다. 부자가 될 수 있는 가장 좋은 방법을 어렵게 선택하고 쉽게 포기하는 것이다.

그렇다면 이런 현상은 왜 일어나는 것일까? 그 이유는 물론 여러 가지가 있을 수 있다. 주변의 고객 기반이 약해서 그럴 수도 있고, 경기가 좋지 않아서 그럴 수도 있고, 자신이 판매하는 상품의 품질이나 서비스, 브랜드 파워가 약해서 그럴 수도 있다. 대개의 영업인들은 그 원인을 이렇게 외부에서 찾는다. 그렇게 함으로써 자신은 위안을 얻으려고 하는 것이다.

그러나 진정한 이유를 찾아보면, 그것은 사실 자기 내부에 있다. 따라서 영업달인들의 9가지 성공법칙을 벤치마킹하여 그들을 능가해야 한다. 그 방법만이 빠른 시간 내에 당신을 영업달인의 경지에 올라서게 하고 부자로 만들어 주기 때문이다.

그렇다면 9가지 성공법칙을 모두 잘해야 할까? 그렇지 않다. 지금 활동하는 영업달인들도 9가지 모두 최고는 아니다. 따라서 9가지 성공법칙 중 자신의 스타일과 궁합이 맞는 것부터 바꿔 나가는 것이 바람직하다. 그리고 최고가 되기 위해 목숨을 걸 정도로 노력해야 한다. 목숨 걸고 노력하면 안 되는 일은 없기 때문이다. 특히 과거나 현재에 만족할 만한 성과를 올리지 못한 사람들은 더욱 그렇다. 자신이 가진 습관의 일부가 아니라 전부를 바꿔야 한다. 필요하다면 자신이 가진 성격의 일부 또는 전부라도 바꿔야 한다.

그렇다면 세일즈 패러다임을 어떻게 바꿔야 할까? 영업인은 4가지 유형이 존재한다. 열심히 세일즈에 임하는 개미형, 사람들과 어울리면서 노는 것을 좋아하는 베짱이형, 내성적이고 소극적인 성향이라 남 앞에 나서길 꺼리며 인맥도 탄탄하지 못한 성냥팔이형, 계약 일보 직전까지는 잘 가는데, 성과는 별로인 거북이형이 바로 그것이다.

노는 것을 좋아하는 베짱이형은 대부분 성과가 별로다. 그러나 노는 것을 좋아하면서도 성과가 뛰어난 영업달인들이 있다. 그들의 비결은 무엇일까? 그들은 자신의 친구들과 노는 것이 아니라 고객이나 가망고객들과 열정적으로 어울려 논다. 필자는 이런 영업인을 '신베짱이형'으로 분류한다. 따라서 노는 것을 좋아하고 사람들과 어울리는 것을 좋아하는 영업인은 신베짱이형으로 진화하는 것이 바람직하다.

그렇다면 내성적이고 소극적인 성향의 성냥팔이형은 어떻게 해야 할까? 방법은 두 가지다. 하나는 적극적이고 사교적인 성격으로 자신을 바꾸는 것이다. 앞서 소개한 백옥생의 박서진 점장처럼 말이다. 다른 하나는 고객과 가망고객의 해결사나 도우미, 집사로 진화하는 것이다. 필자는 이런 영업인을 '신성냥팔이형'으로 분류한다.

그렇다면 골문 앞까지는 잘 가고 슛도 숱하게 날리지만, 성과가 나지 않는 거북이형은 어떻게 해야 할까? 역시 방법은 두 가지다. 하나는 신베짱이형이나 신성냥팔이형으로 진화하는 것이고, 다른 하나는 고객을 찾아다니는 대신 고객이 스스로 찾아오게끔 만드는 것이다. 필자는 이런 유형의 영업인을 '신거북이형'이라고 한다.

　개미형 역시 마찬가지다. 개미처럼 열심히 해서 성과가 좋으면 전혀 문제될 것이 없다. 그런데 문제는 열심히 하는데도 성과가 별로인 영업인들이 제법 많다는 것이다. 이런 경우에는 신베짱이, 신성냥팔이, 신거북이형으로 진화해야 한다.

　물론 이런 유형에 집착을 하지 않고 자신의 취향이나 선호에 맞는 적절한 조합을 통해 좀 더 다양한 면모를 가진다면 더욱 좋을 것이다.

04__
전문가를 뛰어넘어 달인이 돼라

생존을 위해서 잘 잡아야 하고 잘 키워야 하고 잘 만들어야 하던 때가 있었다. 그러나 지금은 잘 팔아야 하는 세상이다. 잘 잡고 잘 만들고 잘 파는 사람을 우리는 전문가라고 부른다. 그 당시에는 모든 분야에서 전문가만 되면 성공할 수 있었다. 그러나 이제는 전문가로는 부족하다. 주변에 전문가가 너무 많기 때문이다. 따라서 이제는 각 분야에서 최고 전문가, 즉 달인이 되어야 한다.

이런 개념을 가장 잘 확립한 기업이 바로 토요타 자동차. 토요타 자동차에서 말하는 전문가는 우리가 흔히 말하는 프로와 다르다. 토요타 자동차에서 말하는 전문가란 한 분야에 대한 전문지식과 문제해결 능력을 보유한 최고 전문가로 좀 더 상위의 개념이다. 그리고 토요타 자동차에서는 디자인 등 일부 전문분야의 직원들뿐 아니라 생산직, 영업직 등 회사의 모든 구성원이 각자의 분야에서 최고 전문가, 즉 달인이 돼야 한다고 강조한다.

어느 분야에서든 달인의 경지까지 가기 위해서는 최소한 10년 정도 꾸준히 노력해야 한다. 이른바 천재라는 사람들도 예외가 아니었다. 천재 음악가로 불렸던 모차르트 역시 10년 동안 수많은 곡을 쓰고 나서야 비로소 훌륭한 음악을 연거푸 내놓을 수 있었으며, 발명의 달인 에디슨도 마찬가지로 수많은 실패를 거듭하고 나서야 비로소 성공의 결실을 볼 수 있었다.

필자는 앞에서 자신의 재능을 살려 돈을 많이 벌고 그 돈으로 재테크를 잘하면 누구나 부자가 될 수 있다고 말했다. 그러나 정작 그 말을 따라 부자가 되는 사람은 그리 많지 않다. 부자가 되기 위해 일을 시작하지만, 정작 그 일을 제대로 해보지도 않고 중도에 포기하기 때문이다.

상품과 서비스를 파는 사람들도 마찬가지다. 자신이 파는 분야에서 최고 전문가, 즉 영업달인이 되어야 한다. 그러나 막상 그 분야에서 달인의 경지에 오르는 사람은 많지 않다. 영업달인이 되기 위해서도 어쩌면 10년 정도는 노력해야 할지도 모른다. 그러나 영업을 지나가는 과정으로 생각하는 사람들이 의외로 많다. 그렇기 때문에 몇 개월 또는 2, 3년 정도 하다가 지레 포기한다.

그렇다면 왜 이런 현상이 되풀이 되는 것일까? 몇 가지 이유가 있겠지만, 첫 번째 이유는 앞서 언급한 것처럼 뚜렷한 목표가 없고 신념이나 열정이 부족하기 때문이다. 전문가를 넘어 영업달인이 되기 위해서는 우선 자신이 판매할 상품에 대해서 최고가 되겠다는 목표를 세워야 한다. 자동차를 파는 사람은 자동차에 대해서, 칼국수를 파는 사람은 칼국수에 대해서 달인이 되기 위해 노력해야 한다. 다음의 사례처럼 열정적으로 그리고 꾸준하게 말이다.

토요타 자동차 판매사 D&T의 김대영 차장!

24년 동안 차를 팔아온 김 차장은 차에 대해서는 박사다. 이 때문에 차가 고장나면 고객들은 제일 먼저 그를 찾는다. 기존고객만이 아니다. 김 차장의 자동차에 대한 전문성은 신규고객을 유치하는 데 있어서도 효과가 좋다. 김 차장은 가망고객에게 접근할 때 다른 사람과 다른 방식으로 접근한다.

여러 종류의 고급 승용차를 직접 분해까지 해본 경험을 바탕으로 가망고객에게 지금 타고 있는 차가 무엇인지 물어본 뒤 "그 차 혹시 어디가 잘 고장 나지 않나요?"라고 먼저 묻는다. 그 다음부터는 얘기가 일사천리로 진행된다고 한다. 자동차에 관한 한 전문가를 능가하는 해박한 지식 때문이다.

그러나 자동차를 파는 사람들은 대부분 자동차에 대해 최고 전문가가 되려고 하지 않는다. '내가 자동차를 정비하는 사람도 아닌데, 이런 것까지 알아야 하나? 파는 사람은 이 정도만 알아도 되겠지'라고 생각하는 것이다. 이런 사람들은 장사꾼은 될 수 있을지 몰라도 진정한 영업달인은 결코 될 수 없다.

영업달인이 되지 못하는 두 번째 이유는 과거의 성공사례에 집착하기 때문이다. 시장이 매년 고성장을 하던 시기에 상품과 서비스를 판매하던 사람들이 주로 여기에 해당한다. 그 당시엔 최고 전문가가 되지 않아도 잘 팔렸다. 하지만 지금은 시대가 변했다.

세 번째 이유는 영업달인이 되기 위해 스스로 노력하지 않기 때문이다. 영업인들의 능력을 향상시키기 위해 기업은 기업대로 개인은 개인대로 노력을 한다. 영업을 할 때의 마음가짐에서부터 상품 설명과 영업 스킬에 이르기까지 회사에서 교육을 하기도 하고 스스로 학습을 하기도 한다.

그러나 이런 교육이나 학습만으로 영업달인이 되는 것은 시간적으로나 물리적으로 한계가 있다. 그래서 기업에서는 기본적인 교육만 시키고 나면 바로 현장에 투입을 한다. 하지만 영업달인과 일반 영업인의 차이는 여기서부터 나게 마련이다.

영업달인의 자질을 갖춘 사람들은 지속적으로 상품에 관한 한 최고 전문가가 되기 위해 노력하는 반면, 일반 영업인은 그저 파는 일에만 열중한다. 자신이 판매하는 상품에 대해 달인이 되려는 노력을 소홀히 하게 되는 것이다. 그리고 하루하루의 조그만 차이가 1, 2개월이 지나고 1, 2년이 지나면 엄청난 격차로 벌어지게 된다.

2010년 은행이나 증권사 등에서 프라이빗 뱅킹 서비스를 이용하는 고객들이 거래하던 금융사를 이탈한 이유에 대해 조사한 적이 있었다. 결과는 놀랍게도 응답자의 3분의 1이 프라이빗 뱅커의 전문성이 부족하다고 응답했다고 한다. 금융사마다 전문 PB를 양성하기 위해 수백 시간씩 교육을 하고 금융 관련 자격증을 취득하라고 독려하는데도 전문성이 부족하다는 평가를 받은 것이다. 반면 각고의 노력 끝에 최고 PB센터의 자리에 오른 곳도 있다. 국민은행 분당PB센터가 바로 그 모범사례다

2009년 PB센터 평가 1위, 국민은행 분당PB센터!

2003년 10월 문을 연 이후 단 한 차례도 중상위권에 진입한 적이 없었던 분당PB센터를 1위의 PB센터로 만든 비법은 금융지식으로 무장해 실력을 쌓은 데 있었다. 조태석 분당PB센터장은 "실력과 자신감으로 충만되어 있는 직원들이 고객을 왕으로 모실 때 시너지는 배가된다"며 2008년 9월 부임 때부터 직원들을 대상으로 손수 분필을 쥐며 강의했던 당시를 떠올렸다.

조 센터장은 발령을 받고 나서 이 지역이 다른 지역에 비해 상속과 증여 부분에 관심있는 고객들이 많다는 점을 발견했다. 그래서 분당PB센터에 근무하는 7명의 PB는 이에 대응하기 위해 상속과 증여세 관련 법률을 공부해야만 했다.

그리고 고객층을 발굴하고 센터를 방문한 고객에게는 상속에서부터 자산관리에 대한 상담에 이르기까지 세무사 못잖게 고객의 갈증을 시원하게 풀어 주었다. 결국, 7명의 PB가 금융상품은 물론 상속과 증여세와 관련해서도 고객들로부터 최고 전문가로 인정을 받았기 때문에 만년 중하위권이었던 이 PB센터는 1위로 올라선 것이었다.

— 머니 투데이, 2010년 12월

"최고 전문가 또는 달인이 되어라"라고 하면 대개는 상품에 대한 최고 전문가나 달인의 이미지만 떠올린다. 그러나 상품 못잖게 세무나 법률 문제, 그리고 고객에 대해서도 달인이 되어야 진정한 영업달인이라 할 수 있다. 그렇다면 어떻게 해야 고객에 대해서 달인이 될 수 있을까? 이 질문에 대한 답은 '고객의 DNA를 파악하라' 부분에서 상세히 소개하겠다.

05_ 절대로 세일즈하려 하지 마라

영업인들이 흔히 범하기 쉬운 실수를 세 가지 꼽으라고 한다면 다음과 같은 것들을 들 수 있다.

첫째, 언제나 팔려고만 한다.

둘째, 영업목표(회사에게 부여받든 자신이 스스로 설정하든)를 달성할 의지와 전략, 방법 모두 약하다.

셋째, 결심만 많이 하고 실천하지 않는다.

그렇다면 왜 하수들은 팔려고만 하는 것일까? 다음의 사례를 우선 보기 바란다.

신화적인 판매의 여왕, 백숙현 대우일렉트로닉스 전 특판 본부장!

2002년까지 가전제품을 200억 원어치나 판매한 신화적인 판매의 여왕 백숙현 대우일렉트로닉스 전 특판 본부장도 신참 영업인 시절에는 팔기 위해 무진장 노력했다고 한다. 신참 영업인 시절 그녀의 별명은 '백순이'. 제발 더도 말고 딱 백만 원만 매출을 올리라는 의미에서 회사에서 그녀에게 지어주었다고 한다.

 그녀는 한 달에 구두를 세 켤레씩 갈아 신으며 가망고객의 집안 청소도 해주고, 고지서도 대신 내주고, 집안의 부엌일도 도와주고, 김장도 해주는 등 파출부와 집사가 무색할 정도로 뛰어다녔다. 하지만 석 달 동안 그녀는 냉장고 한 대도 팔지 못했다. — 《한국의 판매왕》 백숙현, 최진실, 김용관, 송견근 공저,

 이와 같이 그녀는 팔기 위해 3개월 동안이나 노력을 했지만, 성과는 거의 없었다. 그리고 나서 그녀는 처음으로 가전제품을 판매하기 시작한 면목대리점을 그만두어야 했다. 그 후 그녀는 자신만의 차별화된 영업방법을 끊임없이 개발하고 실천한 끝에 가전제품 방문판매에서 누계 200억 원이 넘는 영업달인이 될 수 있었다.

 그렇다면 어떻게 이것이 가능했을까? 그 답은 그녀만의 차별화된 영업전략이라고 할 수 있는 절대로 상품을 팔려고 하지 않는 것에 있었다. 가망고객을 발굴하여 접근할 때나 기존고객에게 재구매나 추가판매를 시도할 때에도 그녀는 절대 세일즈하지 않았다. 이러한 그녀의 판매 노하우는 첫 번째 전략인 '고객이 스스로 찾아오게 만들기'에서 상세히 소개하겠다.

 다음의 말은 많은 전문가들이 진정으로 고객을 위한 영업이 무엇인지 말할 때 고전처럼 인용하는 말이다.

 "고객이 원하는 상품이 자신의 백화점 매장에 없자 고객에게 잠시만 기다려 달라고 양해를 구한 후 길 건너편에 있는 백화점에서 그 제품을 사다 주었다."

 이 말은 미국의 한 백화점에서 실제로 있었던 일이다. 쉬운 일인

것 같지만 현실에서 실천하기란 참 어려운 일이다.

그렇다면 영업인들은 도대체 왜 팔려고만 하는 것일까? 첫 번째 이유는 영업인 대부분이 판매실적의 노예가 되기 때문이다. 제품을 하나라도 더 팔아야 실적도 오르고 성과급도 받을 수 있고 승진도 할 수 있다고 믿는 것이다.

하지만 고객은 이런 영업인에게는 지갑을 잘 열지 않는다. 고객은 자신이 원하는 것을 해결하기 위해 영업인이 열정적으로 노력할 때에야 비로소 자신의 지갑을 연다. 그리고 이를 통해 더 나아가 마음의 문까지도 활짝 연다. 그래서 영업달인들은 고객의 업무적인 문제뿐 아니라 개인적인 문제까지 해결하기 위해 노력한다.

반면에 일반적인 영업인들은 고객의 문제나 고객에게 도움을 주는 것에는 관심이 없다. 대부분이 '그건 내가 상품을 파는 일과는 관계없잖아. 내가 이런 일까지 해야 되나?'라고 생각한다. 그러고는 오직 팔기 위해 고객에게 매달린다.

하지만 고객은 이런 영업인들이 접근하면 먼저 경계부터 한다. '이 사람이 온갖 감언이설로 나를 설득해서 뭘 팔려고 하는군. 단단히 각오하고 넘어가지 말아야지'라고 하면서 말이다.

이를 야구에 빗대어 보자. 타석에 들어선 타자가 홈런을 의식해 어깨에 힘이 잔뜩 들어가면, 좋은 스윙이 나올 리 없다. 홈런을 노리고 어깨에 잔뜩 힘이 들어간 타자에게 좋은 공을 던져줄 투수는 없기 때문이다.

물론 투수가 이를 알면서도 실투할 때가 있듯 고객도 팔려고만 하는 영업인에게 상품이나 서비스를 구매할 때도 있다. 그러나 어깨에 힘이 들어간 타자가 헛스윙을 할 확률이 높듯이 고객에게 팔려고

만 하는 영업인도 계속 헛스윙을 할 확률이 높다.

자, 지금 이 순간 다시 한 번 당신의 가슴에 손을 얹고 열심히 노력하는데도 성과가 왜 안 오르는지 생각해보라! 그 이유 중 하나가 고객에게 팔려고만 했던 것은 아닌지 자문해보라! 그리고 A4 용지에 당신의 VIP 고객 10명이 안고 있는 문제를 적어보라. 그것이 업무적인 것이든, 개인적인 것이든, 가족에 관한 것이든, 건강에 관한 것이든 상관없다.

그러고 나서 도움을 주면 고객이 고맙다고 할 것에는 어떤 것들이 있는지, 고객이 즐거워하고 싫어할 일은 무엇인지 생각해보라. 아울러 고지서도 대신 내주고, 청소도 해주고, 김치도 담가준 적이 있었는지 그리고 그때에 고객의 반응은 어땠는지도 생각해보라.

모든 영업인이 다 그런 것은 아니겠지만, 성과는 위와 같은 노력과 정비례할 수밖에 없다. 이제는 그저 열심히 하고 행동을 바꾸는 정도로는 성과를 높일 수 없다. 따라서 자신의 성과를 현재보다 2~3배로 높이기 위해서는 결정적인 신무기가 필요하다.

그렇다면 영업인들에게 필요한 결정적인 신무기는 과연 무엇일까? 그것은 바로 고객과 어울리고, 그들의 문제를 해결해 주고, 즐거움과 감동을 주는 것이다. 물론 이런 일들은 누구나 하고 있다고 생각할 수도 있다. 그래서 결정적인 신무기가 될 수 없다고 생각할 수도 있다.

그러나 인지상정이라는 말이 있듯이 사람은 자신과 어울리고, 자신의 문제를 해결해 주고, 즐거움을 주는 사람에게 고객은 빚진 마음을 갖게 마련이다. 즉 그 사람의 부탁이나 요구를 쉽게 거절하지 못하는 상태가 되는 것이다. 그러니 이제부터 고객의 마음을 열 수 있는 결정적인 신무기로 무장해 자신의 영업 패러다임을 바꿔야 한다.

영업인들이 팔려고만 하는 두 번째 이유는 과거의 성공경험 때문이다. 앞에서도 말했듯이 시장이 커지는 상황에서는 사려는 사람이 많았기 때문에 적극적으로 팔기만 하면 많이 팔 수 있었다. 그러나 지금은 시대가 변했고 고객이 변했으며 경쟁자들도 변했다.

사람은 이기적인 동물이라 항상 자기 위주로 모든 것을 판단하고 단정한다. 그래서 변화를 거부하고 자신이 가졌던 과거의 성공방식에 안주하려 한다. 하지만 그에 반해 영업달인들은 자신의 일부 또는 모든 것을 변화시켰다. 즉 그들은 변화의 달인이 됨으로써 영업달인이 된 것이다. 따라서 이제는 과거의 성공경험에만 안주하는 방식은 과감히 버려야 한다.

영업인들이 팔려고만 하는 세 번째 이유는 대부분 고객을 짝사랑하기 때문이다. 짝사랑! 이 세상에서 짝사랑의 추억을 간직하지 않은 사람은 거의 없을 것이다. 짝사랑이 무엇인가? 정작 자신은 상대방을 사랑하지만, 상대방은 이를 전혀 모르고 있는 것이 아니던가.

그런데 영업인 대부분도 자신의 고객을 짝사랑하는 실수를 범하고 있다. 정작 떡 줄 사람은 생각도 하지 않는데, 고객이 자기를 좋아하고 있으며, 틀림없이 내 상품이나 서비스를 사줄 것이라고 착각한다. 고객은 영업인의 이런 마음을 전혀 모르고 있는데 말이다.

짝사랑이 대부분 퇴짜를 맞듯 고객에 대한 짝사랑도 대부분 퇴짜를 맞는다. 그렇다면 도대체 왜 그런 것일까? 그 이유는 상대의 마음을 얻지 못하기 때문이다. 혹은 짝사랑해서는 안 될 상대를 짝사랑하기 때문일 수도 있다. 짝사랑이 해피엔딩으로 끝나려면, 상대에게 부담을 주어서는 안 된다. 대신 상대를 감동시켜야 한다.

영업도 마찬가지다. 고객과의 짝사랑을 해피엔딩으로 끝내기 위해서는 부담을 주지 말아야 한다. 그리고 고객에게 팔려고 서두르지 말아야 한다. 그리고 혹시라도 실수를 했다면, 두 번 다시 이를 되풀이하지 말아야 한다.

그러나 짝사랑이 상대에게 계속 마음의 부담을 주듯 영업인들도 똑같은 실수를 되풀이한다. 조금만 더 참으면 성과가 날 텐데 그 고비를 못 넘기는 것이다. 그러니 절대로 고객을 짝사랑하지 마라. 그리고 절대로 고객에게 팔려고만 하지 마라.

그렇다면 도대체 어떻게 성과를 올리란 말일까? 영업달인들처럼 다음과 같이 세 가지를 실천하면 된다.

1. 가망고객, 고객과 열정적으로 어울려라.
2. 그들을 빚진 상태로 만들어라.
3. 그들이 스스로 찾아오도록 만들어라.

그러면 고객이 오히려 당신을 짝사랑하게 될 것이다. 이 방법이야말로 당신이 영업달인으로 가는데 이식시켜야 할 최고의 DNA다. 위에 말한 세 가지 DNA를 이식하는 방법 역시 다음 장부터 다양한 업종의 영업달인들의 사례와 함께 소개할 것이다.

06__
실천 또 실천하여 습관이 되게 하라

영업인들이 가장 범하기 쉬운 실수, 즉 영업달인이 되지 못하는 결정적인 또 하나의 이유는 결심은 많이 하지만, 실행을 하지 않는 것에 있다.

'작심삼일(作心三日).'

이것은 어쩌면 성공한 영업인들과 그렇지 못한 영업인들을 구분 짓는 가장 중요한 기준일 수 있다. 대부분의 영업인들은 영업에 입문한 초기, 매년 초, 매월 초 또는 어떤 자극(교육이나 책 등을 통해서)을 받았을 경우에만 결심을 한다. 그리고 목표를 세운다. 하지만 이러한 결심은 대부분 '작심삼일'로 끝나고 만다.

왜 그런 것일까? 어떤 사람은 이론과 현실의 벽 때문이라고 말한다. 목표와 계획을 실행하다 보면 고객과 시장이 그렇게 만만치 않음을 느끼고 자신감을 상실해 실행력이 떨어진다는 것이다. 또 어떤 사람은 변곡점 때문이라고도 말한다. 조금만 더 참으면 성과가 날 텐데, 그 고비를 못 넘긴다는 것이다. 그러나 이러한 모든 요인은 정작 자신의 의지가 약하기 때문에 발생한다.

그렇다면 영업달인들은 과연 어떨까? 다음에 소개할 영업달인들은 대다수의 영업인들과는 다르다. 그들은 실천의 달인들이다. 10년 연속으로 삼성생명에서 판매왕의 영광을 차지했던 예영숙 전무! 그녀가 2000년부터 2009년까지 삼성생명의 기라성같은 영업달인들을 제치고 판매왕 10연패의 전설을 만든 비결은 과연 무엇이었을까? 이에 대해 그녀는 언제나 다음과 같이 대답한다.

"더 많은 성과를 올리는 비결은 사실 모두 알고 있다. 다만 실천하지 않을 뿐이다. 영업에 특별한 노하우란 없다."

이 말에서 그녀가 강조한 것은 바로 뚜렷한 목표에 대한 초심을 잃지 말고 하루하루 반드시 실행하라는 것이었다. 그녀를 영업달인으로 만든 아주 특별한 비법이란 결국 철저한 실천에 있었던 것이다. 아직도 그녀는 연간 목표, 월별 목표, 1일 목표를 구체적으로 정한다고 한다. 그리고 그 목표를 달성하기 위해 매일매일 꾸준히 실천한다고 한다.

또 다른 영업달인인 '영업 대통령 최진실'. 그의 본명은 최진성으로 2000년대 들어 여섯 차례나 현대자동차에서 판매왕의 영예를 안은 영업달인이다. 그렇다면 그가 현대자동차의 내로라하는 영업달인들을 제치고 판매왕 타이틀을 단골로 차지할 수 있었던 비결은 무엇일까?

여러 가지가 있겠지만, 가장 큰 것을 들라면 철두철미하게 실행했다는 것을 들 수 있다. 그가 하루의 영업일과를 마치고 사무실로 돌아와서 꼭 실천하는 일이 있다. 고객을 만나고 나서 받은 명함에 고객의 인상착의와 특징 등을 기록하는 일이다. 여기까지는 다른 영업인들과 비슷하다.

그러나 다른 영업인들과 다른 것이 하나 있다. 그날 만난 잠재고객들에게 하나하나 카드를 쓰는 것이 그것이다. 그가 자동차 영업에 입문하기 전에 전도사 생활을 했을 때부터 꾸준히 실천을 해왔던 '인연카드'를 쓰는 것이다.

학창시절이나 연애할 때를 빼고는 편지를 받아보지 못했던 고객들은 '인연카드'를 받으면, 마치 연애편지라도 받은 듯 기뻐했다고 한다. 그리고 이 '인연카드'는 나중에 고객을 다시 만났을 때, 자연스럽게 말문을 터주고 고객들이 그를 쉽게 기억하도록 해주는 효과를 발휘했다고 한다.

당신은 어떠한가? 어떤 목표와 계획을 세우고 지속적으로 실행하고 있는가? 1~2주일, 아니면 한두 달 정도 실행한 후 중도에 포기하지는 않았는가? 아니면 포기하기 직전의 상태는 아닌가?

어떤 영업인들은 영업이 너무 힘들다며 동료들과 어울려 술 마시고 당구를 치고 노래방에 가서 스트레스를 푼다. 그리고 숙취를 해소하기 위해 다음날 사우나에 간다. 고객을 위해서가 아니라 자신을 위해 밤잠을 설치는 것이다. 이런 영업인들은 생각보다 의외로 많다. 당신은 어느 쪽인가? 어느 쪽에 더 가까운가?

자, 이제부터는 목표를 세웠으면 반드시 실천하도록 하자! 그러나 꾸준하게 실천한다고 해서 반드시 성과가 좋은 것은 아니다. 그러면 무엇을 어떻게 실천해야 할까? 다음은 어느 영업인의 독백이다.

"저도 영업을 잘하고 싶습니다. 아침형 인간으로 거듭나서 부지런히 고객을 만나고, 저녁 늦게까지 접대도 하고, 전화도 부지런히 하고, 고객 주소록 관리도 잘하고, 인맥도 어느 정도 활용한다고 생각합니다. 고객의 중요도에 따라 명절 때마다 메일이나 문자로 인사도 드리고, 선물도 보냅니다. 하지만 항상 뭔가 부족함을 느낍니다. 노력이 부족하다고 나 자신을 닦달하기 전에 뭔가 변화를 주고 싶습니다. 사업계획도 웃으면서 만들고 싶고, 부서 내의 평가에서도 항상 1등을 하고 싶습니다."

이렇게 말하는 영업인도 무언가를 열심히 실천하고 있는 것만은 분명하다. 하지만 성과는 그리 신통치 않다. 그렇다면 도대체 왜 그런 것일까? 그것은 다른 사람들이 다 하는 것을 하고 있기 때문은 아닐까? 그렇다. 다른 사람들도 그 정도는 하고 있기 때문에 고객의 마음을 움직일 수 없는 것이다.

따라서 성과를 올리기 위해서는 고객을 위해 진심으로 노력하고 있다는 것을 증명해야 한다. 또한 고객이 안고 있는 문제를 해결해주고 고객의 기대를 뛰어넘는 즐거움과 감동을 주기 위해 노력해야 한다. 아울러 아무리 사소하고 밤잠을 설치게 하는 일일지라도 고객을 위한 일이라면 반드시 실천해야 한다.

그리고 한두 번 실천하는 것으로 끝나서는 안 된다. 지속적으로 실천하여 습관이 되도록 해야 한다. 정작 성과가 별로 좋지 않은 이유는 어떤 자극을 받아 새로운 방법을 도입했더라도 얼마 못 가서 원래의 방식으로 회귀하기 때문이다.

가령, 어떤 영업인이 매일 고객의 프로필이나 니즈, 특성, 성향 등 DNA 정보를 입력하기로 결심했다고 치자. 연초에 며칠 동안은 아마 잘 실행할 것이다. 그러다가 동료들이나 친구들과 술자리를 한 날은 건너뛰게 된다. 그리고 그 다음날은 지방에 있는 고객을 만나러 갔다가 늦게 올라와서 건너뛰게 된다. 이틀을 건너뛴 다음에 다시 고객 프로필과 특성, 성향 정보를 입력한다. 하지만 다음 주에도 피치 못하게 건너뛰어야 할 일은 또 일어난다.

이런 일이 반복되면, 고객 DNA 정보를 입력하는 것을 중단하게 마련이다. 그렇게 되면 고객이 안고 있는 고민이나 문제를 해결할 수 없을 뿐 아니라 즐거움과 감동도 줄 수 없는 것은 당연하다. 고객에 대한 정보가 부족하기 때문이다. 그렇게 되면 결국 경쟁자들이 평균적으로 하는 정도밖에 할 수 없다.

따라서 이런 악순환의 고리를 끊기 위해서는 새로운 영업방식을 습관이 배게 해야 한다. 이를 닦지 않으면 불편함을 느끼듯 고객 DNA 정보를 입력하는 것도 이렇게 만들어야 한다. 그러면 술을 마시고 아무리 늦은 시간에 귀가를 하더라도 고객 정보를 반드시 입력하게 될 것이다.

그런데 만약 이것이 혼자의 힘으로 잘 안 될 때에는 멘토의 힘을 빌리는 것이 좋다. 멘토로는 당신의 상사도 좋고 동료라도 상관없다. 그렇게 해서라도 당신은 반드시 실천하는 습관을 길러야 한다.

기아자동차에서 2009년까지 4년 연속으로 판매왕에 오른 정송주 부장도 대표적으로 실천하는 영업달인 중 한 사람이었다. 정 부장의 영업신조는 '생각나면 즉시 행동에 옮겨라'라고 한다. 그는 "많은 영업사원들이 밤에 생각을 하고 나서 다음 날 실천에 옮기지 않는다"고 말한다.

평범한 영업인과 판매왕의 차이는 결국 생각이나 결심만 수없이 하느냐와 바로 실천하는냐에 달려 있다.

07__ 슬럼프를 극복하여 악순환의 고리를 끊어라

슬럼프 하면 '축구나 야구, 골프 등 운동선수에게만 찾아오는 것이 아닌가?'라고 생각하는 사람들이 있다. 그러나 언제, 어디서 무슨 일을 하더라도 슬럼프라는 반갑지 않은 손님은 찾아오게 마련이다. 그리고 찾아온 슬럼프를 완전하게 극복하는 사람만이 일류 수준을 뛰어넘어 달인의 경지에 오른다.

그렇다면 운동선수들은 왜 슬럼프에 빠지는 것일까? 축구의 박지성, 야구의 박찬호, 골프의 박세리 선수의 경우를 살펴보자. 세 사람 모두 우리나라가 배출한 걸출한 스타 플레이어다. 그중에서 박지성, 박찬호 선수는 슬럼프를 극복했지만, 박세리 선수는 슬럼프에서 아직도 빠져나오지 못하고 있다. 운동선수들에게 슬럼프가 찾아오는 것은 다음과 같은 몇 가지 요인 때문이다.

첫째는 정신적 요인을 들 수 있다. 위의 세 선수는 자신들의 타고난 재능에다 노력을 더해 20대 초반에 정상에 선 선수들이다. 이들처럼 일찌감치 정상의 자리에 오르면 '도전해보니 별 거 아니네?'라며 자신도 모르게 자만을 하거나 훈련을 게을리 하기 쉽다. 또한 젊은 나이에 정상에 오르다 보니 목표와 도전의식이 약해지기도 한다. 게다가 인터뷰나 방송출연, CF로 인해 훈련시간을 빼앗기기도 한다. 운동선수들은 이런 것들로 인해 슬럼프에 빠진다.

둘째는 신체적 요인을 들 수 있다. 즉 부상 때문에 슬럼프를 겪는 경우가 여기에 해당된다. 부상을 당하면 경기에 출전할 수 없어 경기 감각이 떨어지게 마련이다. 그러다 보면 낫지도 않았는데, 빨리 출전하고 싶은 마음에 무리를 하다 더 큰 부상을 당하기도 한다. 이와 함께 경기에 뛸만큼 자신의 몸을 만들지 못해 슬럼프에 빠지는 경우도 있다.

셋째는 기술적 요인을 들 수 있다. 정상급 기량을 발휘해 스타가 되면 집중견제를 받게 마련이다. 예를 들어, 타자들은 상대 투수의 투구 자세, 구질, 볼 배합 등을 집중적으로 분석한 뒤 타석에 들어선다. 반면, 투수들은 상대 타자의 타격 자세나 타격 습관 등을 분석한 뒤 약점을 찾아내 이를 집중적으로 공략한다. 축구선수들도 마찬가지다. 공격수들은 이전보다 더 강력한 태클이나 전담 수비수의 집중견제를 받는다. 이때 자신의 기량을 한 단계 더 업그레이드하지 못하면 슬럼프에 빠지게 된다.

넷째는 언어나 문화적 요인을 들 수 있다. 이는 특히 해외에 진출한 선수들이 슬럼프에 빠지는 요인 중 하나다.

그런데 이러한 슬럼프는 운동선수뿐 아니라 영업인들에게도 반드시 찾아온다. 다음은 슬럼프에 빠졌던 어느 영업인의 사례다

슬럼프에 빠졌던 어느 보험 영업인의 극복 사례

Y라는 이 영업인은 10년 동안 다니던 회사에서는 그저 성실하고 평범한 샐러리맨에 지나지 않았었다. 하지만 2000년 말경에 외국계 생명보험회사에 입사하면서 보험영업에 입문을 하게 되었다. 보험영업에 입문했을 당시 그는 영업에 대한 의지도 확고했고, 보험의 특징, 장점, 효과 등에 대한 신념과 열정도 대단했다.

처음 2년 동안 그의 성과는 순조로웠다. 초기에 그는 전 직장, 학창시절 등 연고 인맥을 통해 계약(주로 종신보험)을 쉽게 따낼 수 있었다. 그가 주로 판매하던 종신보험 상품이 2000년대 들어 매년 높은 성장률을 기록한 것도 큰 도움이 되었다.

그리고 시간이 지나면서 고객에게 새로운 고객을 소개받는 일도 점점 많아지기 시작했다. 그 결과 보험영업을 시작한지 2년여 만에 그는 회사 내에서 상위권의 연봉을 받게 되었다. 그만하면 화려하지는 않지만 성공적이었다.

그러나 그는 2003년 상반기에 슬럼프에 빠지게 되었다. 고객 수가 250명, 계약 건수가 350건을 넘기면서 신규고객의 수와 보험계약 건수가 눈에 띄게 줄었던 것이다. 그러자 그는 판매부진의 원인을 찾기 시작했다. 그리고 그는 마침내 슬럼프 탈출의 돌파구를 마련하게 되었다. 그렇다면 그 계기는 과연 무엇이었을까?

그 계기는 2003년 여름휴가 직전에 250여 명의 고객에게 보낸 책 선물 이벤트를 통해서였다. 그는 고객에게 휴가기간에 가볍게 읽을 수 있는 책을 우편으로 발송했다.. 그리고 일부 VIP 고객은 자신이 직접 방문하여 전달했다. '아마 책 한 권 보낸 것 가지고 어떻게 슬럼프를 벗어날 수 있었을까?' 라고 의아해 하는 사람들이 있을 것이다. 그 정도는 다른 영업인들도 대부분 하고 있는 방법이기 때문이다.

그러나 그는 일반 영업인들과 다른 시도를 했다. 책 표지와 면지 사이에 편지를 넣어 보낸 것이었다. 책을 펴는 순간 고객들이 자신의 편지를 볼 수 있도록 말이다. 그리고 편지도 고객마다 다르게 맞춤 편지로 썼다. 기록과 기억을 바탕으로 그는 편지에 그 고객을 맨 처음 만났던 때의 느낌부터 즐거웠거나 안타까웠던 추억 그리고 같이 나눴던 시시콜콜한 이야기까지 적어 보냈다. 고객의 감성을 자극한 것이다.

이 편지를 받았던 고객들의 반응은 어땠을까? 당신이라면 어떤 느낌이 들었겠는가? 고객들은 대부분 아주 호의적인 반응을 보였다. 안산에 있는 모 중소기업 임원 세 명은 해약하려던 자신들의 종신보험을 그대로 유지하기로 했고, 상당수 고객들은 새로운 고객을 추가로 소개했다. 주변 사람들에게 정말 괜찮은 사람이라는 말을 반드시 덧붙이면서 말이다.

이와 같은 책 선물과 맞춤 편지는 그를 슬럼프에서 완전히 벗어날 수 있게 해주었다. 감성을 자극하는 책 선물과 맞춤 편지가 고객의 마음을 열고 충성도를 강화한 것이다.

그런데 슬럼프를 극복한 지 얼마 지나지 않아 그에게 국내 A생명보험에서 세일즈 매니저로 일해보지 않겠냐는 스카웃 제의가 들어왔다. 보험 영업인을 모집해 교육을 하고 코칭을 하는 일은 그에게는 새로운 도전이었다. 그는 새로운 도전을 위해 자신이 지금까지 쌓아올린 기반과 계속 보험 영업인으로 활동하면 받을 수 있었던 8~9천만 원의 연봉을 과감히 포기했다.

하지만 그의 새로운 도전은 A생명보험회사로 옮긴지 얼마 안 되어 산산조각이 났다. 그가 소속된 영업 조직이 해체된 것이다. A생명보험회사는 그의 꿈은 물론 수개월 동안의 노력도 함께 앗아갔다.

뜻하지 않게 좌절을 겪은 그는 자신에게 지지를 보냈던 300여 명의 고객을 기반으로 의욕에 차 보험영업을 다시 시작했다. 그러나 다시금 보험영업을 시작한 처음 3개월 동안 그는 많은 좌절과 고통을 감내해야만 했다. 신규고객 유치가 생각보다 쉽지 않았기 때문이었다.

그런 그를 만날 때마다 필자는 슬럼프를 극복하기 위해서는 항상 새로운 텃밭에 씨를 뿌리는 노력을 해야 한다고 충고했다. 다행히도 그는 새로운 용기와 굳은 결의로 이러한 충고를 가슴 속에 되새겼다. 그리고 이를 제대로 실천하기 위해 열심히 노력했다. 기존고객들에게만 매달리지 않고 틈나는 대로 새로운 텃밭에 씨를 뿌렸던 것이다. 그 성과는 4개월 가량 지나서 나타나기 시작했다.

당시 필자는 사실 그가 얼마 지나지 않아 포기할 것이라고 생각했었다. 의지와 신념, 그리고 열정만 가지고는 6개월 동안의 공백을 쉽게 극복하기 어려울 것이라는 생각 때문이었다. 그러나 그는 슬럼프가 찾아올 때마다 베테랑답게 과거의 경험을 되살려 결코 포기하지 않고 지혜롭고 멋지게 이를 극복해 나갔다.

이 이야기는 포기하지 않고 나아가면 언젠가는 반드시 자신에게 기회가 다시 찾아온다는 사실을 깨닫게 해주는 사례다. 슬럼프에 빠진 영업인들이 타산지석으로 삼길 바란다.

이처럼 의욕을 가지고 영업을 하는 사람에게도 슬럼프는 어김없이 찾아온다. 그것도 한 번만 오는 게 아니라 두세 번 또는 그 이상으로 소리소문도 없이 찾아온다. 그렇다면 영업인이 슬럼프에 빠지는 원인은 무엇일까? 다음과 같은 요인들 때문이다.

첫째, 정신적인 요인이다. 운동선수와 마찬가지로 영업인도 초기에는 제법 성과를 올린다. 초기엔 누구나 확고한 의지와 신념, 열정으로 무장한데다 자신의 친인척, 친구, 동창생, 전 직장동료 등과 같이 연고라는 텃밭을 이용할 수 있기 때문이다. 어떤 사람은 연고가 있는 인맥을 찾아다니는 데만 몇 개월이 훌쩍 지나가기도 한다.

그러다 보면 연고 인맥에 따른 결과만을 놓고 '팔아보니 별 거 아니네?'라고 자만에 빠지거나 시간이 지나면 연고 인맥이 소멸된다는 것을 전혀 생각하지 못하게 된다. 이렇게 되면 신규고객을 발굴하기 위한 씨 뿌리기에 소홀할 수밖에 없다. 그리고 성과가 떨어지면서 초기에 가졌던 의욕과 신념, 열정을 상실하기 시작한다. 이로 인해 성과가 점점 더 떨어지고 의욕이 점차 상실되는 악순환의 고리에 빠지게 된다.

두 번째는 기술적 요인이다. 연고라는 텃밭을 수확하면서도 새로운 텃밭에 씨를 뿌리는 노력은 반드시 필요하다. 그러나 대부분의 영업인들은 그 필요성은 느끼면서도 새로운 텃밭을 개간하고 씨를 뿌리겠다는 의욕과 용기는 부족하다. 더 심각한 것은 이것을 아예 시도조차 하지 않는다는 데 있다. 기존고객들의 업무를 처리하느라 바쁘다, 경기가 나빠서 신규고객 개척이 잘 안 된다, 팔 만한 상품이 없다는 등 그 변명도 다양하다.

또한 많은 영업인들은 기존고객들의 신뢰를 얻기 위한 노력도 게을리 한다. 기존고객은 이런저런 이유로 이탈을 하거나 재구매를 하지 않거나 구매량을 축소하게 마련이다. 그러나 영업인들은 나름대로 열심히 노력하고 있다고 말한다. "나도 아침에 일찍 출근해서 고객들에게 DM과 이메일도 보내고 전화도 한다. 식사도 같이하고 명절 때 선물도 가끔씩 보낸다"라고 말이다. 그런데 왜 안 되는 것일까? 이미 그 정도는 다른 사람들도 다 하고 있기 때문이다.

세 번째는 외부의 환경적 요소다. 자신이 파는 상품이 속한, 시장이 정체되어 있거나 경쟁이 치열해지는 경우가 여기에 속한다. 앞에서도 말했지만 시장이 커지는 상황에서는 조금만 노력해도 성과를 올리기가 쉬웠다. 그러나 시장이 정체되어 있거나 경쟁자들이 늘어나거나 새로운 채널이 생기면 슬럼프에 빠지기 쉽다. 이러한 상황에서 전략을 차별화하지 않는다면, 슬럼프라는 늪에서 빠져나올 수 없음은 당연하다.

그렇다면 슬럼프는 어떻게 극복해야 할까? 첫 번째 슬럼프 정도는 하겠다는 의지와 신념 등 정신적인 면만 재무장하면 극복할 수 있다. 그러나 두 번째와 세 번째 슬럼프는 그것만으로는 안 된다. 박찬호 선수가 새로운 구질을 개발하고 투구폼을 교정하기 위해 노력했듯이 자신의 고객발굴과 접근, 설득과 협상, 고객만족과 알파고객 만들기 능력을 강화해야 한다. 당신이 구사하고 있는 구질 정도는 이미 다른 사람들도 다 구사하고 있기 때문에 새로운 구질을 개발해야 하는 것이다.

영업인들의 슬럼프 극복방법도 사실 운동선수의 슬럼프 극복방법과 크게 다르지 않다. 먼저 슬럼프를 극복하기 위해 피눈물 나게 노력해야 하며. 정신적 재무장을 해야 한다. 그리고 초심으로 돌아가 자신의 의지와 신념, 용기와 열정이 약해지는 악순환의 고리를 끊어야 한다. 이것들이 약화되면 아무리 뛰어난 코치가 있어도 슬럼프를 극복하는 것은 불가능하다.

그렇다면 어떻게 해야 악순환의 고리를 끊을 수 있을까? 책을 읽는 것도 좋은 방법이다. 책을 통해 어려움을 극복한 사람들은 부지기수로 많다. 세일즈 책이 아니어도 상관없다. 그리고 분위기를 바꾸는 것도 한 가지 방법이다. 새벽에 남대문시장이나 수산시장에 가보는 것도 좋고 여행을 떠나거나 등산을 하는 것도 좋다.

두 번째는 자신의 기술적인 능력을 강화해야 한다. 열심히 노력하겠다는 의지와 신념, 열정만으로는 슬럼프를 극복하기 어렵다. 이 부분에 관해서는 뒷부분에서 더 상세히 설명을 하도록 하겠다. 거기서 사례로 등장하는 영업달인들을 통해 벤치마킹을 할 수 있는 방법들이 있으니 참고를 하기 바란다.

세 번째는 코칭이나 멘토링을 받는 것이다. 슬럼프에 빠지면 자신의 힘으로 헤어나지 못하는 경우가 많다. 특히 정신적인 면에서 흔들리거나 무너지면, 자신의 힘만으로 일어설 수 없는 경우가 대부분이다. 이럴 때 코치나 멘토는 훌륭한 조력자로서 슬럼프를 극복하게 도와준다.

그렇다면 어떤 사람이 코치나 멘토가 되어야 할까? 영업 임원, 지점장, 영업소장, 세일즈 매니저 그리고 대리점 담당 영업인들 또한 대리점의 멘토가 되어야 한다. 하지만 훌륭한 멘토, 뛰어난 코치를 만나기가 현실적으로 쉽지 않다. 그들 대부분이 그저 정신적인 코칭만 하기 때문이다.

단지 그들은 "열심히 해라. 적극적이고 도전적이며 희생정신과 신념, 그리고 사명감을 가져야 한다"라는 말과 함께 정신적인 교육을 실시할 뿐이다. 그렇다면 왜 그런 것일까? 자신들이 영업할 때도 그렇게 했고 또 그 당시에는 그것만으로도 성과를 냈기 때문이다.

하지만 이제는 그것만 가지고는 안 되는 시대다. 앞에서도 말했듯이 성장이 정체되고 경쟁이 치열해졌을 뿐만 아니라 불황이 장기화되고 있기 때문이다. 게다가 영업인들 대부분이 열심히 노력하고 있다. 이런 영업인들에게 "적극적으로 열심히 해라"라고 강조를 한

들 무슨 소용이 있겠는가. 그저 불만과 반발심만 커질 뿐이다.

따라서 이제는 영업인들에게 기술적 요인까지 코칭과 멘토링을 해줄 필요가 있다. 고객발굴을 잘 못하는 사람, 내성적이고 소극적인 사람, 제안이나 프레젠테이션이나 협상에서 설득 스킬이 약한 사람, 고객을 감동시켜 알파고객으로 만드는 역량이 떨어지는 사람, 사교적이지 못한 사람들에게 개인별로 맞춤 코칭을 해주어야 한다.

따라서 이제는 소극적인 사람들에게 "적극적인 마인드를 가져라"라는 식으로만 코칭이나 멘토링을 해서는 안 된다. "당신은 소극적인 성격이므로 가망고객을 발굴할 때나 가망고객에게 접근할 때 이 방법을 이렇게 해보자"라는 식으로 이끌어야 한다. "What to do"가 아니라 반드시 "How to do" 방식으로 이끌어야 한다. 영업인별 성향, 능력에 맞는 맞춤 코칭을 해야 하는 것이다.

슬럼프에 빠진 영업인들에게 제대로 코칭을 해주지 못하는 것은 직무유기다. 왜냐하면 전도유망한 사람에게 실패의 좌절감과 무력감을 안겨주고 희망을 앗아가기 때문이다. 만약 그가 가족이 있는 가장이라면 그 가족에게까지 영향을 미치지 않겠는가.

그러니 코치와 멘토들이여! 이제부터는 자신의 방식을 바꿔라. '영업달인으로 가는 7가지 DNA' 버전으로 말이다. 스스로든 멘토의 도움을 받든 슬럼프를 극복하지 못하면 영업에서 퇴출은 불가피하다. 그렇지 않고서는 슬럼프라는 악순환의 고리를 끊을 수 없기 때문이다.

영업인들이여, 이제 악순환의 고리를 끊고 선순환의 고리를 이어가도록 하자. 그에 대한 방법들은 뒤에서 소개할 '영업달인으로 가는 4가지 전략'에 들어 있다. 지금까지 '영업달인으로 가는 7가지

DNA'에서는 정신적인 부분에 대해 주로 언급을 했다. 어쨌든 이 책을 접하거나 읽는 것만으로는 영업달인이 될 수 없다. 영업인이든 코치든 멘토든 오직 실행하는 사람만이, 습관을 만드는 사람만이 영업달인의 경지에 오를 수 있다.

Sales Blue Ocean

| 4장

첫 번째 전략:
고객이 스스로
찾아오게 만들기

 첫 번째 전략 : **고객**이 스스로 **찾아오게** 만들기

01__ 인생을 즐기면서 고객 발굴의 달인이 돼라

그렇지 않은 업종도 물론 있겠지만, 영업인들의 가장 큰 고민거리는 우량 가망고객을 어떻게 발굴할 것인가다. 이들을 언제, 어디서, 어떤 방법으로 설득할 것인지는 그 다음 문제다.

다음은 가망고객 발굴의 어려움을 토로한 실제 이야기들이다.

"연초가 되면 늘 그렇듯 무지막지한 영업목표를 앞에 두고 영업계획을 잡는데 확실한 것은 하나도 없이 숫자만 나열합니다. 신규고객을 좀 더 적극적으로 발굴하려고 아이디어도 내지만, 막상 실천하려면 어디서부터 어떻게 하는 게 가장 효과적인지 막막할 때가 많습니다."

"저는 영업 5년차가 된 보험 영업인입니다. 영업 초기에 저의 주된 고객발굴 방법은 연고나 인맥을 활용하는 것이었습니다. 다행히 제가 살아오면서 인심을 잃지는 않았는지 주위의 많은 분들이 제가 주로 취급하는 종신보험이나 연금보험에 가입을 해주셔서 회사 내에서 상위 20%의 실적을 올릴 수 있었습니다. 그런데 요즘은 연고와 인맥을 통한 기존의 신규고객 발굴과 유치가 수월치 않습니다. 물론 기존 고객들 중에서 새로운 가망고객을 소개해 계약을 하는 사례도 종종 있습니다만, 무언가 신규고객을 발굴하기 위한 획기적인 방법이 필요한 시기라고 절실하게 느끼고 있습니다. 그러나 별다른 아이디어가 떠오르지도 않고 실행을 해보고 싶은 아이디어가 있어도 매일매일 하루 일과를 소화하다 보면 시간도 나지 않고 용기도 나질 않아 그냥 있습니다."

"생전 처음 하는 영업치고 너무 큰 물건에 도전한 게 아닌가 걱정됩니다. 새로운 아파트형 공장을 분양하는 일을 하게 되었습니다. 1, 2백만 원짜리 물건이라면 아는 사람들을 찾아다니며 사정이라도 해보겠지만, 최소한 억대가 넘는 상품을 아는 사람을 통해 판매한다는 것은 말도 안 되겠지요. 강태공이 낚시를 하듯이 이런저런 업체에 DM을 발송하고 한 건 걸리기만 기다린다는 것은 감 떨어지기를 기다리는 방법일 것 같아 나름대로 입주가 가능한 업체를 찾아 방문을 해서 설명을 하고는 있는데요. 의사결정권이 있는 사람들을 만나기가 쉬운 일이 아니더라구요. 어디서부터 어떻게 시작해야 할지 감이 전혀 오지 않습니다. 영업 대상을 발굴하고 접촉하는 비법이 있는지요. 아니면 간단한 요령이라도 알려주시면 저에게 아주 큰 도움이 될 것 같습니다."

위와 같은 말들처럼 가망고객을 발굴하는 것은 신입이든 중견 영업인이든 또는 개인 고객이든 법인 고객이든 모든 영업인들이 공통적으로 어려움을 느끼는 부분이다. 백화점, 주유소, 음식점, 통신 대리점, 화장품 등 매장을 통해 판매가 이루어지는 점두판매의 영업 관리자나 담당자들도 어떻게 하면 매장별로 고객의 집객률을 높일 수 있을까 항상 고민한다. 이를 조금이라도 게을리 하면 금방 좋지 않은 결과가 나타나기 때문이다.

대우자동차에서 1997년부터 2002년까지 판매왕에 오른 한국GM 동대문영업소의 박노진 대표도 신규고객을 지속적으로 발굴했기 때문에 자신이 영업의 세계에서 도태되지 않고 판매왕의 자리에 오를 수 있었다고 강조했다. 이처럼 가망고객을 발굴하는 것은 영업직을 떠날 때까지 떨쳐버릴 수 없는 모든 영업인들의 영원한 숙제다.

그런데도 많은 회사의 영업력 강화 프로그램은 가망고객을 발굴하는 전략과 방법론에 대해서 거의 다루고 있지 않다. 국내에 진입해서 가장 성공적이었다고 평가를 받고 있는 한 외국계 생명보험회사의 '블루 북'이라는 영업력 강화를 위한 교재에서도 가망고객을 발굴하는 방법에 대해서는 한 장 정도로 아주 간략하게 소개되어 있을 뿐이다.

그렇다면 이처럼 가망고객을 발굴하는 방법이 간과되는 이유는 무엇 때문일까? 대부분의 사람들이 그것을 너무 쉽게 여기기 때문이다. 그래서 영업인들이 자신만의 경험과 방법으로 실행하도록 방치를 해버린다.

일반적으로 가망고객을 발굴하기 위해 알려진 방법은 다음과 같은 세 가지가 있다.

1. 연고 관계인을 찾아간다.
2. 개척영업. 고객에게 DM이나 이메일을 보내거나 전화를 하거나 또는 고객을 직접 방문하여 설득한다.
3. 기존고객에게 소개를 받는다.

당신은 주로 어떤 방법으로 가망고객을 발굴하는가? 현재 어떤 방법으로 최고의 성과를 올리는가?

연고 관계인은 누구에게나 그 자원이 유한하다. 그리고 개척영업은 시간과 노력에 비해 성과가 낮다. 또한 개척영업에서 몇 번 거절을 당하면, 대부분의 영업인들은 고객을 방문하기에 앞서 수없이 망설이게 된다. 당신도 고객을 방문하기에 앞서 몇 번 아니 수십, 수백 번씩 망설인 적이 있을 것이다.

일반적인 영업인들은 개척영업에서 거절을 당하면 개척영업을 점점 기피하게 된다. 막상 용기를 내서 가망고객을 방문했는데, 거절을 당하면 엄청난 수치심과 좌절감을 느끼게 되고 영업에 대한 스트레스도 높아지게 마련이다. 사실 영업달인들도 10번 중에 7~8번은 거절을 당한다고 한다. 그러나 그들은 거절에 좌절하지 않고 이를 극복함으로써 판매왕 또는 초일류의 자리에 오를 수 있었다.

가망고객을 발굴하는 데 있어 가장 좋은 방법은 뭐니뭐니해도 소개를 받는 방법이다. 많은 영업 전문가들은 1명의 고객에게서 3명의 가망고객을 소개받아 새로운 고객을 확보하라고 강조한다. 아마 당신도 이런 방법을 시도하여 때로는 성공하기도 하고 때로는 실패하기도 했을 것이다. 그렇다면 어떤 경우에는 성공하고 어떤 경우에는 실패했을까?

고객은 대부분 자신의 주변 사람을 소개해주길 꺼린다. 특히 방문을 통해 판매나 계약이 이루어지는 경우에는 더욱 그렇다. 그래서 자신의 주변 사람에게 소개를 부탁하면 부담감을 갖게 마련이다. 실패하는 영업인들은 고객의 이런 마음은 아랑곳하지 않고 가망고객을 소개해 달라고 부탁한다. 앞에서 말한 언제나 팔려고만 하는 영업들인과 똑같은 실수를 범하는 것이다.

반면 어떤 고객은 자신의 영업 담당자가 가망고객에게 소개를 부탁하지 않아도 알아서 자기 주변의 고객들을 소개한다. 그것도 그저 자기 주변의 연락처 정도만 알려주는 것이 아니라 상품을 구매할 의사가 아주 높은 고객을 소개해 추천까지 한다. 이런 경우, 계약은 거의 100% 이루어진다.

보험영업의 달인이라 할 수 있는 차태진 씨가 푸르덴셜생명보험에서 영업을 할 때, 시티은행의 모 임원은 하물며 가망고객을 아홉 명이나 소개해 주었다고 한다. 그렇다면 그 임원은 차태진 씨에게 왜 아홉 명이나 되는 가망고객을 소개해 주었을까?

중국의 고전인《도덕경》에는 다음과 같은 말이 있다.

"최고의 무사는 무용(武勇)을 보이지 않습니다. 최고의 전사는 성내지 않습니다. 최고의 승리자는 싸우지 않습니다. 최고의 고용인은 스스로를 낮춥니다. 이를 일러 겨루지 않음의 덕(不爭之德)이라 합니다."

이 말 속에 바로 차태진 씨가 그 임원에게 9명의 가망고객을 소개받았던 답이 있다. 필자가 강조하는 것처럼 "최고의 영업전략은 세일즈하지 않는 것이다"라는 답이 그것이다. 차태진 씨는 그 임원의 업무적인 문제를 해결해 주는, 즉 '불판지덕(不販之德)'의 개념을 실천해 그 임원을 움직였던 것이다.

영업달인들은 이처럼 대부분 세일즈를 하지 않는다. 그리고 가망고객에게 소개를 해달라고 무리하게 부탁도 하지도 않는다. 이처럼 영업달인들은 판매하려 하지도 않고, 가망고객에게 소개를 해달라고 무리한 부탁도 하지 않는다.

그렇다면 영업달인들은 도대체 무엇을 하는 것일까? 오로지 고객의 신뢰를 얻고 마음을 열기 위해 노력한다. 그러면 고객이 스스로 새로운 가망고객을 소개한다. 그것도 순도 100%짜리로 말이다. 실제로 영업달인들은 신규고객의 60~100%를 기존고객의 소개로 유치한다고 한다.

지금까지 가망고객을 발굴하기 위해 많이 알려진 세 가지 방법에 대해 설명했다. 그러나 이것만으로는 한계가 있다. 어느 한 분야에서 최고가 되기 위해서는 남들보다 독점적인 지위를 확보해야 한다. 그러기 위해서는 남들이 가지 않은 길을 맨 처음 가는 선구자가 되든지 자신만의 차별화된 방법을 찾아야 한다. 이것이 바로 블루오션 세일즈다.

영업달인이 되기 위한 첫 번째 과제 역시 자신만의 차별화된 방법으로 '영원히 마르지 않는 가망고객의 샘물'을 찾는 역량을 구축하는 것이다. 하지만 그것이 스트레스를 받는 방법이어서는 안 된다. 자신이 가장 좋아하고 잘할 수 있는 일, 즉 인생을 즐기면서 우량 가망고객도 발굴할 수 있어야 한다.

자, 그렇다면 무언가 팔아야 하는 사람들을 다시 한 번 살펴보자. 영업인들은 대부분 극심한 내수경기의 불황을 토로하면서 영업의 어려움을 말하곤 한다. 그들의 말을 들어 보면, IMF 때보다 훨씬 더 어렵다고 말하는 영업인들도 많다. 또 어떤 영업인은 가망고객과 전화통화나 식사도 자주 하고, 명절과 기념일에는 선물이나 카드까지 보내는데도 신규고객을 유치하는 데 애를 먹고 있다고 말한다.

그러나 그와 달리 어떤 영업인들은 불황이든 경쟁이 치열하든 시장환경이 나쁘든 꾸준히 새로운 고객을 유치한다. LG텔레콤 부산 자갈치점의 '27세에 억대 수입을 올리는 아가씨 사장님'이 바로 그 대표적인 사례다. 그렇다면 이동전화 영업에 입문한 지 1년 2개월 만에 이 여성이 억대 수입을 올리게 된 비결은 과연 무엇일까?

LG텔레콤 부산 자갈치점 아가씨 사장님!

2002년에 계약직 상담사로 입사한 정○○ 씨는 2003년 9월 LG텔레콤이 국민은행과 제휴해 모바일 뱅킹 서비스인 '뱅크온'을 시작하면서 은행 지점의 판매원으로 파견됐다. 상담사로 일하는 것은 적성에 안 맞아 고전했지만, 영업직은 물고기가 물을 만난 듯 몸에 착 감겼다. 정 씨는 입사 전에 은행에서 2년 동안 파트타임으로 일했던 경험을 살려 우선 은행원들부터 공략했다. 은행이 한창 바쁜 월말엔 퇴근도 안 하고 은행원들 옆에 앉아 영수증도 정리를 해주고 계산기도 두들겼다.

앞뒤 안 가리고 열심히 도와주다 보니 은행원들이 직접 고객들에게 뱅크온 가입을 권하기 시작했다. 그 덕분에 당시 6개월 동안 매일 100여 명의 고객을 유치했고, 그 성과로 인해 2003년 하반기 부산 경남지역 '뱅크온 영업왕'에 올랐다. 이후 영업왕 자리를 한 번도 내주지 않은 정 씨에게 회사는 2004년 7월 직영점 '이지포스트 자갈치점'의 운영을 맡겼다.

그리고 점장으로 근무한 지 3개월 만에 1,200여 명의 가입자를 유치하자 회사는 아예 직영점을 대리점으로 전환시켜 정 씨를 사장으로 앉혔다. 오로지 실력으로 이뤄낸 초고속 인생역전이었다. 그러나 정작 정 씨는 신규고객 유치의 특별한 노하우는 없었다고 강조한다. 주요 타깃을 중장년층으로 잡고 이들을 아버지, 어머니 대하듯 했다는 것뿐. 그분들과 대화할 때 "안 돼요". "없어요". "몰라요" 와 같이 부정적인 표현은 절대로 하지 않고 무슨 일이든 적극적으로 해결해 드렸더니 어느새 자신의 고객이 되어 있더란다.

— 국민일보, 2004년 11월 29일자

보통 영업인들이라면 아마 은행원들에게 뱅크온 가입을 권하거나 은행에 오는 고객들에게 직접 뱅크온 가입을 권했을 것이다. 뱅크온을 팔려고 직접 세일즈하는 방식으로 말이다. 하지만 이 젊은 여사장은 은행원들의 바쁜 업무를 도와줌으로써 은행원들이 스스로 뱅크온 서비스에 가입하게 함은 물론 적극적으로 고객들에게도 가입을 권유하게 만들었다. 자신의 든든한 세일즈 후원자를 확보한 것이다.

그리고 그녀는 대리점 사장으로 임명된 후에도 대리점 상권의 주요 타깃인 중장년층을 대할 때 마치 자신의 아버지, 어머니를 대하는 것처럼 친절하고 다정하게 대했다. 또한 이분들이 원하는 것은 무슨 일이든 적극적으로 해결을 해드렸다. 이 두 가지 요인이 바로 그녀의 성공을 가져온 핵심 요소였던 것이다.

텔레비전 뉴스를 보면 일부 건강식품 판매업자들이 노인들을 대상으로 건강식품을 만병통치약으로 둔갑시켜 시중가보다 훨씬 높은 가격에 팔았다는 보도가 간간이 등장하곤 한다. 한 번은 한 기자가 어느 노인에게 "이런 뉴스가 자주 보도되는데도 왜 그렇게 비싼 값을 주고 물건을 샀느냐?"고 물었다. 그러자 그 노인은 이렇게 대답했다.

"비싼 줄 알지만, 저 사람들은 점심도 먹여주고 노래도 불러주며 우리를 즐겁게 해주잖아! 아들과 딸이 있지만, 잘 찾아오지도 않고 외로운데, 저 사람들이 우릴 즐겁게 해주는 것에 비하면 그건 비싼 게 아냐"라고 말이다.

지금 이 시간에도 성과가 오르지 않아 고민하는 영업인이라면 눈을 감은 채 가슴에 손을 얹고서 한 번 생각해보라. "내 고객이 안고 있는 문제를 해결을 해주고 도움과 즐거움과 가치를 주기 위해 나는 진정으로 노력했는가? 현재는 어떠한가? 나는 혹시 팔려고만 하지는 않았는가?"라고 말이다.

실패하는 영업인들은 대부분 자신의 연고 관계인들에게조차 부담을 준다. 필자도 주변에서 이런 사례를 수없이 보아왔다. 그렇다면 자신의 안방이나 다름없는 연고 관계인들조차 부담을 갖는 이유는 무엇일까? 그 이유는 일반인보다 연고 관계인에게 더 의욕을 앞세워 팔려고 하기 때문이다. 삼촌이나 이모, 친한 친구라서 당연히 사줄 것으로 생각하면서 말이다. 이 얼마나 엄청난 짝사랑인가.

그러나 이런 경우에도 거절을 당하는 경우가 의외로 많다. 그리고 판매는 했지만, 오랫동안 유지되었던 좋은 관계마저 나빠지거나 집안이나 친구들 모임에서 서먹서먹하게 되기도 한다. 그렇게 되면 때로는 '왕따'를 당하고 있다는 느낌마저 들게 된다. 배신감은 물론 영업에 대한 심한 좌절감도 느끼게 된다.

그래서 이런 달콤한 유혹과 좌절을 느끼지 않기 위해 아예 연고 관계인을 찾아가지 않는 영업인도 있다. 그러나 자신의 안방을 남에게 내어줄 수는 없지 않은가? 그렇다면 어떻게 하는 게 좋을까?

자신의 연고 관계인들일수록 팔려고 해서는 안 된다. 대신 그들에게 도움과 즐거움을 주기 위해 진심으로 노력해야 한다. 연고관계의 가망고객일지라도 팔기 위해 접근하지 않는 것! 이것이 바로 '세일즈하지 않고 최상의 성과를 올리는 방법' 중 첫 번째 방법이다.

지금까지 '세일즈는 부자로 가는 지름길'이고 최상의 영업전략은 '세일즈하지 않으면서 최고의 성과를 올리는 것'이라고 일관되게 강조했다. 그리고 그와 함께 최고의 성과를 내는 비결 역시 구매력이 있는 우량고객을 발굴하는 것이라고 강조했다.

그러나 우량고객을 발굴하는 데 있어 선천적인 재능을 가진 영업인은 그리 많지 않다. 그들은 대부분 엄청나게 많은 노력을 통해 구매력이 높은 가망고객을 발굴하게 된다. 앞에서도 언급했듯이 가망고객을 발굴하는 데는 일반적으로 연고, 개척, 소개라는 세 가지 방법이 널리 알려져 있다.

하지만 필자는 가망고객을 발굴하는 데는 9가지 방법이 있다고 말한다. 이 책에서는 그 9가지 방법 중 가망고객에게 세일즈하려 한다는 부담을 주지 않는 5가지 방법을 소개할 것이다. 나머지 4가지 방법은 가망고객에게 직접 세일즈하기 위해 접근하는 방법이라서 여기서는 제외한다. 그렇다면 필자가 말하려는 그 5가지 방법이란 무엇일까?

1. 고객이 스스로 찾아오도록 만드는 스토리셀러 돼라.
2. 나만의 인맥지도를 만들어라.
3. 세미나를 개최하고 후원하라.
4. 이벤트를 개최하고 후원하라.

5. 고객의 연대감과 소속감을 활용하라.

이 5가지 방법의 공통점은 고객의 문제를 해결하고 도움과 즐거움, 감동을 주면서 가망고객을 발굴하는 데 유용한 방법이라는 것이다.

많은 사람들이 "물고기를 잡아주는 대신에 물고기를 잡는 방법을 가르쳐야 한다"라고 말한다. 그렇다면 물고기를 잡는 방법 중 가장 좋은 방법은 무엇일까? 그 방법은 언제, 어디를 가면 물고기가 많은지 알려주는 것이다. 물고기가 많은 곳을 알면 설사 어떻게 잡아야 하는지 잘 모르더라도 물 반 고기 반이므로 고기를 많이 잡을 수 있기 때문이다.

이처럼 차별화된 제안과 뛰어난 프레젠테이션, 유창한 말솜씨나 협상 스킬을 가르쳐 주는 것은 물고기를 잡는 방법을 가르쳐 주는 것과 같다. 그에 반해서 어떻게 해야 고객이 스스로 찾아오도록 만드느냐 하는 것은 물고기가 많은 곳을 가르쳐 주는 것과 같다. 과연 어떤 방법이 가망고객을 발굴하고 유치하는 데 더 효과적인지 당신은 이미 충분히 이해했을 것이다.

02__
고객이 찾아오게 만드는 스토리셀러가 돼라

고객이 항상 스스로 찾아오면 얼마나 좋을까? 이는 모든 영업인이 바라는 최고의 희망사항일 것이다. 그러면 힘들게 고객을 찾아다닐 필요도 없고 고객의 정확한 니즈가 무엇인지 알 필요도 없을 것이다. 또한 제안서를 차별화하거나 프레젠테이션을 잘하기 위해 며칠 밤낮을 고생하지 않아도 될 것이고, 밀고 당기는 협상 과정도 훨씬 부드러워질 것이며, 계약할 확률도 높을 수밖에 없을 것이다.

대한민국의 혁신 전도사인 한국산업교육센터(KPEC) 정광열 대표는 경영혁신에 대한 컨설팅과 교육분야에서 고객을 스스로 찾아오게 만드는 대표적인 영업달인이다. 그렇다면 무엇이 이를 가능하게 하는 것일까? 바로 스토리셀링 효과 덕분이었다.

스토리셀링은 앞으로 소개할 5가지 고객을 발굴하는 방법 중에서 가장 확실하게 세일즈하지 않으면서 목적을 이룰 수 있는 방법이라 할 수 있다. 혁신 전도사인 정광열 대표의 노하우, 즉 고객이 스스로 찾아오게 만드는 스토리셀링에 대해 알아보자.

스토리텔링(Story Telling) 마케팅이라는 것이 있다. 이는 고객들이 상품이나 서비스를 통해 느낀 경험이나 재미있는 이야기 등을 주변에 전파하는 현상으로, 고객이 스스로 주변 사람들에게 이야기를 퍼뜨리는 것이 일반적이다. 그러나 최근에는 기업이 의도적으로 전파될 스토리, 즉 이야기를 만드는 경향이 점점 많아지고 있다. 입소문 마케팅이나 구전 마케팅이 그와 유사한 개념이라 할 수 있다.

스토리텔링을 통해 성공한 대표적인 상품으로는 곰 인형 테디 베어, 보석 브랜드 쇼메, 바비인형, 딤채 등을 들 수 있다. 테디 베어는 미국의 루스벨트 대통령과 곰 사냥에 얽힌 일화가, 쇼메는 젊은 장교였던 나폴레옹 황제와 그의 목숨을 구해준 보석 세공사의 이야기가 사람들 사이에 전파되면서 판매가 폭발적으로 증가했다. 그리고 지금까지도 고객에게 사랑받는 장수 브랜드로서 그 지위를 이어가고 있다.

바비인형도 단순히 여자인형이라는 콘셉트만으로는 전 세계의 수많은 소녀들에게 50여 년 동안 사랑받지는 못했을 것이다. 유치원에 가고, 친구를 사귀고, 멋진 옷을 입고, 파티도 하고, 남자친구도 사귀는 등 바비인형에 스토리가 가미되었기 때문에 오랜 세월 동안 사랑받을 수 있었던 것이다. 김치냉장고 딤채도 출시 초기에 주부를 대상으로 스토리텔링 마케팅을 시도하여 성공한 대표적인 사례다.

또한 주류업계도 스토리텔링으로 마케팅 효과를 톡톡히 본 업종이라 할 수 있다. 소주의 터줏대감을 자처하는 진로의 경우, 제품을 출시한 후부터 '두꺼비'라는 별칭으로 애주가들의 사랑을 한 몸에 받아왔고, '오십세주'라는 신조어가 애주가들의 입에 오르내리는 데 힘입어 국순당은 매출 증가와 더불어 브랜드 파워가 크게 높아졌기 때문이다.

이와 마찬가지로 안동의 하회마을도 스토리텔링의 효과를 톡톡히 보았다고 할 수 있다. 1999년 영국의 엘리자베스 여왕이 우리나라를 방문했을 때 가장 한국적이고 전통문화가 잘 보존된 곳을 가보고 싶다고 해서 하회마을을 방문했다는 이야기가 지금까지 수많은 내외국인들 사이에 회자되고 있기 때문이다.

이와 같은 스토리텔링 효과는 상품이나 브랜드 등 마케팅 측면에만 나타나는 것은 아니다. 오히려 상품이나 브랜드보다 고객과 매일, 매시간 접촉하는 영업의 세계에서 더 다양하면서도 강력하게 나타나고 있다. 이런 현상을 필자는 스토리셀링이라 부른다. 이것은 무언가 팔아야 하는 세상에서 고객이 스스로 찾아오게 만드는 영업방식이다.

그렇다면 고객이 스스로 찾아오도록 만드는 방법엔 어떤 것이 있을까? 다음의 세 가지가 있다.

첫 번째는 독점 또는 과점일 때다. 팔아야 할 무언가가 이 세상에서 단 하나뿐이거나 우리 회사만 생산·판매하는 상품이거나 전기·수도·가스처럼 독점 또는 과점이라면 고객은 어쩔 수 없이 찾아올 것이다. 그러나 이것은 영업인들에게는 능력 밖의 문제다. 물론 영업인들 중에 가끔씩 매점매석을 활용하여 고객들이 찾아오게 만들기도 하지만 말이다.

하지만 영업인이 독점상태를 만든다는 것은 사실 매우 어렵다. 설령, 독점상태를 일시적으로 만들 수 있을지는 몰라도 이를 지속시킨다는 것은 거의 불가능하다. 그래서 영업달인은 독점상태보다는 독점적 위치를 만들기 위해 노력한다. 독점적 위치만 만들어도 고객이 스스로 찾아오기 때문이다.

그렇다면 독점적 위치를 만드는 가장 좋은 방법은 무엇일까? 고객이 스스로 찾아오게 만드는 두 번째 방법인 명성을 얻는 것이다. 다음은 정광열 대표의 명성에 따른 스토리셀링 효과와 그 사례다. 이처럼 명성을 이용한 스토리셀링의 첫 번째 방법은 최고 또는 최고 전문가가 되는 것이다.

컨설팅업계의 스토리셀러, 한국산업교육센터 정광열 대표

정 대표는 1990년에 '오노 다이이치'라는 토요타 혁신이론의 대부를 만나 '토요타의 개선과 혁신'이라는 그의 이론을 전수받았다. 이후 삼성전자, LG전자 등 국내 450여 개 기업에 토요타 생산방식, 즉 TPS(Toyota Production System) 일본 현지연수 프로그램을 진행하여 20년 동안 1만 5천여 명을 수료시켰다.

지금도 국내 기업의 최고 경영자는 물론 자치단체, 교육감, 교장 등을 대상으로 한 '토요타 혁신'에 대한 일본 연수와 특강은 그에게 국내 최고의 혁신 전도사라는 명성을 얻게 하고 있다. 그 결과 연수나 특강에 참여한 최고 경영자들이 그에게 직접 자사의 전 임직원을 대상으로 혁신교육을 해달라고 줄줄이 요청하고 있다고 한다.

그렇다면 고객들은 왜 스스로 정광열 대표를 찾아가는 것일까? 그것은 그가 TPS, 즉 토요타 생산방식과 토요타식 개선과 혁신에서 국내 최고의 전문가라는 명성을 얻었기 때문이다.

미국의 애틀랜타에서 부동산 중개업을 하는 '재키 스포타'라는 여성도 대표적인 스토리셀링의 사례로 통한다. 재키 스포타는 20여 년 넘게 전업주부로 있었던 평범한 여성이었다. 1990년대 후반, 마흔이 넘은 나이에 뭔가 해보고 싶다는 의욕에 그녀는 부동산 중개업을 시작했다.

그리고 세일즈에 대한 경험이 전혀 없었음에도 불구하고, 그녀는 애틀랜타에서 부동산 중개업을 시작한 지 2년 만에 최고의 성과를 올린다. 당시 그녀의 부동산 매매실적은 매년 2천만 달러를 넘었다고 한다. 그녀의 스토리셀링 사례를 한 번 보도록 하자.

부동산 중개업 분야의 스토리셀러, 재키 스포타!

그녀는 원래 대충하는 것을 절대로 용납하지 못하는 성격이라 자신이 담당하게 된 지역의 주택과 토지에 대한 정보를 완벽하게 알기 위해 담당 지역을 다른 중개인들보다 좁게 정했다. 이런 그녀를 보고 상사가 "재키 씨, 담당 지역을 너무 좁게 잡으면 부동산 중개업에서 성과를 올리기 어렵습니다. 성공한 중개인들은 모두 담당 지역을 넓게 하고 있습니다"라고 충고했다.

그러자 재키 스포타는 "당신 말이 맞을지도 모릅니다. 하지만 저는 제 방식이 있습니다"라고 상사에게 대답했다. 재키 스포타는 특정 지역의 최고 전문가가 되고 싶었다. 그런데 상사는 그 뜻을 이해하지 못하고 그녀를 바보로 생각했다. 그녀는 새집, 헌집을 가리지 않고 자기 지역에서 매물로 나온 주택과 토지에 대해 그 누구보다 많은 시간과 노력을 들여 조사하고 공부했다.

여기서 더 나아가 그녀는 어떤 집은 아이가 몇 명이고, 어떤 집 남편은 무슨 일을 하고 부인은 어디에 다니는지 등 자신의 고객에 대해서도 많이 알기 위해서도 노력했다. 그리고 잠재고객들의 투자기록을 면밀하게 조사·연구하여 그들의 니즈에 딱 맞는 매물을 추천했다. 그 결과 그녀는 자신이 담당하는 지역의 주택과 토지는 물론, 그 지역의 고객에 대해서까지 완벽하게 꿰게 되어 최고의 전문가로 불리게 되었다.

한 번은 미국의 대기업 CEO가 전화를 해서 재키 스포타에게 애틀랜타 시내에 500만 달러 정도 되는 집을 사고 싶다고 의뢰를 해왔다. 이 CEO는 집을 구경할 시간이 없다며 자신이 원하는 조건을 알려줄 테니 그 조건을 충족하는 집들을 자료로 만들어 보내달라고 요청했다.

재키 스포타는 그 CEO의 요구대로 후보군의 집들을 비디오로 촬영해 그만 보내라고 할 때까지 보냈다. 그랬더니 그 CEO가 "이제 자료는 그만 됐다. 이제 집을 보고 결정하겠다"라고 전해왔다. 그리고 집을 보고 마음에 들면 자기 회사의 경영자 다섯 명에게도 추천을 해주겠다고 했다.

그래서 감사의 말과 함께 재키 스포타는 너무나 궁금해서 물었다. "근데, 제 이름은 어디서 누구한테 들으셨나요?"라고 말이다. 그랬더니 유럽으로 출장을 가는 비행기 안에서 사람들이 애틀랜타에서 집을 사려면 재키 스포타한테 맡기면 확실하다는 이야기를 들었다고 했다.

이 사례는 토머스 스탠리 박사가 《부자의 지갑을 열어라》라는 책을 집필하는 도중에 실제 경험했던 일이라고 한다. 지금쯤 그 CEO는 과연 500만 달러짜리 고급주택을 재키 스포타에게 구입했을까? 그리고 그 CEO는 자기 회사의 다른 경영진 다섯 명도 소개했을까? 아울러 소개를 받았다면, 과연 그녀는 그 다섯 명 모두에게 각각 500만 달러 정도의 고급주택을 팔았을까? 이 질문에 대한 답은 당신의 상상에 맡기겠다.

이처럼 재키 스포타의 사례는 비록 미국에서 있었던 일이지만, 맡은 분야에서 상품과 고객에 대해서 최고의 전문가로 인정받으면 고객이 제 발로 찾아온다는 사실을 보여준다. 상품의 가격이 500만 달러나 되는 고급주택이라도 말이다.

국내에도 이와 비슷한 사례는 많다. 그중 한 가지 사례를 소개하겠다. 재키 스포타와 같은 직종인 부동산 중개인 이야기다.

한국의 재키 스포터, '센츄리 21 월드 부동산' 김명순 사장!

서울 송파구 잠실동 신천역 부근에서 '센츄리 21 월드 부동산'을 운영하는 김명순 사장. 그녀는 부동산 중개업과 영업인뿐 아니라 자영업자들에게도 귀감이 될 만한 성공적인 스토리셀링의 주인공이다. 1998년 당시 전세 보증금 3,500만 원이 전부였던 34세의 평범한 주부가 7년 만에 의사와 변호사 등 고소득 전문직 종사자에 버금가는 성공을 이루어냈기 때문이다. 현재 그녀는 부동산 중개 사무실 두 곳에 10명의 공인중개사를 둔 중개법인의 대표를 맡고 있으며, 연간 소득 이 1억 원을 훨씬 넘는다.

그렇다면 그녀의 성공비결은 무엇이었을까? 가장 큰 비결을 들라면 다름 아니라 상품에 대해 최고 전문가가 되기 위해 노력한 것에 있었다. 그녀는 틈나는 대로 사무실 앞의 신축단지는 물론 주변 아파트에서 고객들이 궁금해 하는 사소한 정보까지 모두 파악해 DB로 만들었다.

각 아파트의 동별 세대 수와 평형별 방 수, 층 수, 입주 시기 등과 같은 정보는 물론이고 난방 방식, 월 평균 관리비와 자신이 직접 그린 아파트의 내부 구조까지 그녀는 꼼꼼히 기록했다. 대부분의 내용들이 인터넷 검색으로는 알 수 없고 현장을 직접 방문하거나 관리 사무소 등에 문의해야 알 수 있는 소중한 정보였다.

그리고 양도소득세나 상속세, 증여세 등 부동산 관련법에 대한 것은 물론, 외국인이 국내 부동산을 취득할 때 필요한 사항까지 공부했다. 상품은 물론 부동산과 관련된 법률에서도 부동산 중개인 중 최고 전문가가 되기 위해 주경야독으로 노력한 것이다. 이렇게 해서 쌓인 정보가 지금까지 2백 페이지짜리 수첩 네 권에 달한다.

그녀는 이를 통해 고객에게 엄청난 신뢰와 스토리셀링 효과를 얻을 수 있었다.

"예를 들어, 신규 입주 아파트를 보러 온 고객이 아파트 평형과 본인이 원하는 방 수가 안 맞을 때, 저는 다소 떨어진 지역의 기존 아파트라도 고객이 원하는 아파트를 바로 추천할 수 있습니다. 여기에 내부 배치, 난방 방식, 월 관리비 등까지 알려주면 그때부터 저를 보는 눈빛이 달라집니다."

이 정도면 대한민국의 재키 스포타라 할 수 있지 않을까?

필자는 부동산 회사에서 영업을 하는 사람이나 중개업소를 운영하는 사람들에게 강의를 할 때마다 다음의 5가지를 강조해왔다.

첫째, 아파트든 단독주택이든 토지든 자신이 담당하는 물건에 대해서 최고 전문가가 되기 위해 노력하라.

둘째, 양도소득세, 상속세, 증여세 등 부동산과 관련된 세법에서도 세무사나 회계사를 능가할 정도가 돼라.

셋째, 부동산 경매에서도 최고 전문가가 돼라.

넷째, 자신의 고객에 대해 가장 많이 아는 중개인이 돼라. 그 집의 숟가락이 몇 개인지 알 수 있을 정도로 말이다.

다섯째, 자신이 팔려는 부동산에 대한 스토리를 파악하라. 이 아파트는 전 주인이 5년 전 입주해서 돈을 많이 번 집이라든지, 아들과 딸이 모두 좋은 대학에 입학한 집이라든지, 수맥이 통하지 않아 가족이 모두 건강한 집이라든지, 이 아파트 단지 중 풍수지리상으로 가장 명당이라든지 하는 것 말이다.

　이처럼 고객이 사려는 부동산에 대해 과거의 좋은 스토리를 이야기하면 고객의 구매동기를 높일 수 있다. 또한 고객에게 '입주 후에 만사가 잘 풀리겠구나!'라는 긍정적 사고를 주게 되어 실제로 그 효과를 고객이 거두게 할 수도 있다. 긍정적인 것이 부정적인 것보다 성공할 확률이나 장수할 확률을 높일 수 있기 때문이다.

　첫째에서 넷째까지는 필자가 지금까지 강조한 내용이라 따로 부연설명은 하지 않겠다. 물론 이 5가지 모두에서 최고가 된다면 재키 스포타나 김명순 사장을 능가할 수 있겠지만, 이는 결코 쉬운 일이 아니다. 따라서 우선순위를 정한 뒤 단계적으로 노력하는 것이 좋다. 거기에 우선순위를 부여한다면, 첫 번째부터 다섯 번째까지의 순서대로 우선순위를 두면 될 것이다.

　필자가 "최고의 전문가가 되어 고객이 스스로 찾아오게 만들라!"라고 말하면, 대부분의 회사와 영업인들은 이를 상품에 대한 최고의 전문가로 한정해서 생각하곤 한다. 그러나 최고의 영업달인이 되기 위해서는 재키 스포타처럼 고객에 대해서도 최고의 전문가가 되어야 한다.

　당신은 어떤가? 당신은 자신이 맡고 있는 분야에서 최고의 전문가인가? 그 답은 당신이 더 잘 알 것이다. 고객이 스스로 자신을 얼마나 찾아오는지 그 수와 빈도를 보면 말이다.

　텔레비전을 보면 자영업을 하는 사람들을 성공으로 이끌어주는 프로그램들이 있다. 예를 들면, 장사가 별로 안되는 식당을 고객이 북적이는 식당으로 변신시키는 프로그램이 대표적이다. 그 프로그램은 대체적으로 이렇게 진행된다.

제일 먼저 식당주인의 의지와 신념을 강화시킨다. 해병대나 군대에서 하는 극기훈련 등을 통해 아무리 힘든 상황에서도 포기하지 않는 강한 의지와 불굴의 투지를 갖게 만드는 것이다. 그러고 나서 점포의 인테리어를 바꾼다. 칙칙한 간판과 바퀴벌레가 나올 것 같은 내부공간을 전문가의 도움을 받아 확 바꾼다.

그 후에는 판매할 아이템을 선정한다. 이 단계에서는 상권의 고객 특성과 경쟁상황을 고려하여 판매할 아이템을 결정한다. 그러고 나면 최고의 전문가를 만드는 과정, 즉 판매할 아이템이 냉면이든 족발이든 곰장어든 칼국수든 그 분야의 국내 최고 전문가에게 비법을 전수받는 과정이 소개된다. 그 과정에서는 맛과 품질에서 최고가 되어야만 고객에게 사랑받을 수 있다는 사실을 다시 한 번 뼈저리게 느끼게 한다.

마지막 단계에서는 개업 이벤트를 진행한다. 유명 연예인들이 길거리에서 사람들에게 전단지를 나눠주며 개업을 준비한다. 드디어 개업식 날. 그 동네와 그 가게는 인기 연예인과 텔레비전 카메라와 북적대는 고객들로 분주하다. 신장 개업에 유명 연예인 아무개가 온다는 소문이 입에서 입으로 전달되었기 때문이다.

그리고 영업이 끝난 후, 금고를 개봉하는 순간 어김없이 눈물을 흘리는 주인공이 등장한다. 아마 그 어떤 사람이라도 이 순간 눈물을 흘리지 않을 수는 없을 것이다. 지난 시간 겪었던 온갖 기억들이 떠오르고 만감이 교차하기 때문이다. 그렇게 일단 개업식까지는 대성공이다.

그러나 세상은 그리 만만치 않다. 필자가 정작 궁금한 것은 이런 개업 이벤트를 통해 재창업에 성공한 점포들의 1개월 후, 3개월 후,

1년 후의 성적표다. 진짜 승부는 개업한 그 다음날, 즉 홀로서기를 시작하고 난 후부터라고 할 수 있다. 매일 또는 주기적으로 유명 개그맨들이 점포에 나와 프로모션을 해줄 수도 없는 데다 개업식 이벤트와 분위기에 이끌린 고객들의 열기도 점차 식기 때문이다.

그리고 여기서 정말 중요한 것은 최고의 맛과 품질을 어떻게 계속 유지하느냐는 점이다. 어떤 상권에서 어떤 아이템이 잘되면 순식간에 경쟁자들이 나타나기 때문이다. 이들 경쟁자들은 더 산뜻한 인테리어, 더 경쟁력 있는 맛과 품질, 서비스, 경쟁력 있는 가격을 신무기로 강력한 도전장을 내민다.

하지만 이러한 외부의 경쟁자들보다 더 무서운 적이 도사리고 있을 수도 있다. 그것들은 바로 다음과 같은 것들이다.

첫 번째는 '장사는 이익이 남아야지'라는 생각이다. 개업 초기에는 맛도 있고 양도 많았는데, 시간이 지날수록 맛과 품질, 양 등에서 고객이 불만을 나타내는 점포들을 볼 수 있다. 어쩌면 이는 만족시키지 못하는 것이 아니라 안 하는 것일지도 모른다. "개업 초기야 고객을 잡으려고 그랬지. 나도 장산데 이익이 남아야지"라고 하면서 초심을 잃는 경우 바로 그런 경우다. 그들은 '고객중심'이라는 말과는 정반대의 길을 선택하는 것이다. 그럴수록 고객은 더 냉정하게 발길을 돌리는데 말이다.

두 번째는 '이 정도면 됐어!'라는 방심이다. 최고가 되는 것보다 최고의 자리를 지키는 것이 훨씬 어렵다. 최고의 자리를 지키기 위해서는 더 많은 노력을 해야 한다. 최고의 자리에 오르기 위해 수많은 사람들이 앞서 성공한 사람들의 성공법칙을 벤치마킹하기 때문이다. 게다가 고객의 기대치 또한 계속 높아진다. 1년 전에 만족했던 고객일지라도 항상 똑같은 맛과 품질, 서비스에 만족하는 것은 아니다.

따라서 자영업자든 영업인이든 자신의 분야에서 최고의 전문가로서 명성을 유지하려면 더욱 많은 노력을 해야 한다. 이런 노력을 게을리 하면 도사리고 있던 슬럼프와 시련이 찾아오게 마련이다. 그와 함께 고객도 하나둘 떠나기 시작한다. 물론 이런 슬럼프를 극복한다면 자양분이 되겠지만, 극복하지 못한다면 반짝 빛을 발한 후 영원히 시장에서 밀려날 것이다.

▁ 최고 전문가가 되는 방법

매일 세 번씩 최고가 되겠다는 다짐을 하라. 단 1분이라도 좋다. 그리고 그냥 다짐을 하는 것보다 매일매일 글로 쓰라. 그것은 말로 하는 것보다 훨씬 더 효과적이다. 아침에 일을 시작하기 전에 '판매하는 상품이나 서비스에 관한 한 나는 최고 전문가인가?' 또는 '나는 내 고객에 대해 최고 전문가인가?'라는 질문을 자신에게 던져보라.

그리고 더 나아가 이렇게 자문해보라. 점심식사를 후에 '과연 현재 내가 하고 있는 방식이 최고 전문가로 가는 올바른 길인가?'라고 밀이다. 하루 일을 마지고 난 후에는 '최고가 되기 위해 나는 오늘 정말 최선을 다했는가? 부족한 점은 없었는가? 개선해야 할 점은 무엇인가? 최고 전문가가 되기 위해 내일, 아니 지금 당장 해야 할 일은 무엇인가?' 등을 스스로에게 물어보라.

이런 다짐을 일주일, 한 달, 1년 동안 계속하라. 비가 오나 눈이 오나, 설령 지진이나 해일이 발생했다 해도 계속하라. 그리고 습관이 되게 하라. 어떤 사람에게는 몇 달 만에 직접적인 효과가 나타나기도 할 것이다. 그러나 어떤 사람에게는 6개월 또는 1년이 지나도 고객이 스스로 찾아오지 않을 수도 있다. 이런 경우는 자신이 아직 최고가 되지 못했거나 아직도 최고의 전문가로 명성이 나지 않았거나 둘 중 하나일 것이다.

그렇다고 해서 열심히 다짐만 한다고 최고가 되는 것은 아니다. 최고가 되기 위해 계획을 세우고 실행을 해야 한다. 텔레비전에 나온 음식점 재창업 같은 프로그램의 경우, 그 비법을 다 알려주는 것 같지만 사실은 그렇지 않다. 자신의 경쟁자가 될 수도 있는 사람에게 수십 년간 내려온 비법을 그렇게 쉽게 전수해줄 리가 없지 않은가. 특히나 음식과 같이 맛을 내거나 품질을 높이는 데 특별한 비법이 있는 업종에서 말이다.

식당이 가장 많은 나라를 꼽으라면, 우리나라가 세계 최고라는 통계가 있다. 주위를 둘러보면 그야말로 식당천지다. 그중에서 맛있기로 소문난 집들은 언제나 고객들로 붐빈다. 심지어 30분 정도 기다려야 내 차례가 오는 집도 있다. 하지만 대부분의 식당은 그렇지 않다. 어떤 식당들은 주요 메뉴조차 별로 맛이 없거나 그저 그렇다. 또한 반찬이 맛이 없거나 밥이 윤기가 없고 푸석푸석한 곳도 있다.

그런데 식당 중에는 그다지 붐비지는 않지만, 그럭저럭 고객이 있는 곳도 있게 마련이다. 이런 식당의 주인들이 매너리즘에 빠지면 착각에 빠지기 쉽다. 자기 식당의 음식 맛이 고객을 만족시키고 있기 때문에 장사가 그럭저럭 되고 있는 것이라고 혹은 경기가 나빠서 고객이 적은 것이라고 생각하게 되는 것이다.

하지만 고객이 특정한 식당을 찾는 이유는 그 식당의 음식이 맛있기 때문만은 아니다. 입지의 편리함이나 시간, 어제는 칼국수를 먹었으니까 오늘은 순두부를 먹고 싶다는 메뉴의 선택 때문인 경우도 많다. 이런 식당들은 인근에 강력한 경쟁자가 나타나거나 경기가 나빠지거나 인근에서 공사를 하는 것과 같이 환경이 바뀌면 곧바로 직격탄을 맞는다.

따라서 어떠한 환경의 변화도 이겨내는 식당이 되려면 음식 맛에서 최고가 되어야 한다. 주요 메뉴는 물론이고 기본 반찬과 밥까지도 최고가 되어 '○○ 식당'이라고 하면 청국장도 최고지만, 김치와 오이소박이는 물론 밥맛도 대한민국에서 최고라고 소문이 나야 한다. 설렁탕 육수나 콩국수 국물에서 대한민국 최고가 되는 것은 물론 쉬운 일이 아니다. 그러나 김치나 깍두기, 밥에서 최고가 되는 것은 그리 어려운 일이 아니다.

최고 품질의 쌀로 돌솥이나 가마솥 또는 압력밥솥에 밥을 지으면 밥맛이 뛰어나게 마련이다. 그런데 여기서 문제는 점심이나 저녁시간을 대비해 밥을 미리 해놓고 보관하는 데 있다. 아무리 최고 품질의 쌀로 밥을 해도 오래 보관하면 맛이 떨어진다. 따라서 정성을 들여 점심이나 저녁시간에 솥에서 방금 취사된 따끈따끈하면서도 윤기가 자르르 흐르는 밥을 고객에 제공하는 것이 중요하다.

이렇게 되면 고객들 사이에 "○○식당은 김치도 맛있고 된장국도 맛있고 밥맛도 기가 막힌다. 지금까지 이렇게 맛있는 식당은 보지 못했다. 밥과 김치만 있어도 충분할 정도다"라는 스토리가 전파될 것이다. 식당주인들도 이렇게 하면 좋다는 것쯤은 물론 다 알고 있을 것이다. 하지만 절대로 그렇게 하지 않는다. 그렇다면 그들은 왜 그렇게 하지 않는 것일까?

첫째는 그렇게 하지 않아도 그럭저럭 장사가 되기 때문이다.

둘째는 귀찮고 비용이 추가된다고 믿기 때문이다. 밥을 미리 해두면 편한 것을 굳이 고객들이 왕창 몰리는 점심시간에 하려면 주방도 개조해야 하고 사람도 더 필요로 해 돈을 더 투자해야 한다고 생각한다. 물론 이는 지극히 맞는 말일지 모르지만 투자의 효과는 생각하지 않는 말이다. 그러면서 장사가 안 된다고 하소연을 하면 무엇 하겠는가.

따라서 식당이나 레스토랑 등과 같이 먹을 것을 파는 사람들은 자신이 판매하고자 하는 아이템에서 최고가 될 수 있는 방법을 찾은 후에 창업하는 것이 좋다. 미장원이나 부동산 중개업소, 호프집도 마찬가지다.

그에 반해 자동차나 보험, 화장품, 가전제품, 건강식품 등을 판매하는 영업인들은 다르다. 상품의 품질이나 브랜드 파워 등을 최고로 만들고 고객이 이를 인정하도록 만드는 것은 본사에서 해야 할 일이다. 앞서 언급했던 것처럼 "우리 회사는 업계 1, 2위를 다투는 회사도 아니고 브랜드 파워도 약합니다. 이를 어떻게 극복해야 할까요?"라고 했던 영업인은 그렇다면 도대체 어떻게 해야 하는 것일까?

물론 영업인의 입장에서는 자신이 팔고자 하는 상품이나 브랜드가 최고라고 인정받고 있는 회사를 선택하는 것이 유리할 것이다. 그러나 모든 사람이 브랜드 인지도가 1등인 회사의 상품을 팔 수는 없다. 따라서 이런 상품을 판매하는 영업인들은 자신이 판매하는 상품과 고객에 대해 최고 전문가가 되어야 한다.

그래야 자사와 경쟁사의 상품을 비교하면서 각각의 장·단점과 특성을 확신에 찬 어조로 고객에게 설명할 수 있다. 최고의 상품 전문가가 되지 못하면 고객의 반론에 자신 있게 대답할 수도 없다. 또한 고객의 니즈, 선호, 성향은 물론 고객의 집에 젓가락 숟가락이 몇 개인지까지 알 정도로 최고의 고객 전문가가 되는 것도 중요하다. 그래야 고객의 마음을 열 수 있기 때문이다.

반드시 하루에 세 번 이상 상품과 고객에 대해 최고가 되겠다는 다짐을 하고 계획을 세워 실천하기 바란다. 그렇게 되면 최고의 전문가로서 명성을 얻게 될 뿐 아니라 스스로 찾아오는 고객의 수와 빈도가 점점 늘어날 것이다.

명성을 활용해 스토리셀러가 되는 두 번째 방법은 유명인사나 명소(名所)가 되는 것이다. 그렇다면 그 방법에는 어떤 것이 있을까? 다음과 같은 여섯 가지가 있다.

1. 신문, 잡지, 사보나 인터넷 포털 사이트 등에 칼럼을 기고하거나 전문가로서 상담을 하는 방법
2. 학회나 전문지 등에 논문을 발표하는 방법
3. 책을 출판하는 방법
4. 외부의 교육기관이나 세미나에서 강의를 하는 방법
5. 방송 프로그램에 전문가로 고정 또는 게스트로 참여하는 방법
6. 방송 프로그램에 주인공으로 출연하는 방법

이 방법들은 자신의 분야에서 최고의 전문가라는 평가를 받아야 하는 것은 물론 글을 잘 쓴다든지 말을 설득력 있게 잘한다든지 상대방에게 호감을 주는 인상이라든지 하는 추가적인 능력을 겸비해야 가능하다. 물론 신문사, 방송사, 교육기관 등에 우호적인 인맥을

구축해 놓았다면 가능성을 더 높일 수 있을 것이다. 인맥 만들기에 적극적인 영업인이라면 가망고객을 발굴할 뿐만 아니라 유명인사가 될 수 있는 든든한 후원자도 얻을 수 있다.

명성을 활용해 스토리셀러가 되는 세 번째 방법은 고객들로부터 자신의 이름 대신 해결사나 집사, 동반자, 내 인생의 멘토, 재테크 선생님 등과 같은 닉네임으로 불리는 것이다. 당신은 고객에게 무슨 문제가 생겼다고 연락을 자주 받는 편인가? 그중에서 당신이 팔고 있는 상품이나 서비스와 관계된 연락이 몇 번이나 되는가? 그리고 당신이 팔고 있는 것과 전혀 관계없는 일로는 몇 번이나 연락을 받았는가? 새벽 한두 시나 일요일에도 연락을 받아본 적이 있는가?

이런 질문에 그런 적이 많다고 자신있게 대답할 수 있는 사람은 스스로 찾아오는 고객도 많은 사람일 것이다. 그러나 그런 기억이 별로 없거나 손꼽을 정도인 사람이 대부분일 것이다. 혹은 피치 못할 사정 때문에 고객의 그런 부름에 달려가 보지 못한 경우도 있었을 것이다.

사람은 어떤 문제가 발생하면 우선 그 문제와 관련이 있는 사람에게 도움을 청하게 마련이다. 가령, 자동차 사고가 나면 자신이 가입한 자동차보험의 영업 담당자에게 가장 먼저 전화를 한다. 그리고 그 영업 담당자가 그 문제를 신속, 성실, 정확하게 처리하면 신뢰를 하게 된다. 물론 정반대의 경우도 있다. 이런 경우, 그 영업인은 고객을 발로 내차는 것이나 마찬가지다.

그런데 재미있게도 고객은 영업인과 신뢰가 깊어지면 전혀 관계없는 문제가 발생해도 도움을 청한다. 다음의 박노진 대표처럼 말이다.

새벽 4시 반에 뛰어나간 자동차 세일즈의 전설 박노진 대표!

한국GM 동대문영업소의 박노진 대표는 고객들이 어떤 문제만 터졌다 하면 그에게 연락을 해온다. 한 번은 새벽 1시 30분에 음주운전을 하다가 단속에 걸렸다고 전화한 고객이 있었다. '음주운전에 걸렸는데, 내가 간다고 해서 뭘 할 수 있겠나?'라는 생각도 들었지만, 고객이 '그래도 내가 가면 뭔가 해결을 할 수 있겠지'라는 기대로 전화를 했다는 생각이 들자 그는 일단 현장으로 달려갔다.

현장에 도착하자 경찰이 신분을 확인하더니 "가족이나 친구도 아니면서 어떻게 왔느냐"고 물으며 의아해 했다. 그러고는 이미 모든 절차가 다 끝나서 사정을 봐달라고 해도 소용이 없으니 온 김에 자기네 자동차 상담이나 해달라고 했다. 결국 고객을 돕겠다고 나섰던 박노진 대표는 그날 경찰들한테 자동차를 3대나 팔았다. 고객이 안고 있는 문제를 해결하기 위해 노력하다 보면 이런 행운도 찾아온다.

대한생명에서 2006년, 2009년, 2010년에 걸쳐 3차례 판매왕을 차지한 유현숙 매니저도 고객들로부터 재테크 선생님이란 닉네임으로 불리고 있다.

동대문 시장의 재테크 선생님, 대한생명의 유현숙 판매왕

유현숙 매니저가 대한생명에서 3차례나 판매왕을 차지할 수 있었던 비결을 꼽으라면 두 가지를 들 수 있다. 첫 번째는 VIP 고객군을 집중 공략했다는 것이고, 다른 하나는 '동대문 시장의 재테크 선생님!'이란 닉네임으로 불리며 고객들로부터 전폭적인 신뢰를 받았다는 것이다.

그녀는 매일 새벽 1시에 동대문의 새벽시장으로 출근해 상인들을 상대로 보험뿐 아니라 주식, 부동산 등 각종 재테크 정보를 전달하며 영업을 한다. 이런 노력 덕분에 "돈이 생기면 유현숙을 찾아라"라는 말이 생길 정도다. 그녀는 고객들에게 이러한 노력을 인정받아 연봉이 10억 원을 넘긴지 오래다.

— 한국경제 2010. 5

'재테크 선생님'이라는 닉네임이 동대문 시장에 전파되는 한 그녀는 기존고객으로부터 추가계약은 물론 그들의 소개를 통해 신규고객이 스스로 찾아오는 효과를 누릴 것이다. 고객들로부터 '노래하는 판매사원'이란 닉네임으로 불리는 영업인도 있다. 롯데백화점에서 안마의자를 파는 영업인 김종기 씨가 그 주인공이다.

노래하는 판매사원, 김종기 씨

김씨가 판매하는 상품은 안마의자다. 고객들이 안마의자에 앉아 있는 동안 김 씨는 가곡을 부른다. 안마의자 매장에서 처음 일할 때부터 노래를 불렀다. 그는 "고객들이 10~15분 동안 의자에 앉아 있으면 지루할 것 같아 노래를 시작했다"고 말했다. 김씨가 즐겨 부르는 노래는 '오 솔레미오', '그리운 금강산', '청산에 살리라' 등이다.

김씨는 "고객에게 어떤 노래를 좋아하느냐고 먼저 물어본다"며 "중장년층은 국내 가곡을 좋아하고 30대층은 이태리 가곡을 선호한다"고 말했다. 고객 서비스를 위해 노래를 하지만, 노래 덕분에 다른 고객들까지 김 씨의 매장으로 몰린다.

그는 즉석에서 10~20여 명의 관중들을 앞에 두고 노래를 하기도 한다. 그래서 매장에서 입을 턱시도까지 준비했다. 관객들에게 예의를 갖추기 위해서다. 그는 "고객들이 모이니까 장사도 잘 된다"며, "안마의자에 앉아 노래를

들은 고객 중 3분의 1정도가 물건을 구입한다"고 말했다. ─ 중앙일보, 2005년 11월

이처럼 '노래하는 판매사원'이라는 닉네임이 고객과 가망고객에게 퍼져나갈수록 김종기 씨는 안마의자를 많이 판매하게 될 것이다. 그런데 재미있는 것은 이 세 사람을 비롯해 영업달인들은 자신의 이름보다 닉네임으로 불리는 경우가 많다는 것이다.

1970년대부터 화장품 판매를 시작해 70대가 된 지금도 노익장을 과시하고 있는 부산의 강영선 할머니도 그 중 하나다. 내성적인 성격이어서 사람들에게 말도 제대로 못 붙였던 강 할머니의 비결은 다름 아닌 피부 마사지. 한 집에 5명에서 10명 정도 모아 경락 마사지와 메이크업을 하기 시작한 지 얼마 되지 않아 강 할머니에게는 '마사지 손맛이 끝내주는 화장품 아줌마'라는 닉네임이 붙었고, 그 소문이 삽시간에 번지면서 수백 명의 고객이 생겼다.

이처럼 그들에게 있어 닉네임은 마치 확성기와도 같은 역할을 한다. 닉네임을 통해 자신의 지명도가 고객과 잠재고객에게 지속적으로 전파되기 때문이다.

── 내가 할 수 있는 스토리셀링 방법을 찾아라

앞에서 보았듯이 최고 또는 최고 전문가가 되거나 유명인사나 명소가 되거나 고객을 위한 만능 해결사와 같은 닉네임을 얻게 되면, 그 명성으로 인해 고객이 스스로 찾아오게 된다. 그러기 위해서 오랜 시간 동안 많은 노력을 해야 하는 것은 당연하다.

그리고 명성을 얻기 위한 자신만의 전략도 세워야 한다. 자신이 가장 잘할 수 있는 일, 가장 좋아하는 일과 관련된 것을 1순위로 정하고, 여기에 집중해서 명성을 얻어가는 것 말이다. 그러고 나면, 노력에 대한 결과는 고객이 말해줄 것이다. 이전에 비해 스스로 찾아오는 고객의 수가 늘었는지, 그대로인지, 점점 줄고 있는지를 보면 말이다.

03__
나만의 인맥 지도를 그려라

　영업의 세계는 물론 정치인, 기업인, 예체능 종사자, 회사원 등 사회 각 분야에서 최고의 성과를 올리는 사람들의 공통점이 있다. 주변에 자신만의 탄탄한 인맥을 구축하고 있다는 것이다.

　2002년 한일 월드컵에서 히딩크 감독이 이끄는 대표팀이 4강까지 올라 국민에게 큰 감동을 주었던 기억이 아직도 생생할 것이다. 그런데 그때 4강까지 갈 수 있었던 요인 중 하나로 국가대표 선발 시 기존의 연고와 인맥을 철저히 배제한 채 월드컵에서 통할 수 있는 실력과 능력만을 고려했기 때문이라는 전문가들의 분석을 기억하는가?

　이때 인맥을 무시하고 오로지 실력만으로 뽑혔던 국가대표의 구성원들을 두고 '히딩크의 황태자'니 '히딩크 사단'이니 하는 말이 자주 언론에 등장했었다. 히딩크 감독을 중심으로 새로운 인적 네트워크가 형성되었기 때문에 그런 말이 나왔던 것이다.

대부분의 직장인들 또한 승진 등 직장 내에서 성공하기 위해 중요한 요소 중 하나로 자신의 업무 능력 외에 학력과 인맥을 꼽는다. 그리고 실제로 탁월한 성과를 올리고 있는 영업달인들은 인적 네트워크가 보통의 영업인들에 비해 훨씬 더 탄탄하다. 그렇다면 영업달인들은 어떻게 인맥을 구축하는지 그 사례와 함께 노하우를 알아보자.

연고와 인맥의 차이

영업인들은 대부분 연고와 인맥에 따른 인적 네트워크를 혼동하거나 비슷한 의미로 해석한다. 그러나 필자는 둘 사이에 다음과 같은 차이가 있다고 말한다.

- **연고** : 자연발생적으로 형성되는 인적 네트워크(혈연, 지연, 학연, 직장이나 종교단체 등에서 형성됨)
- **인맥** : 어떤 목적을 이루기 위해 의도적이고 인위적으로 형성되는 인적 네트워크(동호회, 연구회 등)

일반적으로 연고에 따른 인적 네트워크라고 하면 혈연, 지연, 학연을 꼽는다. 그러나 직장생활에서 형성된 인적 네트워크도 연고에 의한 것이라고 할 수 있다. 어떤 비즈니스적인 목적을 이루기보다는 직장생활을 하면서 자연스럽게 형성되는 경향이 강하기 때문이다. 교회나 성당, 절 등에 다니면서 형성된 인적 네트워크도 마찬가지다.

반면 인맥은 자신의 어떤 목적을 이루기 위해서 의도적이고 인위적으로 형성된다고 볼 수 있다. 예를 들어, 골프나 테니스, 등산을 즐기기 위해서 동호회에 가입하거나 결성하는 것 등이 여기에 해당된다.

사람은 누구나 연고와 관계되었든 인맥과 관계되었든 인적 네트워크를 형성하게 마련이다. 그러나 사람에 따라서 그 인적 네트워크의 양과 질은 엄청난 차이를 보인다. 그리고 이 차이는 곧 어떤 일의 성패를 결정하는 데 아주 큰 영향을 미친다.

하지만 연고에 따라 형성된 인적 네트워크는 누구에게나 한계가 있다. 그래서 끊임없이 새로운 인맥을 만들기 위해 노력해야 한다고 말을 하는 것이다. 그렇다면 이와 같은 인적 네트워크의 구축, 즉 인맥 만들기는 어떻게 하는 것일까? 다음과 같은 세 가지 방법으로 가능하다.

1. 스포츠·레저·문화·예술 관련 동호회 활용
2. 열렬한 후원자 그룹 만들기
3. 연구회 활용

스포츠·레저·문화·예술 관련 동호회 활용

이는 골프, 테니스, 등산, 낚시, 요트, 수상 스포츠, 산악자전거, 바둑, 뮤지컬, 와인 등과 같은 동호회에 취미나 오락을 즐기기 위해 자신이 커뮤니티를 새로 만들거나 기존의 커뮤니티에 가입하는 것을 말한다. 그렇다면 이것을 영업달인들은 어떻게 활용하는지 우선 사례를 한 번 보도록 하자.

라이프 플래너 K씨

국내 P생명보험에 근무하는 라이프 플래너 K씨는 골프 동호회를 세 개나 만들어 동호회 멤버들과 일주일에 세 번 이상 골프를 친다. 그는 골프장 부킹도 하고 회원들에게 연락도 도맡아 한다. 그리고 골프를 주제로 그 어떤 영업인보다 고객과 자주 그리고 재미있게 커뮤니케이션을 한다.

그러다 보면 굳이 보험 이야기를 하지 않아도 골프 동호회 멤버들이 자연스럽게 자신의 고객이 되고 새로운 고객도 소개한다. 이것은 골프를 매개로 충성도 높은 고객을 확보했기에 가능했다. K씨가 성과를 올리는 최상의 방법은 골프장 부킹을 잘하는 것과 골프장에서 '굿 샷'을 열심히 외치는 일이라고 한다.

보험 영업인과 관련된 또 하나의 사례로 테니스 동호회를 소개한다.

P씨의 테니스를 통한 인맥 만들기

2002년에 필자의 'VIP 마케팅' 세미나에 참석한 보험 영업인 P씨는 두 가지 고민이 있다고 했다. 하나는 가망고객을 지속적으로 발굴하는 것이고, 다른 하나는 자신의 고객 기반을 부유층으로 바꾸고 싶다는 것이었다. 어떻게 하면 이 두 가지 고민을 풀 수 있을지 필자에게 자문을 구했다.

가망고객을 발굴하는 방법과 고객 기반을 부유층으로 바꾸는 방법은 여러 가지가 있지만, 필자는 P씨에게 인맥 만들기 방법을 추천했다. P씨에게 "가장 좋아하면서 잘하는 취미가 무엇이냐?"고 물었더니 '테니스'라고 했다. 그래서 P씨에게 테니스 동호회에 가입해 테니스를 즐겁게 치는 것이 어떻겠느냐고 권했다. 테니스를 열심히 치면 두 가지 고민이 단계적으로 해결될 수 있을 것이라면서 말이다.

그 후 P씨는 어떤 소득을 얻었을까? 우선 P씨는 자신의 집 근처에 있는 테니스 코트에 등록을 했고, 인근 주민들 30여 명이 가입한 테니스 동호회에 가입했다. 매주 한두 번은 동호회 멤버들과 테니스를 치고, 맥주도 마시면서 동호회 회원 20명을 자연스럽게 자신의 고객으로 만들었다.

그리고 나자 P씨의 인맥 만들기는 더욱 진화했다. 그는 회사 근처에 부유층들이 사는 아파트 단지 내의 테니스 코트에 등록을 했다. 그런 다음, 테니스 코트의 부유층 회원 세 명을 자신의 고객으로 만들었고, 그들에게서 여섯 명의 가망고객도 소개받았다.

K씨와 P씨는 좋은 사례다. 자신들이 가장 좋아하는 골프와 테니스를 즐기면서 성과도 올릴 수 있었으니 말이다. 특히 K씨는 골프 동호회를 통해서 자신의 성과의 60% 이상을 올린다고 한다.

1988년 대우전자에 방문판매 사원으로 입사해 매년 판매왕의 자리를 휩쓸었던 가전업계의 전설적인 판매왕, 대우일렉트로닉스의 백숙현 전 특판 본부장! 그녀도 고객 커뮤니티를 활용하여 경이적인 성과를 냈던 대표적인 영업인이다.

대우일렉트로닉스 백숙현 전 본부장

백 본부장은 고객을 한 명씩 일일이 만나 물건을 파는 방식은 되도록 피한다. 고객에게 밥을 사주는 것과 같이 돈을 들이는 전통적인 판매방식 대신 고객이 단체로 그리고 저절로 자신을 찾아오도록 하는 방식을 그녀는 선호한다.

오랜 동안 영업을 해오면서 그녀가 확보한 고객 DB에는 3만여 명이 등록되어 있는데, 그녀는 이 DB를 'OO 회', 'OOO 모임' 등 20여 개 커뮤니티로 분류하여 관리하고 있다.

그리고 20여 개 커뮤니티에 총무를 자원했다. 총무라는 자리를 활용해 세일즈를 하려는 게 아니라 이들 커뮤니티 회원들과 소통을 통해 자연스럽게 친해지기 위해서였다. 결국 이 활동들은 신규고객을 유치하는 영업활동으로 자연스럽게 연결되었다.

만약 당신이 가망고객 발굴과 우량 신규고객 유치에 어려움을 겪고 있다면 K씨, P씨, 백숙현 전 본부장처럼 스포츠·레저·문화·예술 관련 커뮤니티에 가입하라고 권한다. 그것도 많을수록 좋다. 그리고 가능한 한 이들 동호회에서 총무 등의 직책을 맡아 그 회원들에게 즐거움을 주기 위해 열정적으로 노력하는 모습을 보여라. 물론 본인이 가장 좋아하는 취미활동을 즐기면서 말이다.

그렇게 하면 당신은 이른 시일 내에 가망고객이 마음의 문을 열고, 그들이 당신의 고객이 되기 위해 달려드는 짜릿함을 느끼게 될 것이다. 단, 이 때 주의해야 할 것이 있다. 동호회의 총무 등을 맡아 열정적인 모습을 보여주는 대신 너무 조급하게 팔려는 마음을 드러내서는 안 된다는 것이다.

그것은 오히려 역효과를 불러올 뿐이다. "연말까지 실적을 잘 마감해야 하는데, 요즘 불황이라서 참 힘들다"라고 자신의 의중을 드러내거나 노골적으로 사달라고 부탁하는 경우, 동호회 멤버들은 부담감이나 거부감을 갖게 된다.

── 열렬한 후원자 그룹 만들기

어떤 사람들은 상품이나 서비스를 이용하면서 특정 상품이나 브랜드, 기업은 물론 사람에 대해서도 열정적인 지지를 나타낸다. 즉 마니아가 되는 것이다.

이런 마니아들은 동료의식과 같은 마인드를 가지고 자발적으로 서로 의견을 교환하거나 마음을 전하고 싶은 욕구를 지닌다. 그래서 이들은 온라인과 오프라인이라는 장을 통해 스스로 만남의 기회를 만든다. 그리고 이를 정기적으로 만나는 동호회의 형태로 발전시킨다.

미국의 오토바이 제조기업인 할리 데이비슨의 고객들이 바로 그 대표적인 예라 할 수 있다. 이 회사는 전 세계 120개국에 1,200여 개의 HOG(Harley Owners Group)를 가지고 있으며, 이 동호회를 통해 자발적이고 헌신적이며 충성도가 높은 고객을 100만 명이나 확보하고 있다. 이런 충성스런 고객들 덕분에 이 회사는 1985년의 파산위기를 극복하고 2007년까지 22년 연속 매출과 순익이 증가해 초우량 기업으로 성장할 수 있었다.

그런데 이런 충성도 높은 마니아들은 상품이나 브랜드, 기업에만 있는 게 아니라 사람에게도 존재한다. 2000년대 중반부터 일본 열도를 뜨겁게 달구고 있는 '욘사마' 열풍처럼 연예인이나 스포츠 스타 중심의 팬 클럽 등이 그 대표적인 예라 할 수 있다.

최근에는 놀랍게도 박사모, 창사랑 등 정치인이나 공직자, 시민단체 등 분야를 가리지 않고 특정인에 대한 열성 지지자 동호회가 만들어지고 있다. 그리고 이는 영업분야도 예외는 아니다. 그 대표적인 예가 '신사모'로 제일화재해상보험 인천지역에서 보험영업을 하는 '신명숙'이라는 여성 설계사가 그 동호회의 주인공이다.

신 설계사는 보험영업을 하면서도 공부에 대한 열정으로 인천의 모 대학 행정대학원에 진학했다. 그리고 그녀의 적극적이고도 헌신적인 노력에 반한 대학원 동기 40여 명이 자발적으로 '신사모'라는 그녀의 후원자 그룹을 만들었다고 한다.

이들은 자신들이 보험에 가입할 니즈가 있을 때, 신 설계사에게 가입한 것은 물론 주변 고객들에게도 적극적으로 추천했다. 그리고 '신사모' 같은 충성도 높은 고객 동호회가 있었기에 신 설계사는 제일화재해상보험에서 2002년도 대상의 영예를 안을 수 있었다.

이제 당신도 그녀처럼 고객의 문제를 해결하고 도와주며, 즐거움과 감동을 주고 그들을 위해서 헌신하는 열정을 보여라. 그러면 당신도 머지않아 '신사모'와 같은 후원자 그룹의 주인공이 될 수 있을 것이다.

연구회를 활용한 인맥 만들기

재테크에 공통적인 니즈를 가진 사람들끼리 'OO 연구회' 등을 만들어 온·오프라인을 통해 활발하게 교류하는 것을 주변에서 많이 볼 수 있다. 영업인들도 물론 이처럼 자신이 판매하는 상품과 서비스와 관련된 연구회를 만들어 가망고객과 정기적으로 연구와 교류를 할 수 있다. 그리고 이런 연구회를 통해 도움을 주면, 자연스럽게 고객을 개발할 수 았다.

2년여 전 필자의 사무실에 일본 주식투자 사업부를 맡고 있다는 모 증권사 간부 세 분이 찾아온 적이 있었다. 일본의 주식에 투자할 고객을 신규로 유치하기 위해 조언을 듣기 위해서였다. 이들은 필자의 저서인 《VIP 마케팅 불변의 법칙》을 읽고 신규 VIP 고객 유치에 대한 여러 가지 아이디어를 얻었다며 일본의 주식투자 고객을 더 많이 유치하기 위한 방법이 없겠느냐고 물었다. 아직은 사업부 규모가 작아 신문이나 잡지 등에 광고를 내는 것은 엄두도 낼 수 없다는 말을 덧붙였다.

당신이라면 어떤 방법이 가장 효과적이라고 생각하는가? 필자는 그들에게 다음과 같은 질문을 던졌다.

"귀하의 사업부에서도 일본 주식투자 고객을 유치하기 위해 세미나를 하고 있지요?"

"네, 하고 있습니다."

"투자와 관련된 정보도 보내드리고 있지요?"

"네, 보내고 있습니다."

"그렇다면 연구회는 운영하고 있습니까?"

"?"

필자의 예상대로 그들은 세미나 정보를 제공하는 것은 실행하고 있었다. 그러나 세미나의 개최 횟수가 1년에 두세 번 정도로 너무 적었다. 그래서 질적인 면도 중요하지만, 우선 세미나의 개최 횟수부터 늘리라고 권했다.

게다가 정보를 제공하는 것도 부정기적인 데다 자사 홈페이지에 올려놓는 소극적인 방식이었다. 그래서 1:1 맞춤형으로 정보를 제공하라고 권했다. 마지막으로 연구회 운영은 전혀 이루어지지 않고 있어서 가칭 '일본 주식투자 연구회'를 만들어 운영할 것을 권했다. 이런 연구회 마케팅은 실제로 가망고객을 발굴하는 데 있어 월 1~2회의 세미나나 특강 등 이벤트 성격의 프로모션보다 실제로 훨씬 효과가 크기 때문이었다.

2004년 11월, 모 증권사 영업점의 직원들은 매일 생면부지의 가망고객을 대상으로 전화 마케팅을 실시했다. 가망고객을 확보하기 위해서라는데, 보통 하루에 100명의 가망고객들과 통화를 하면 한두 명 정도의 가망고객과 상담을 할 수 있었다고 한다. 물론 상담에 응한 고객이 새로운 고객이 될 확률은 그보다 훨씬 낮았다.

그 증권사에게도 그렇게 확률이 낮은 방법 대신에 연구회를 통해 가망고객을 확보하는 마케팅 방법을 필자는 적극 추천한다. 영업점 직원 1명당 최소 한 개 이상의 자산관리 연구회를 만들고 온·오프라인을 통해 정기적으로 가망고객들과 자산관리의 전략이나 방법에 대해 연구하고 성공사례나 실패사례 등을 공유하는 방식 말이다. 아마 3개월 정도만 실행해도 좋은 결과를 얻을 수 있을 것이다.

최근에 많은 기업들이 외환 파생상품인 '키코(KIKO)'에 가입해 막대한 환차손을 입었다. 사실 은행들은 그 당시 키코 가입에 열을 올리는 대신 '외환 리스크 매니지먼트 연구회'와 같은 것을 만들어 환율변동에 취약한 중견기업이나 중소기업에 솔루션을 주기 위해 노력했어야 했다. 만약 상품을 권하기 전에 그들이 안고 있는 문제들에 대한 솔루션을 제공하기 위해 노력했다면 어땠을까?

설득의 법칙 중 고객을 빚진 상태로 만든 후에 접근하는 방법이 있다. 우량 가망고객들과 온·오프라인을 통해서 정기적으로 연구와 학습의 기회를 제공하면 이들은 마음의 빚을 졌다고 생각하게 된다. 그렇게 되면 그들의 니즈를 다른 은행보다 더 빨리, 더 많이 알 수 있고 인간적으로도 친해질 수 있다. 한두 번 미팅하면서 프레젠테이션을 하거나 식사를 하거나 골프를 치거나 명절 때 선물을 보내는 방법보다 훨씬 고차원적인 마케팅 방법이라 할 수 있다.

그렇다고 해서 은행이나 증권사 등 금융회사만이 이런 연구회 마케팅을 통해서 가망고객을 발굴할 수 있는 것은 아니다. 이것은 자동차나 가전, 화장품, 건강식품 등의 업종에서도 효과적일 뿐 아니라 IT나 부품업종 등 주로 기업 고객을 대상으로 하는 회사에서는 더욱 유용하다. 이와 같이 연구회 마케팅은 가망고객 발굴에서 경쟁사보다 차별화할 수 있는 가장 확실한 방법이다.

어떤 영업인은 페이스북과 같은 소셜 커머스를 인맥 만들기에 활용하고 있다. 물론 인맥의 폭을 넓히는 데는 많은 도움이 될 것이다. 그러나 소셜 커머스 그 자체만으로 인맥의 깊이를 튼튼히 하기에는 부족하다. 따라서 페이스북이나 싸이월드와 같은 SNS(Social Networking Service)를 지금까지 소개한 인맥 만들기 세 가지 방법과 겸해서 활용한다면 더 큰 시너지를 창출할 수 있을 것이다.

이처럼 새로운 인맥을 지속적으로 만드는 것은 가망고객을 발굴하는 데 아주 유용한 방법이다. 당신은 새로운 인맥을 만들려고 시도를 하고 있는가? 인간은 다른 사람들과 어울려 놀고 즐기는 것을 좋아하는 유형도 있고 연구하고 학습하는 것을 좋아하는 유형도 있다. 또한 남들을 도와주거나 봉사하는 것을 좋아하는 유형도 있다.

이 세 가지 유형 중 당신은 어느 쪽에 해당하는가? 시도는 하고 있지만, 혹시 당신의 유형과 전혀 맞지 않는 방식으로 새로운 인맥을 만들고 있지는 않은가?

이제는 자신의 유형에 맞는 방법으로 나만의 인맥 만들기를 특화하기 바란다. 그러면 가장 좋아하는 일, 잘하는 일을 하면서 자신의 든든한 인맥을 만들 수 있을 것이다. 그리고 매월 자신의 인맥지도를 그려보라. 매월 새롭게 그려지는 인맥지도가 당신에게 있어 또 하나의 선물이 될 것이다.

04__
세미나 개최와 후원은 이렇게

지금까지 가장 좋아하는 일, 가장 잘하는 일을 하면서 나만의 인맥지도 만들기를 통해 가망고객을 발굴하는 방법과 사례를 소개했다. 골프, 테니스, 등산, 뮤지컬 등 스포츠·레저·문화·예술 분야의 동호회를 만들거나 가입하고 한발 더 나아가 총무 등을 맡아 열정적으로 활동하면서 인생을 즐기라고 강조했다.

그러나 어떤 영업인들은 천성적으로 다른 사람과 어울리는 것을 싫어하는 사람도 있다. 각종 동호회에 참여하여 사람들과 교류하라고 하면, 이런 영업인들은 너무 큰 스트레스를 받는다. 따라서 이런 사람들에게는 가망고객을 발굴하는 방법으로 '세미나 개최와 후원'이나 '이벤트 개최와 후원'을 권한다. 이 방법 역시 가망고객을 스스로 찾아오게 만드는 훌륭한 방법이기 때문이다.

최근 들어 우리는 VIP 마케팅이나 귀족 마케팅, 부자 마케팅이란 용어를 자주 듣는다. IMF 외환위기 이후 심화되기 시작한 우리 사회

전반의 양극화 현상은 시간이 지날수록 더욱 심화되고 있다. 이는 곧 고객 기반이 변했음을 의미한다. 기업들이 이것을 놓칠 리 없다. 그리고 은행, 증권, 보험, 신용카드 등 금융회사에서부터 백화점, 명품 브랜드, 자동차, 부동산, 병원 등 다양한 업종에서 VIP 고객을 확보하기 위한 가장 보편적인 방법으로 세미나를 개최하고 있다.

국내 대부분의 은행들은 신규고객을 유치하기 위해서 '저금리 시대의 자산운용 전략', '부동산 투자전략', '상속·증여 전략' 등 자산관리와 재테크 관련 세미나를 수시로 활용하고 있다. 증권사들 역시 각 증권사별로 신규고객을 발굴하기 위해 세미나를 열고 있는데, 2011년 들어 코스피 지수가 2,000포인트를 돌파하자 '2,000포인트 시대의 투자전략' 등과 같이 시기별 이슈를 그 주제로 하고 있다.

최근 들어서 명품 브랜드나 수입 자동차 회사 등은 은행의 PB센터와 제휴해 세미나를 자주 개최하고 있다. 금융자산 관리, 절세전략, 부동산 투자전략 등과 같은 주제로 고객들에게는 자산관리에 도움을 주는 동시에 자사의 가망고객을 발굴하기 위해서다.

IBM이나 HP, 오라클 등 IT 솔루션 기업들도 가망고객을 발굴하기 위한 방법으로 세미나를 적극 활용하고 있다. 특급호텔의 대회의장에서 진행되는 이런 세미나는 참가비도 없을 뿐 아니라 식사와 경품까지 제공해 자사의 솔루션이 기업 경쟁력 강화에 어떤 도움을 주는지 홍보를 하고 있다.

제약회사 역시 세미나를 통해 가망고객을 발굴하는 대표적인 업종이다. 가망고객인 의사나 약사들을 대상으로 한 신약의 임상실험 결과 등에 대한 세미나는 물론이거니와 인턴이나 레지던트 등을 대상으로도 다양한 세미나를 개최하고 있다.

기업 고객을 대상으로 하는 기업 역시 신규고객을 발굴하기 위해 자사의 제품과 관련된 업무를 담당하는 사람들을 대상으로 다양한 세미나를 개최한다. 그리고 컨설팅 회사도 가망고객을 발굴하는 방법으로 세미나를 적극 활용한다. 매킨지나 보스턴 컨설팅과 같은 외국계 전략 컨설팅 회사들이 '대한민국의 경쟁력 강화'등의 주제로 신문사 등과 제휴하여 개최하고 있는 국민보고대회와 같은 세미나가 대표적이라고 하겠다.

이처럼 고객 유형과 상관없이 다양한 업종에서 가망고객을 발굴하기 위한 방법으로 세미나를 활용한다. 그런데 문제는 세미나를 개최해서 어떻게 가망고객 발굴의 효과를 극대화할 것인가 하는 점이다. 또한 가망고객이 스스로 찾아오게 하려면 어떤 주제로 어떻게 개최할 것인가 하는 것도 중요하다. 그리고 이미 세미나 개최가 활성화된 업종에서는 경쟁사와 어떻게 차별화할 것인가도 염두해야 할 것이다. 또한 세미나를 잘 활용하지 못하고 있는 기업이라면, 그 활용방법을 찾는 것도 중요할 것이다.

그렇다면 가망고객 발굴의 성과를 높이기 위해 세미나를 차별화하려면 어떻게 해야 할까?

첫째, 고객의 문제를 근본적으로 해결할만한 이슈로 세미나를 개최해야 한다. 보통 세미나 하면 이론적인 내용을 담은 딱딱한 강의를 떠올리게 마련이다. 그러나 이런 세미나는 시간과 비용만 낭비할 뿐이다. 따라서 목표고객들이 안고 있는 문제를 테마로 선정해서 실제로 어떻게 해야 하는지 구체적인 솔루션을 제공해야 한다.

다음은 백화점에서 고객들의 문제를 해결해 주기 위해 세미나를 개최해 고객이 스스로 백화점을 찾아오게 만든 사례다.

현대백화점의 재테크 강좌가 인기인 이유!

현대백화점은 주고객층인 강남의 주부들을 대상으로 재테크, 여행, 학습지도, 건강, 미술, 요리 등 26개 강좌를 개최하고 있다. 그중 에서도 강남의 '아줌마 부대'가 가장 많이 몰려든 강좌는 백화점 문화센터가 기획한 재테크 강좌였다고 한다.

신청자들이 이들 26개 강좌에 2005년 5월 1일부터 23일까지 접수한 현황을 파악한 결과, 부동산·절세 등 재테크 관련 강좌가 정원 대비 93.8%의 참석률로 가장 높게 나타났고 이어서 자녀의 학습관리 강좌(91.3%), DIY형 강좌(90.0%) 등의 순을 보였다. 이 비율은 강좌별 예상 정원 중 5월 23일까지 접수를 완료한 비율이다.

현대백화점 관계자는 "휴가, 해외여행 등 가족의 일정을 고려해 신청해야 하는 여름학기 특성상 접수의 마감기한이 최소 일주일 이상 남았음에도 이같이 높은 비율을 기록한 것은 이례적"이라고 말했다.

현대백화점은 이번 여름학기를 겨냥해 수준 높은 부동산 전문가의 실전투자 강의를 압구정점, 무역센터점 등 주요 점포에 개설했다. 이번 강좌에는 고준석 신한은행 부동산 재테크 팀장, 양은열 건국대 교수, 고종완 RE멤버스 대표이사, 정광영 한국부동산경제연구소 소장 등이 강사진으로 나선다. 수강료는 20~25만 원 선이다. 현대백화점은 또 수강료가 5~8만 원인 부동산 투자 입문과정도 90% 이상의 접수율을 나타내 높은 재테크 열기를 보여주었다고 전했다.

— 연합뉴스, 2005년 5월 25일자

보통 백화점에서 세미나를 한다고 하면 백화점 고객을 위한 문화 및 교양 강좌를 떠올린다. 그리고 대부분이 무료 세미나라고 생각한다. 그러나 현대백화점이 개최한 재테크 강좌나 자녀교육 등의 세미나는 유료로 운영된다. 그렇다면 강남의 주부들은 금융회사가 개최하는 무료 세미나에 참가하지 않고 20~25만 원이나 하는 백화점의 유료 세미나에 참석했던 것일까? 결론은 명확하다. 그들이 가장 관심을 갖고 있는 문제를 주제로 선정했기 때문이다.

세미나를 수강하러 온 강남의 주부들은 대부분 강의가 끝났다고 해서 바로 집으로 돌아가지는 않을 것이다. '분수효과'가 말해주듯 그들은 이곳저곳을 둘러보다가 자연스레 쇼핑을 하게 될 것이다. 그들이 가장 관심을 가진 주제의 세미나로 이 백화점은 수익을 얻었을 뿐 아니라 상품을 팔아 매출까지 올린 것이다. 꿩 먹고 알 먹으니 이 얼마나 좋은 세미나인가?

둘째, 1:1로 커뮤니케이션이 가능하도록 세미나에 참가하는 인원을 제한하거나 진행방법을 바꾸어야 한다. 어떤 기업들은 적게는 1~2백 명, 많게는 5백~1천 명의 고객을 대상으로 세미나를 개최한다. 물론 이런 대형 세미나를 통해서 목표고객의 DB를 획득한 후 지속적으로 카탈로그 등을 보내 성과를 올릴 수도 있을 것이다.

그러나 그런 대형 세미나보다는 고객과의 1:1 커뮤니케이션을 통한 고객 밀착형 소규모 세미나를 자주 개최하는 것이 더 효과적이다. 고객이 갖고 있는 문제에 대한 솔루션을 제공할 수 있기 때문이나. 삼성생명 강호WM 에이전시의 김강호 대표가 개최하는 세미나가 그 대표적인 예라고 할 수 있다.

소규모 밀착형 세미나 마케팅의 달인 김강호 대표!

김 대표가 세미나 마케팅을 처음 실시한 것은 2006년이다. 상속과 부동산을 주제로 12명의 고객을 대상으로 서울 삼성동에 위치한 삼성생명 FP센터에서 첫 세미나를 개최했다. 고객들의 반응은 그녀가 예상했던 것보다 훨씬 좋았다. 그 후 그녀는 한 달에 한 번씩 세미나를 개최했다. 이처럼 세미나가 고객들에게 열렬한 호응을 얻는 이유는 주제 선정, 강사 섭외, 세미나 후 개별적인 고객 상담, 현장 조사 후 솔루션 제시라는 프로세스에 의해 빈틈없이 진행되었기 때문이다.

한번은 수도권에 약 10만여 평의 나대지를 소유하고 있던 한 의사가 그녀의 세미나에 참석을 했다. 그녀는 전문가와 함께 현장을 방문한 후 나대지를 사업용지로 바꿔 임대를 할 경우', 월 1천만 원 이상의 임대소득이 발생할 수 있다고 조언했다. 그 후 이 고객은 그녀의 알파고객이 되어 자신의 친구와 친인척들을 그녀에게 소개해 주었다.

최근 그녀는 가평 베네스트 골프장에서 '와인 세미나'와 이주 및 유학과 관련한 세미나도 개최했다. 그녀는 이처럼 재테크와 부동산은 물론 와인이나 그림 등의 취미생활, 이민과 유학 등 재무설계를 넘어 인생설계에 도움이 되는 다양한 세미나를 통해 가망고객을 발굴하고 있다.

이런 세미나 마케팅은 김 대표가 2006년에서 2008년까지 삼성생명 연상 AM챔피언을 3년 연속 차지하는 쾌거를 가져다 주었다.

— 삼성생명 FC사보집 〈프로의 꿈〉 2008년 7월호 중에서

이처럼 개인도 세미나를 가망고객 발굴에 적극적으로 활용할 수 있다. 그러나 세미나 하면 본사 또는 지점에서 개최하는 것으로 생각하기 쉽다. 주제도 선정해야 하고, 강사와 강의도 섭외해야 하고, 홍보도 해야 하고, 교재도 만들어야 하기 때문에 개인이나 작은 영업 단위에서는 엄두를 못낸다. 그러나 ING생명의 박준배 FC나 김강호 대표처럼 수많은 영업인들이 가망고객을 발굴하는 데 있어 세미

나 마케팅을 전략적으로 활용하고 있다.

셋째, 경쟁사에 비해 확실하게 차별화되고 신뢰를 주어야 한다.

넷째, 세미나의 개최 타이밍도 매우 중요하다. 고객이 안고 있는 문제는 환경의 변화와 관계없는 영원불변의 테마가 있는 반면, 정치·사회적 환경이나 정부의 정책, 경제적 환경 등 다양한 변수에 영향을 받는 테마들도 있다. 이처럼 환경의 변화에 영향을 받는 변수를 주제로 세미나를 개최할 경우에는 경쟁자들에 비해 먼저 또는 시의적절한 타이밍에 해야 한다.

그리고 세미나를 개최할 때 참고해야 할 사항이 하나 더 있다. 실패를 두려워하지 말라는 것이다. 세미나를 개최해본 경험이 없는 사람은 아무리 완벽하게 준비를 했다 하더라도 처음 한두 번은 실패할 수도 있다. 그러나 한두 번의 실패로 좌절해서는 안 된다. 첫술에 배 부르겠는가.

세미나가 실패하는 원인은 앞서 소개한 네 가지 성공요인을 완벽하게 준비했다고 하더라도 고객에게 전달이 잘 되지 않았기 때문에 실패하는 경우도 있다. 따라서 처음에 한두 번 진행했던 세미나가 실패하면, 그 원인을 분석하고 보완해야 한다. 그러면 앞서 소개한 사례들처럼 성공적으로 세미나를 개최할 수 있을 것이다.

또한 세미나를 직접 개최하지 않고 후원하는 방법도 가망고객 발굴에 유용한 방법이다. 수입 자동차 딜러들이 이러한 전략을 잘 활용하는데, BMW 딜러인 저먼 모터스의 이기준 사장, 선인 자동차의 배기영 사장, 렉서스 D&T모터스의 이재영 사장 같은 이들이 대표적이다. 이들은 페라가모, 아르마니 등의 명품 브랜드와 공동 마케팅을 전개하거나 전문직 종사자들의 학회나 세미나 등을 지원해 잠재고객의 명단을 확보한다. 그리고 이를 계기로 고객이 스스로 찾아오는 경우도 종종 있다고 한다.

05__
이벤트를 개최하고 후원하라

그 큰 가능성에도 불구하고 세미나 개최를 통한 가망고객 발굴은 일부 업종과 회사 또는 개인 영업 담당들 사이에서 제한적으로 활용되는 편이다. 그러나 이벤트 개최와 후원에 따른 가망고객 발굴과 접근은 다양한 업종과 기업에서 가장 많이 활용하고 있는 방법 중 하나다.

그렇다면 기업이 각종 전시회나 음악회, 문화행사 등의 이벤트에 상당한 비용을 들이면서도 개최하는 이유는 무엇일까? 기존고객의 충성도를 강화하기 위한 목적도 물론 있지만, 우량 신규고객을 유치하기 위한 목적이 더 크다고 할 수 있다. 그리고 이러한 이벤트 개최와 후원은 다음과 같은 세 가지 방법으로 진행된다.

첫째, 고객에게 즐거움과 감동을 주는 이벤트를 제공한다.

둘째, 고객에게 직접 체험할 수 있는 장을 제공한다.

셋째, 제휴 마케팅을 한다.

하지만 대부분의 영업인들은 가망고객 발굴 이벤트도 세미나와 마찬가지로 본사나 세일즈 프로모션 전문가 또는 최소한 지사나 지점 단위에서 기획하고 실행해야 하는 것으로 생각한다. 그래서 자신의 힘으로 이벤트를 개최한다는 것에 지레 겁을 먹고 아예 시도조차 하지 않는다.

그런데 영업인 개인의 신분으로 이벤트를 통해서 최고 영업달인의 경지에 오른 사람이 있다. 그 주인공이 바로 신화적인 판매의 여왕으로 불리는 백숙현 대우일렉트로닉스 전 특판 본부장이다. 백전 본부장의 핵심 노하우는 '인맥 만들기'와 '이벤트 개최', '충성 고객 만들기'에 있다.

이벤트의 여왕, 대우일렉트로닉스 백숙현 전 본부장

면목대리점을 그만둔 백숙현 씨는 여의도에서 영업을 다시 시작했다. 이때부터 '비디오 대여' 이벤트를 시작으로 재롱잔치, 컴퓨터 무료강좌, 컴퓨터 경진대회, 공장방문 이벤트, 전자레인지 요리강습, 미스 미스터의 밤, 푸른 신호등 노래자랑 등 수백 회의 이벤트를 개최했다.

그녀는 그중에서 공장방문 이벤트를 2000년까지 2백 회 넘게 개최하여 '공장방문 전도사'라는 새로운 별명을 얻게 되었다. 공장방문 1회에 평균 40명을 초청했으니 8천 명이 넘는 가망고객을 발굴한 것이다. 맨 처음 공장방문 대상은 여의도 주요 아파트 단지의 통·반장 40명이었다. 대략의 일정은 차량으로 이동, 공장견학, 점심식사, 차량으로 이동이었다. 차량으로 이동 중에는 레크리에이션, 노래자랑을 했으며, 경품으로 선물을 주고 고객카드를 작성하도록 했다.

이런 일정으로 7~8회까지 진행하는 동안 공장방문 대상(가망고객)을 발굴하는 것은 비교적 쉬웠다. 갔다 온 사람들이 자동으로 홍보를 해서 신청이 저절로 많이 들어왔기 때문이다. 그러나 문제는 공장방문에 들인 시간과 노력, 비용에 비해 효과가 별로 크지 않았다. 얼굴 정도는 익힐 수 있었지만 친분을 쌓기에는 시간이 부족했던 것이다. 게다가 사람들은 대부분 고객카드도 잘 써주지 않으려고 했다.

그래서 백숙현 씨는 자신이 레크리에이션을 배워 게임을 직접 진행하면서 가망고객과 친해지기 위해 노력했다. 그리고 게임에 대한 시상은 공장방문 후 본사로 가서 해산식 직전에 했다. 본사에서 시상을 한 뒤부터 판매가 일어나기 시작했다. 또 공장에 갔다 온 사람들 중 가전제품을 바꿀 때 연락을 해오는 사람들도 점점 늘어났다.

그 결과 여의도로 옮긴 지 1년 만에 가망고객 천 명을 발굴했다. 2백회가 넘는 공장방문 이벤트는 백숙현 씨 자신이 주부 판매사원인지, 공장견학 안내자인지 헷갈릴 정도로 오랫동안 진행한 가망고객 발굴 이벤트였다.

그리고 그녀는 공장방문 이벤트를 통해서 새로운 이벤트를 개최하기도 했다. 개인 택시기사 부부들의 공장방문이 대표적이다. 개인 택시기사 부부들의 공장방문은 인기가 너무 높아 밀려드는 신청을 소화하느라 매일 서울과 구미를 왕복해야 할 정도였다. 이렇게 해서 천 명이 넘는 개인 택시기사 부부들을 가망고객으로 확보했다.

그러나 그녀는 여기서 그치지 않았다. 이들을 대상으로 부부동반 노래자랑 이벤트인 '푸른 신호등 노래자랑'과 '개인 택시기사를 위한 축구대회' 등의 이벤트를 계속 개최했다. 이만하면 가히 이벤트의 여왕으로 불릴만 하지 않은가?

— 《한국의 판매왕》, 백숙현 최진실 김용관 송경호 공저

영업인들은 대부분 가망고객을 만나면 '저 사람에게 무엇을 어떻

게 팔 것인가'를 먼저 생각한다. 이런 생각을 갖고 가망고객을 만나면 마음이 급해지게 마련이다. 그러니 설사 팔려는 마음을 숨기려고 해도 가망고객은 눈치를 챌 수밖에 없다. 그러면 고객은 오히려 경계심과 부담감을 갖고 만남을 피하거나 끝내려고 하게 된다.

앞서 강조한 것처럼 영업달인은 가망고객에게 무엇을 팔 것인가를 생각하지 않는다. 그들은 먼저 고객에게 어떤 도움과 즐거움과 감동을 줄 것인지를 생각하고 행동한다. 백숙현 씨 또한 이런 다양한 이벤트 개최를 통하여 자신의 가망고객에게 즐거움과 흥겨움을 제공하는 데만 충실했다.

백숙현 씨는 이런 이벤트를 통해 물건을 사라고 강권한 적이 한 번도 없었다. 오히려 고객이 먼저 사겠다고 요청해 온 경우가 대부분이었다. 필자가 기회 있을 때마다 강조한 '세일즈하지 않으면서 성과를 올려라!'라는 한 차원 높은 영업방식을 교과서처럼 실행한 진정한 영업달인이라 하겠다.

대리점 영업에서도 이벤트 마케팅으로 효과를 볼 수 있는 방법이 있다. 2009년 11월에 크라운 해태제과가 대구 경북지역 슈퍼마켓 점주들의 부모 2,000여 명을 대상으로 선보인 '법고창신'이라는 국악공연이 그 대표적인 예다.

티켓을 보낼 때부터 부모님께 효도할 수 있는 좋은 기회라며 어르신들의 참석을 권유했는데, 그 효과는 기대 이상이었다고 한다. 대부분의 슈퍼마켓 점주들이 "지방에서는 문화공연을 접할 기회가 드문데, 부모님들이 공연을 보고 무척 만족하시더라. '해태제과 제품 좀 신경을 써라'는 말에 솔직히 신경이 쓰이더라"라는 반응을 보였기 때문이다.

이상으로 고객에게 즐거움과 감동을 주는 이벤트 개최를 통해 가망고객을 발굴하는 방법을 소개했다.

그리고 그와 더불어 체험 이벤트와 제휴 마케팅을 통한 이벤트도 가망고객을 발굴하기 위해 유용한 방법 중 하나다. 고객에게 직접 제품을 체험할 수 있는 기회를 제공하는 체험 이벤트의 대표적인 예로는 김치냉장고 딤채의 출시 초기 체험 이벤트와 자동차 회사들의 시승식을 들 수 있다.

여행업계에서도 체험 이벤트를 한다. 국내 주요 외국계 기업을 대상으로 비즈니스 클래스 이상의 고급 항공권 예약과 호텔, 렌터카 등을 알선하는 기업 전문 여행사 BTI 코리아가 그 대표적인 예다. BTI 코리아는 매년 두 차례씩 비서들을 위한 해외여행 체험 이벤트를 개최하고 있는데, 그 효과가 기대 이상이라고 한다. 이 회사의 신규고객 중 30~40%가 비서들이 소개한 고객이라고 한다.

정수기나 비데기를 판매하는 회사들도 '15일간 무료체험' 등과 같은 이벤트로 가망고객을 발굴하고 있다. 그외에도 백화점, 화장품 회사나 식품회사 등 많은 기업들이 자사 제품을 직접 이용할 수 있는 다양한 체험 이벤트를 통해 지속적으로 가망고객을 발굴하고 있다.

백화점 식품관 반란의 이유!

2009년 1월부터 8월까지 전년 동기대비 신세계백화점 강남점의 매출은 4% 증가한 데 비해 식품관 매출은 제자리 걸음에 머물렀다. 그래서 식품관은 먹고 즐기는 체험형 델리매장을 선보였고, 유명인을 앞세운 레스토랑과 커피 전문점 등을 유치하는 등 변화를 꾀했다. 델리매장은 돼지고기 요리를 전문으로 하는 '돈자당'을 비롯해 9개 브랜드를 새로 늘린 가운데 구매만 하는 것이 아니라 즉석에서 음식을 즐길 수 있도록 구성했다. 이곳에서 고객들은 푸드스타일리스트 노영희 씨 등에게서 각종 요리법을 배우는 한편, 만든 요리를 시식하는 즐거움도 얻을 수 있었다.

효과는 매출의 증가로 나타났다. 2009년 9월 초부터 12월 말까지 신세계백화점 강남점의 전체 매출은 2008년 동기대비 29.3%나 증가했다. 대형점포에서 이런 매출 신장률이 나온 것은 전례가 없는 일이었다. 특히 같은 기간에 식품관의 매출은 45.4%나 급증했다. 식품관 방문객 중 상당수가 위층에도 들러 화장품 등 다른 상품도 쇼핑하는 '분수효과'가 일어나 전체 매출에도 영향을 주었다는 분석이다. 백화점은 패션으로 먹고 사는 곳인데, 이곳에서는 '식품관의 반란'이 일어났던 것이다.　　　　　　　　― 매일경제신문, 2010년 1월

가망고객 발굴을 위한 이벤트로써 제휴 마케팅이 최근 활발하게 진행되고 있다. 은행 VIP 고객을 위한 수입차 시승 이벤트와 같이 명품 브랜드와 수입차 회사, 백화점과 은행, 은행과 화장품 회사 등 유사한 고객 기반을 가진 다른 업종의 회사들이 공동으로 제휴 마케팅을 통해 이벤트를 개최하고 있는 것이다. 이는 대체로 상대방의 고객을 자사의 신규고객으로 유치하는 효과를 얻기 위한 목적으로 진행된다.

고객의 체험과 제휴 마케팅에 의한 가망고객 발굴 역시 본사의 마케팅 부서나 영업기획 부서에서 실행할 수 있는 이벤트라고 생각하면 안 된다. 자동차 시승 체험을 가망고객 발굴의 유력한 방법으로 활용하고 있는 수입 자동차 회사의 영업인들은 직접 가망고객 발굴을 위해 시승 이벤트를 기획하여 실행하고 있다.

게다가 앞서 소개한 백숙현 씨 역시 제휴 마케팅을 통해 가망고객을 활발하게 발굴하고 있다. 가장 오랫동안 진행한 공장방문 이벤트가 대우일렉트로닉스의 회사 사정상 없어지자, 백숙현 씨는 그 활동을 자신의 고객과 고객을 연결하는 제휴 마케팅, 즉 무료체험이나 여행을 하고 싶어하는 고객과 이를 유치하고 싶어하는 공장이나 농장을 연결해 양자를 모두 가망고객으로 발굴해 자신의 신규고객으로 만들었다.

그녀가 진행한 대표적인 제휴 마케팅 이벤트로는 '금융권과 고객을 연결하는 주택상담 설명회', '미용강좌', '향토상품 일일판매' 등이 있는데, 실제로 고객을 모아 식품회사, 맥주회사, 자동차회사, 모피회사, 농장 등과 연계해 공장이나 농장을 방문하는 형식으로 진행되었다. 그리고 그녀는 양측 모두를 우량 가망고객으로 확보해 일석이조의 효과를 거두었다.

지금까지 소개한 인맥 만들기, 세미나 개최와 후원, 이벤트 개최와 후원과 중에서 한 가지만 확실히 실천해도 당신 주변에는 우량 가망고객들로 넘쳐날 것이다. 그리고 굳이 팔려고 하지 않아도 그들이 스스로 자신의 지갑을 활짝 여는 모습을 보일 것이다.

06__
고객 연대감, 소속감이라는 심리적 효과를 활용하라

기존고객에게 고객을 소개받는 것은 가망고객을 발굴하는 방법 중에서 연고, 개척과 더불어 가장 널리 활용되는 방법이라고 필자는 앞에서 설명한 바 있다. 실제로 우리나라뿐 아니라 전 세계 최고의 영업달인들은 신규고객을 유치하는 비법으로 기존고객의 소개를 활용하고 있다.

그리고 "고객 한 명에게 가망고객을 최소한 세 명은 소개받아라!"라는 말은 영업인들에게 이미 소개 마케팅의 정석처럼 알려져 있다. 그래서인지 영업인들은 필자에게 언제 소개를 해달라고 하는 것이 좋은지, 어떻게 하면 소개를 잘 받을 수 있는지, 소개를 받은 다음에는 언제, 어떻게 고객에게 접근하는 것이 좋은지 등 소개 마케팅의 성공 노하우에 대해 묻곤 한다.

그런데 필자는 기존고객에게서 신규고객을 소개받는 것도 중요하지만, 기존고객의 주변을 공략하라고 강조하고 싶다. 고객의 심리를 활용하는 것 말이다. 그 대표적인 사례가 '고객이 스스로 찾아오게 만드는 스토리셀러가 돼라'에서 소개한 재키 스포타와 국내 보험 영업인 Y씨다.

재키 스포타! 그렇다면 그녀의 성공비결은 과연 무엇이었을까? 고객이 원하는 것을 얻을 때까지 최선을 다해 도와주는 성격을 첫째로 꼽을 수 있을 것이다. 두 번째 성공비결은 앞서 소개했던 최고 전문가가 되기 위해 노력을 했다는 것이다. 그녀는 매물로 나온 주택과 토지에 대해서 누구보다 많은 시간을 연구하여 최고의 전문성을 갖췄다. 이밖에 그녀가 영업달인이라고 불리게 된 다른 이유를 다음의 사례를 통해 알아보자.

재키 스포타의 아주 특별한 가망고객 발굴전략

그녀가 내근을 하던 어느 날, 회사 사무실로 개업을 한 의사 한 명이 전화를 해왔다. 그리고 그가 원하는 주택을 판매했다. 그런데 며칠 지나지 않아 또 다른 의사가 그녀에게 전화를 해서 "당신을 통해 집을 산 내 친구가 그 집을 보통 마음에 들어 하는 게 아니더군요. 그리고 재키 당신을 입에 침이 마르도록 칭찬하더군요. 나는 땅을 사서 집을 짓고 싶은데, 꼭 당신에게 맡기고 싶습니다"라고 말하는 것이 아닌가.

당연히 이 의사는 재키 스포타의 두 번째 고객이 되었다. 이런 방식으로 그녀는 세 번째에서 다섯 번째까지의 의사 고객을 확보하게 되었다. 여기까지는 대부분의 영업인들이 자주 경험하는 일일 것이다.

그러나 재키 스포타의 진면목은 바로 여기서부터 나타나기 시작했다. 그녀는 이렇게 고객이 된 의사들이 모임을 하고 있으며, 모임의 회원이 모두 17명이라는 것을 알게 되었다. 그래서 나머지 12명의 의사들에게 집이나 땅을 팔

목표를 세우기 시작했다.

그리고 그녀는 다음과 같이 공략해 나갔다. "원장님! ○○○ 원장님과 △△△ 원장님 아시죠? 그분들께서는 이미 좋은 집을 팔았습니다. 그분들이 그 집에 아주 만족을 느끼신다는 것도 아시죠? 원장님 모임의 17분 중 제 여섯 번째 고객으로 원장님을 모시고 싶습니다"라고 하면서 말이다.

그러면 그녀의 제안을 받은 의사들은 "아, 그래요. 그렇지 않아도 친구들한테 재키 씨 얘기 많이 들었습니다. 언제 한번 들르시죠"라고 얘기가 자연스럽게 진전되었다.

— 《부자의 지갑을 열어라》 중에서

그렇다면 개업한 의사 17명이 왜 재키라는 부동산 중개인의 고객이 되었던 것일까? 대인관계가 좋고, 사람을 좋아하고, 상품과 고객에 대해 최고의 전문지식을 갖췄기 때문일까? 또한 고객의 문제를 해결하려고 끝까지 최선을 다하는 성실성 등이 신뢰를 주었기 때문일까?

물론 17명의 의사 고객 중 일부는 그랬을 것이다. 이런 요소는 고객 한 사람 한 사람을 공략하는 데 있어서는 결정적인 요인으로 작용할 수 있다. 그러나 특정 동호회에 속한 고객을 사로잡는 데는 그다지 위력적이지 못할 수도 있다.

그러면 어떤 요인이 이들에게 결정적인 영향을 미쳤던 것일까? 그것은 바로 특정 동호회에 속한 사람들끼리 갖게 되는 연대감과 소속감 때문이었다. 우리나라에서 실제로 있었던 다음의 사례를 보면 더욱 공감을 할 것이다. 필자의 강의를 듣고 의사들을 대상으로 재키와 똑같은 시도를 한 보험 영업인 Y씨의 사례다.

보험 영업인 Y씨가 느낀 고객간 연대감의 위력!

한 의사 고객의 신뢰를 어느 정도 확보했다고 판단한 보험 영업인 Y씨는 용기를 내어 그에게 주변 의사들을 소개해 달라고 부탁했다. 그랬더니 그 고객은 300여 명의 의사 리스트가 들어 있는 ○○치과 의사회의 DB를 건네주었다. 병원명, 전화번호, 원장명 등이 적혀 있는 리스트였다. 순간 Y씨는 이 자료만으로는 효과를 보기 어렵다고 판단했다.

그래서 자신의 의사 고객에게 정말 절친하게 지내는 분으로 20명 정도만 표시를 해달라고 다시 요청했다. 20여 명으로 압축된 리스트를 받아든 Y씨는 정중히 고맙다는 인사를 했다. 그리고 그 중 다섯 명에게 자신에 대한 소개 전화를 부탁했다. 물론 그 의사는 자신과 가장 절친한 다섯 명의 친구들에게 전화를 했다.

며칠 후 소개를 받은 첫 번째 의사를 방문하면서 Y씨는 놀라운 사실을 발견했다. 정성껏 준비한 자료를 열심히 설명하고 있는데, 그 의사가 "아, 내 친구 ○○○ 원장과 똑같은 수준으로 합시다"라고 말하는 것이 아닌가. 의대 동기인 친구와 동일한 수준의 보험에 가입하겠다는 것이었다. 그리고 두 번째와, 세 번째 의사도 마찬가지였다.

이처럼 특정 동호회의 멤버들은 상품과 서비스를 구매할 때, 연대감과 소속감 그리고 묘한 경쟁심에 따른 심리적인 영향까지 받는다. '그 친구가 BMW 7 시리즈를 샀다고? 그럼 나라고 못 탈 이유가 없지'라고 생각하는 것이다.

국내의 많은 영업인들도 기존고객에게 소개를 받아 신규고객을 유치하려고 많은 시도를 한다. 그러나 재키 스포타처럼 자신의 우량고객이 속해 있는 고객 동호회 멤버들을 모두 자신의 고객으로 만들기 위해 노력하는 사람은 거의 없다. 이것이 바로 일반적인 영업인과 영업달인을 가르는 중요한 차이점이다.

지금까지 스토리셀러가 되는 법, 인맥 만들기, 세미나 개최와 후원, 이벤트 개최와 후원에 대해 소개했다. 이 네 가지 방법은 사실 영업인들의 성향에 따라서 적용하기 어려운 경우도 있다. 사교적이지 못한 사람은 인맥 만들기와 같은 방법을 활용하기 어려울 것이며, 아이디어가 부족하거나 기획력이 부족한 사람은 세미나, 이벤트 개최와 같은 방법은 활용하기 어려울 것이다.

그러나 기존고객의 연대감과 소속감을 활용한 가망고객 발굴은 어떤 성향의 영업인이라도 적용할 수 있다. 단, 이 방법은 기존고객의 신뢰를 얻어야 한다는 전제가 있어야 가능하다. 기존고객의 절대적 신뢰를 얻지 못한다면, 가망고객에게 좋은 이미지를 전달할 수 없기 때문이다.

고객의 신뢰를 확보했다고 판단되면 고객이 소개해줄 때까지 소극적으로 기다릴 필요가 없다. 하지만 대상을 뚜렷하게 정하지 않고 소개를 해달라고 하지는 마라. 먼저 당신의 1등 고객이 소속되어 있는 각종 동호회에서 가망고객을 찾아내라.

그리고 그들을 모두 당신의 고객으로 만들겠다는 큰 목표를 세워라. 그런 다음에 당신의 1등 고객에게 소개를 부탁하라. 그 후 그들을 차근차근 공략하라. 그러면 재키 스포타처럼 1등 고객 주변의 고객을 모두 당신의 고객으로 만들 수 있을 것이다.

Sales Blue Ocean

5장

두 번째 전략:

도저히 **거절**할 수 없게 만든 뒤 **접근**하기

 두 번째 전략 : 도저히 **거절**할 수 없게 만든 뒤 **접근**하기

앞에서 필자는 고객이 스스로 찾아오게 만드는 '가망고객 발굴' 방법에 대해 소개했다. 이제부터는 발굴한 고객에게 어떻게 접근할 것인지를 소개하겠다. 점포를 방문한 고객에게 접근하는 것에 있어서도 이는 마찬가지다.

새로운 인맥을 만들고 고객의 문제를 해결하고 최고의 전문가로서 명성을 쌓으면 물론 많은 가망고객을 발굴할 수 있을 것이다. 그런데 그러고 나면 이제는 가망고객에게 접근하는 것이 문제가 된다. 이럴 때 만약 고객이 부담을 느끼지 않게 접근하는 방법이 있다면 얼마나 좋을까? 다음은 고객에게 접근하는 것의 어려움을 보여주는 사례들이다.

2004년 청호 나이스 정수기 판매왕 심재환 국장의 눈물!

심재환 인천사업국장은 기계분야의 중소기업인 ㈜대아볼트의 사장 출신이다. 대아볼트에서 어렵사리 사장까지 올랐지만, 회사는 외환위기 이후 이어진 자금경색을 견디지 못하고 2000년 11월 결국 부도를 맞았다. 회사의 정리절차를 밟고 실직을 한 그에게는 50대 초반이라는 나이와 줄곧 기계업종에서만 일해 온 경력만이 남아 있었다.

그러던 중 청호를 알게 됐다. 영업에 대한 경험이 전혀 없어 두려움이 앞섰다. 하지만 새로운 도전을 해야만 했기에 2001년 4월 입사를 결심했다. 예상했던 것처럼 영업은 쉽지 않았다. 정수기는 매장판매 방식이 아니라 방문판매 방식이다. 나이 쉰을 넘긴 사장 출신의 영업인이 감당하기에는 너무 힘든 일이었다.

심 국장은 "나이 오십을 넘어 울기도 참 많이 울었다"고 그때를 회고했다. 친했던 고교 동창에게 제품을 설명하다 "송충이가 솔잎을 먹고 살아야지, 나이 먹고 정수기 파는 일을 할 수 있겠냐"라는 얘기를 듣곤 그대로 뛰어나와 울었던 일, 자료가 가득 든 30kg짜리 가방을 메고 다니다 피멍이 든 어깨를 보고 아내와 함께 울었던 일이 지금도 눈에 선하다고 말했다.

하지만 2004년에 그는 인천지점 직원 13명과 함께 50억 원이 넘는 매출을 올렸다. 매달 그의 급여 통장엔 천만 원 이상이 입금된다. 사장을 할 때보다 훨씬 많은 수입이다.

— 국민일보, 2004년 12월 29일자

문전박대를 이겨낸 2004년 LG전자 판매여왕 김명진 씨!

LG전자 4,500여 명의 여성 영업사원 가운데 '2004 판매여왕'에 선정된 김명진 씨! 그녀가 2004년 한 해 동안 판매한 금액은 무려 11억 원이다. 이 금액은 웬만한 가전제품 대리점의 연매출과 맞먹는다.

평범한 전업주부였던 그녀가 전자제품을 판매하기 시작한 것은 1994년. 전자제품을 사러 LG전자의 한 대리점에 갔다가 "영업을 잘할 것 같은 인상이다. 판매사원 일을 해보지 않겠느냐?"라는 권유에 '한 푼이라도 벌어 보자'며 이 일을 시작했다.

첫 해 판매액은 5백만 원에 그쳤지만 낙심하지 않고 매달 목표를 세우고 스스로를 채찍질했다. 그러나 그런 그녀도 "처음엔 제품 설명이 끝나기도 전에 문전박대를 당하기 일쑤였다"라고 말했다. — 연합뉴스, 2005년 2월 1일자

이것은 정수기와 가전제품 판매왕들이 고객에게 접근했을 때 겪었던 실제 사례들이다. 이들처럼 영업에 몸담고 있는 영업인이라면 가망고객에게 문전박대를 당하는 일을 숱하게 겪게 마련이다. 그러나 이런 방식이 과연 효과적일까? 고객은 만나자고 하면 왜 부담을 느끼는 것일까? 그리고 왜 자꾸 바쁘다고만 하는 것일까?

그런데 계약을 이끌어내기 위해서는 가망고객에게 어떻게 접근하느냐도 매우 중요하다. 팔려는 의욕만 앞세워 가망고객에 접근했다가는 거절을 당하고 문전박대를 당하기 쉽다. 특히 이런 일은 영업 입문 초기에 많이 겪게 된다.

경력이 제법 쌓인 영업인들이라고 해도 물론 이런 거절과 문전박대에서 예외일 수는 없다. 그들도 마음의 상처를 입고 울기도 한다. '어떻게 나한테 이럴 수가 있지? 내가 얼마나 잘해줬는데'라는 생각을 떠올린 적이 한두 번이 아닐 것이다. 배신감은 물론 인간적인 모멸감에 치를 떨 수도 있다. 그래서 이 고비를 넘기지 못하고 포기하는 사람들이 많다.

그렇다면 왜 이런 일이 일어나는 것일까? 그것은 고객에게 접근할 때 제대로 준비를 하지 않아서다. 고객에게 접근하기 전에 설득할 준비가 잘 되어 있어야 하지만, 대부분의 영업인들은 그렇게 하지 않는다. 그렇게 된 이유를 살펴보면, 회사와 영업 관리자들의 책임도 크다고 할 수 있다. 회사에서는 대부분 새로 영업을 하는 사람들에게 다음과 같이 교육한 후에 그들을 바로 현장에 투입한다.

1단계 — 영업 마인드에 대한 자세와 태도 교육: 적극적이고 긍정적이며 열정을 가져야 한다고 교육한다. 목표를 설정했으면 무슨 일이 있더라도 달성해야 한다고 교육한다. 절대로 포기하면 안 되며 고객을 만족시키고 감동시켜야 한다고 강조한다.

2단계 — 상품과 제품에 대한 교육: 주요 기능과 성능을 경쟁사의 상품과 비교한 후 자사 상품의 특징과 강점, 고객과 상담 시 고객의 예상질문과 대응요령 등을 교육한다.

3단계 — 고객 상담 기법 교육: 고객을 만날 때 복장, 표정, 매너, 질문방법 등과 같은 세일즈 화법을 교육한다. 고객의 반론처리, 클로징 등 상담 스킬과 상담 후 고객관리 등에 대해 교육한다.

그런데 문제는 여기서부터 시작된다. 대부분의 회사에서는 앞에서도 언급했듯이 교육을 함에 있어 가망고객 발굴과 접근방법에 대한 비중이 낮은 상황이다. 경쟁이 치열하지 않았던 시기에는 연고, 개척, 소개만으로도 충분히 성과를 올릴 수 있었기 때문이다.

그래서 영업에 임하는 태도와 자세, 상담 스킬 위주로만 교육을 한다. 이 때문에 대부분의 영업인들이 고객에게 접근할 때, 앞에서 소개한 사례와 같은 경험을 하게 된다. 그러나 회사에서는 "이것은 영업을 하는 사람이라면 누구나 겪는 과정이다. 당신의 선배들도 그랬다. ○○○, △△△ 등 내로라하는 판매왕들도 다 이 과정을 거쳤다. 이런 어려움을 극복해야 당신들도……"라고 말한다.

하지만 이제는 가망고객에게 좀더 효과적으로 접근하는 방법에 대해서도 철저하게 교육을 해야 한다. 그러면 이런 시련과 좌절을 겪지 않거나 덜 겪게 할 수 있다. 영업인이라면 누구나 한두 번쯤 당연히 겪는 과정이라고 얘기해서는 안 된다. 좀더 효과적으로 고객에게 접근하는 방법을 연구해 실전에서 응용할 수 있도록 도움을 주어야 한다.

그런데 정수기나 자동차, 보험과 같이 방문을 통해 판매하는 경우에만 효과적인 접근방법에 대해 고민해야 하는 것은 아니다. 은행이나 증권, 가전, 이동전화 등 점포를 거점으로 영업을 하는 업종들에 있어서도 이는 마찬가지다. 다음은 대한민국의 신금융 1번지로 불리는 서울 도곡동 타워팰리스 부근의 은행들이 겪고 있는 고객접근의 어려움에 대한 사례다.

반경 100m 내에만 은행 점포가 13개!

명동이 금융 1번지, 여의도가 증권 1번지라면 '타워팰리스 존(zone)'은 부자고객을 대상으로 하는 프라이빗 뱅킹(PB) 1번지로 통한다. 2005년 5월에서 6월 사이에만 3개 은행이 타워팰리스 존에 PB센터를 개설했다. 그리고 현재는 반경 100m 내에 은행 점포 13곳이 치열하게 부자고객을 유치하기 위해 전쟁을 벌이고 있다.

2005년 4월말 우리, 제일은행이 타워팰리스(3차) 맞은편에 위치한 아카데미 스위트 빌딩 1층에 PB센터를 개설했다. 그리고 뒤이어 5월말에는 같은 건물 2층에 산업은행이 VIP지점을 냈다. 이로써 타워팰리스 존에는 8개 시중은행과 산업, 기업은행이 포진했다. 우리, 신한, 제일은행은 PB센터 외에 일반 지점도 두고 있어 점포 수는 모두 13개나 된다.

이 지역은 지난 2002년까지만 해도 하나, 시티은행이 낸 지점이 전부였었다. 하지만 타워팰리스 입주를 전후해 2002년 말에서 2003년 초에 국민, 외환, 기업은행 등이 잇따라 진출하면서 지금은 PB영업 최대의 격전지로 변했다. 타워팰리스 1~3차, 대림 아크로빌, 삼성 래미안, 우성 캐릭터, 동부 센트레빌 등 고급 아파트가 들어서면서 VIP 고객이 갑자기 늘어났기 때문이다.

타워팰리스 존의 PB들에 따르면, 1개 은행에 예치된 1인당 평균 현금자산은 약 11억 원. 1명의 고객이 통상 2~3개 은행에 분산해 예치하고 있다는 점을 고려하면, 1인당 평균 현금자산이 20~50억 원에 이를 것으로 추산된다. 하지만 그 고객들을 유치하기란 결코 만만치 않다.

강희승 우리은행 PB팀장은 "고객이 노출을 꺼리기 때문에 쉽게 접근하기 어렵다"며 "스스로 찾아오는 고객에게 최대한 친절히 상담을 해주고 지인에게 소개를 받는 정도가 최선의 영업활동"이라고 말했다.

하나은행의 PB팀장은 "평창동, 한남동, 동부 이촌동에 비하면 이곳은 신세대 부자들이 주류를 이루고 있어 자금의 회전율도 매우 빠른 편"이라고 설명했다. 또한 이 곳의 고객은 부동산, 주식, 예금 등 재테크 전반에 관해 전문가 수준의 지식을 갖고 있다고 한다. — 한국경제신문, 2005년 6월 8일자

이상으로 정수기, 가전, 은행과 같은 세 업종의 사례를 소개했다. 이 사례들은 무언가 팔기 위해 고객에게 효과적으로 접근한다는 것이 결코 쉽지 않다는 것을 보여준다. 계약을 이끌어내기 위한 첫 번째 관문부터 결코 쉽지 않은 것을 알 수 있다.

그래서 필자는 고객 접근의 달인이 되는 방법을 통해서 그 관문을 쉽게 통과할 수 있는 대안을 제시하고자 한다. 그렇다면 고객에게 접근하는 방법에는 어떤 것이 있을까? 다음과 같은 네 가지가 있다.

1. 직접 대면
2. 세미나 또는 이벤트 개최

3. 전화 또는 웹 사이트

4. 우편 DM 또는 이메일

보통 '고객에 접근한다'라고 하면 고객을 직접 방문하거나 고객이 점포를 방문하여 대면하는 것을 먼저 떠올린다. 그러나 세미나나 이벤트도 훌륭한 고객 접근의 수단이 된다. 또한 전화와 콜 센터, 웹 사이트, 우편 또는 이메일 등도 고객에게 접근하기 위한 수단으로 많이 활용되고 있다.

기네스북에 12년 연속으로 세계 최고의 세일즈맨으로 기록된 조 지라드는 미국의 쉐보레 자동차에서 15년 동안 1만 3천여 대의 자동차를 판매했다. 우리나라에서는 5천 대를 넘게 판매한 게 최고의 기록이니 정말 세계 최고의 영업달인이라 부를만 하다.

그렇다면 과연 무엇이 그를 세계 최고의 세일즈맨으로 만들었을까? 그리고 그의 세일즈 비결은 과연 무엇이었을까? 여기에는 여러 가지가 있다. DM도 그 노하우 중의 하나다. 그는 DM이야말로 가망고객에게 접근하는 가장 훌륭한 방법이라고 강조했다.

조 지라드는 자신의 가망고객에게 1년에 12번의 DM을 보냈으며, 보낼 때마다 색상이 다른 봉투에 넣어 보냈다. 그리고 1년에 한 번은 '키맨세도 안내'라는 DM을 자신의 명함과 같이 보냈다. 키맨제도란 자신에게 자동차를 살 사람을 소개하면 25달러의 리베이트를 주는 제도를 말한다.

국내에서 자동차의 영업달인으로 평가받고 있는 한국GM 동대문영업소의 박노진 대표도 DM은 침실까지도 찾아갈 수 있는 효과적인 접근 수단이라고 강조한다.

하지만 어떤 사람은 직접 얼굴을 맞대는 것만큼 좋은 방법은 없다며 직접 만남을 중시한다. 대한생명에서 2000년대에 판매왕을 네 번이나 차지했던 장순애 팀장은 전화통화는 거의 하지 않고 고객과 직접 만나는 방식을 고수했다.

그런데 어떤 사람은 전화통화로 매일 고객에게 접근하기도 한다. D&T의 김대영 차장이나 LG전자에서 판매왕을 차지한 김정애 씨는 직접 만나는 사람은 하루 10명 안팎에 불과하지만, 전화는 100통 이상씩 한다. 통화는 주로 휴대전화를 사용하며 받는 전화와 거는 전화를 따로 갖고 있는 것은 기본이다.

이처럼 영업인들은 자신의 성향에 따라 고객에게 접근하는 방법이 제각각이다. 그러나 중요한 것은 접근하는 목적에 따라 고객의 마음을 사로잡을 수 있는 방법을 사용해야 한다는 것이다. 접근하는 목적에 맞는 자신만의 노하우가 있어야 고객의 마음을 사로잡을 수 있기 때문이다.

다음은 영업인이 고객에게 접근하는 여섯 가지 목적이다.

고객에게 접근하는 여섯 가지 목적

1. 니즈 파악과 상담
2. 가치 제안과 프레젠테이션
3. 협상
4. 도움과 즐거움 제공
5. 계약과 상품 인도
6. 관계 강화

이 여섯 가지 목적을 달성하기 위해서 영업인들은 직접 방문이나 전화, DM, 이메일 등을 활용한다. 그리고 적게는 1~2회에서 많게는 수십에서 수백 회까지 시도한다. 다음은 국내의 대표적인 보험 영업인들이 계약을 성공시키기 위해 평균 몇 번 정도 고객에게 접근하는지 직접 방문을 중심으로 조사한 결과다.

한 번의 계약을 위해 최소 3~5회 가량 방문해야……

삼성생명, 교보생명, 대한생명, 삼성화재, 동부화재, 현대해상 등 18개 생명·손해보험사의 2004사업연도(2004년 4월~2005년 3월) 연도대상 수상자들을 대상으로 조사한 결과다. 수상자의 55%가 "한번의 계약을 체결하기 위해 평균 3~5회 가량 고객을 찾았다"고 답했다. 계약을 체결하기 위해 고객을 5~10번 가량 방문한다고 답한 이들은 11%였다. 또한 "30번 이상 방문한다"고 응답한 이들도 16.7%에 달했다.

― 문화일보 리서치 결과, 2005년 6월 7일

이 자료를 보면 한 건의 계약을 체결하기 위해 적게는 3~5회 가량, 많게는 30회 이상 직접 방문한 셈이다. 아마 DM이나 전화, 이메일은 직접 방문보다 몇 배에서 몇십 배 정도 더 많이 했을 것이다.

그런데 일반적인 영업인들은 고객에게 접근을 할 때, 대개 아무런 전략도 없이 접근을 한다. 그래서 거절을 당하고 문전박대를 당한다. 그런 영업인들은 고객에게 접근할 때, 고객의 마음을 사로잡을 수 있는 자신만의 특별한 전략이 필요하다. 또한 고객에게 접근하는 목적에 따라 수단을 차별화하는 것도 필요하다.

그렇다면 이제 고객의 마음을 사로잡을 수 있는 세 가지 접근 방법에 대해 알아보자.

01__
상대를 빚진 상태로 만들어라

❧ 맘에 드는 이성과 사귀고 싶다면 거절하지 못할 선물을 하라!

2005년 5월말에 신세계백화점에서 신세계닷컴의 고객 1만 713명을 대상으로 설문조사를 한 결과, 남성은 '직접 만든 목도리를 주는 여성과 사귀고 싶다'(22%), 여성은 '명품 목걸이로 프러포즈하는 남성과 사귀고 싶다'(17%)는 응답이 가장 많았다고 한다. 그 뒤를 이어 핸드폰, MP3 등과 같은 디지털 제품을 받고 싶다는 응답이 남녀 응답자의 16%씩으로 2위에 꼽혔다.

부담스러워 받기 싫은 선물로는 남성의 23%, 여성의 18%가 '나에게 필요없는 무조건 비싼 선물'을 꼽았다. 하지만 남성 응답자의 26%는 '명품을 받고 싶어 하는 상대방에게 적금을 깨고 아르바이트를 해서라도 사주겠다'라고 답했다. 맘에 드는 이성과 사귀고 싶다면 프로포즈를 할 때 상대방이 좋아하고 거절하지 못할 선물로 접근하는 것이 최상책인 것이다.

이것은 선물만을 지정해서 조사한 결과다. 하지만 실제 이성끼리 사귀고 싶은 상황을 만들려면 선물말고도 여러 가지 조건이 필요할 것이다. 이 결과를 영업에 적용하면, "맘에 드는 가망고객을 고객으로 만들려면 거절하지 못할 빚진 상태로 만들어라!"가 되지 않을까 싶다. 그렇다면 상대를 빚진 상태로 만들면 정말 거절하지 못할까? 결론은 "그렇다"이다.

미국의 심리학자 로버트 치알디니는 자신의 저서 《설득의 심리학》에서 6가지 설득의 법칙을 소개하고 있다. 그중에서 한 가지가 바로 '상호성의 법칙'이다. 이 법칙은 상대방으로부터 무언가를 얻고 싶다면, 자신이 먼저 무언가를 줘서 빚진 상태로 만들어야 효과적이라고 강조한다.

그 책에서는 이렇게 빚진 상태를 만들면 그렇지 않은 사람보다 지갑을 열 확률이 2배 이상 높아진다는 실험 결과를 발표했다. 가망고객을 빚진 상태로 만들면 세일즈 성과 또한 2배 이상 좋아질 수밖에 없다는 것이다.

그렇다면 어떻게 해야 가망고객을 빚진 상태로 만들 수 있을까? 방법은 무궁무진하다. 영업인들이 활용하는 전통적인 방법은 식사와 술, 선물, 골프 등 주로 접대라는 수식어가 붙는 방법들이다. 물론 리베이트나 뇌물과 같이 법률에 위배되는 방법도 일부 업종에서는 가망고객이나 고객을 빚진 상태로 만들기 위해 활용되고 있다.

그러나 이런 방법들은 대부분 차별화가 어렵고 비용도 많이 드는 데다 위법적이어서 문제를 불러일으킬 소지가 있다. 따라서 경쟁자들이 잘 활용하지 않는 방법으로 상대를 빚진 상태로 만드는 노하우가 필요하다. 그렇다면 그러한 방법에는 어떤 것이 있을까? 다음과 같은 네 가지 방법이 있다.

가망고객을 빚진 상태로 만드는 4가지 방법

1. 세미나를 개최하라
2. 정보를 제공하라
3. 해결사, 집사, 도우미가 돼라
4. 체험의 기회를 제공하라

세미나 개최는 이미 앞 부분에서 소개한 바 있다. 따라서 여기서는 그것을 제외한 나머지 방법과 사례를 소개한다. 먼저 체험의 기회를 제공해 김치냉장고 딤채가 출기 초기에 어떻게 가망고객을 빚진 상태로 만들었는지 그 사례를 한 번 보도록 하자.

김치냉장고 딤채!의 체험 마케팅

김치냉장고 '딤채'는 체험 마케팅으로 고객을 빚진 상태로 만들어 성공한 대표적인 사례다. 위니아 만도에서 김치 냉장고를 개발하자는 안이 나왔을 때, 회사 내부에서는 반대가 많았다고 한다. 김치냉장고에 대한 수요가 적은 데다 판매채널 구축이 쉽지 않다는 것이 그 이유였다.

하지만 이런 반대에도 불구하고 위니아 만도는 결국 김치냉장고를 개발했다. 그러나 문제는 역시 '어떻게 판매할 것인가'였다. 그에 대해 고민하던 중 선택한 전략이 바로 체험 마케팅이었다. 그래서 우선 강남에서 40평 이상 되는 아파트나 빌라에 거주하는 주부 5천 명을 선정했다. 그리고 이들에게 대략 이런 내용의 DM을 발송했다.

"ooo 주부님, 안녕하십니까? 저희 위니아 만도에서 김치냉장고를 개발했습니다. 기존 냉장고에서 김치를 보관하면 김치맛이 보존되지 않고 시어버리죠? 김치냉장고 '딤채'는 김치가 시지 않고 오랫동안 그 맛을 유지하게 합니다. 우리 조상들이 늦가을이나 초겨울에 김장을 해서 땅속 깊이 김장독을 파 묻었던 원리와 같습니다. 이번에 저희가 개발한 김치냉장고 '딤채'를 원하시는 주부님께는 3개월 동안 무료로 사용하실 수 있는 기회를 드립니다. 그리고 김치냉장고 설치와 회수는 저희가 책임지겠습니다. 댁내에 만복이 함께 하시길 기원합니다."

DM 발송 후, 주부들의 반응은 어땠을까? 5천여 명의 주부 중 3천여 명이 신청을 했다. 60%의 놀라운 반응이었다. 그러고 나서 위니아 만도는 무료 사용이 2개월 정도 지났을 때 다시 한 번 다음과 같은 내용으로 DM을 발송했다.

"사용하시던 '딤채'를 구입하시는 주부님들께는 특전을 드립니다. 정상 판매가의 30% 할인된 특별 가격에 드리겠습니다. 물론 1개월 뒤 반환을 원하시면, 저희가 책임지고 회수를 하도록 하겠습니다. 댁내에 만복이 함께 하시길 기원하겠습니다."

그렇다면 2차 DM을 발송한 후, 2개월 간 무료 사용을 했던 3천여 명의 주부들 중 몇 명 정도가 '딤채'를 구입했을까? 놀라지 마시라. 무려 80%, 즉 2,400여 명의 주부들이 '딤채'를 구입했다.

그렇다면 도대체 무엇이 이런 놀라운 일을 일어나게 했을까? 우선은 주부들이 김치냉장고의 필요성을 느꼈기 때문일 것이다. 또한 '딤채'의 성능, 품질 등이 우수했기 때문일 것이다. 그러나 가장 큰 요인 중 하나는 '2개월 동안의 무료 사용', 즉 위니아 만도에 뭔가 빚을 졌다는 심리적 부담감이 작용했기 때문이었다.

백화점이나 대형 할인점의 식품매장에는 대개 무료 시식대가 자리하고 있다. 거기서 우리는 식품이나 과일 등을 시식해보라고 권유하는 모습을 쉽게 볼 수 있다. 그러나 사람들의 반응은 어떤가. 무료인데도 불구하고 냉큼 먹지 않는다. 그렇다면 사람들은 공짜인데도 불구하고 왜 먹지 않는 것일까? 심리적으로라도 빚지기 싫어서 그들은 먹지 않는 것이다.

일반적으로 영업인들은 '상대를 빚진 상태로 만들어라!'라고 하면 대개가 뇌물, 리베이트, 접대, 향응, 로비 등을 먼저 떠올린다. 일부 업종과 회사에서 이것들이 관행으로 자리잡고 있기 때문이다. 또한 상당수 영업인들은 다음과 같이 하소연한다. "접대비가 부족하다. 접대비 올린 게 결재가 안 돼서 연체가 될 판이다. 연체이자는 안 주나? 급여를 두 달째 못 가져다 줄 형편이다"라고 말이다.

하지만 이런 습관은 빨리 고쳐야 한다. 실제로 이런 하소연을 하는 영업인들은 성과도 별로인 경우가 많다. 그리고 혹은 성과가 좋다 하더라도 단기간에 그치는 경우가 많다. 또한 앞의 통계에서 본 '나에게 필요도 없으면서 무조건 비싼 선물'처럼 오히려 역효과가 날 수도 있다. 실제로 제약, IT, 건설 등 일부 업종에서는 도를 넘어선 리베이트와 접대 등이 문제가 되기도 했다.

'상대를 빚진 상태로 만들어라!'는 이처럼 리베이트, 사례비, 뇌물을 주거나 향응성 접대를 하라는 것이 아니다. 그러면 도대체 무엇을 어떻게 하라는 것일까?

정성과 스토리를 담은 선물을 하는 것도 한 가지 방법이다. 물론 이때 선물은 뇌물에 해당되지 않는 범주 내에서 해야 한다. 그리고 고객에게 도움을 주거나 즐거움을 주는 것도 한 가지 방법이다. 또한 고객에게 아주 유익한 정보를 정기적으로 제공하는 방법도 있다. 다음에 나올 삼성증권 Fn아너스 테헤란로지점의 조현숙 PB와 부동산 중개인 이종국 씨의 사례처럼 말이다.

✎ '걸어다니는 PB센터'로 불리는 조현숙 PB

조현숙 PB가 관리하는 개인 고객의 자산은 무려 4,000억 원. 대략 15명이 관리하는 자금이 2,000억 원대인 것을 감안하면 혼자서 점포 2개를 운영하고 있는 셈이다. 그렇다면 그녀의 비결은 과연 무엇일까? '고객과의 신뢰'와 '남보다 한 발 앞서는 정보 제공'이라는 두 가지다.

그녀는 "고객에게 세무 정보나 부동산 또는 골프 회원권 시세 등 상황에 맞는 재테크 정보를 남들보다 먼저 제공한다"며 "모든 정보가 조 PB에게서 가장 빠르게 나온다는 인식이 박히면 고객이 스스로 찾아온다"라고 설명했다.

또 다른 비결은 고객과의 신뢰관계 형성. 조 PB는 "금융회사는 상품이 아닌 신뢰를 파는 곳"이라며 "고객의 자산에 대해 포트폴리오를 짤 때 항상 자사의 상품만을 권하지는 않는다. 오히려 고객에게 가장 필요한 상품을 제안하면서 고객의 신뢰를 얻는 것이 더 중요하다"고 말했다.

— 헤럴드 경제, 2006년 5월

✎ 이종국 씨 고급 정보를 개발해 승부하다

이종국 씨는 맨손으로 종잣돈을 모아 섬유업계에 뛰어들어 사업을 일으켰지만, 경제흐름을 제대로 읽지 못해 부도를 막지 못하고 처참하게 쓰러졌다. 그 후 다시 빈손으로 출발한 것이 부동산 중개업이었다. 그는 철저하게 망했기 때문에 자신이 망한 원인을 잘 알고 있었다.

그래서 재고 걱정도 없고 인건비 걱정도 없는 사업으로 부동산 중개업을 택했다. 그러나 창업을 해서 6개월 동안 단 한 건의 계약도 하지 못했다. 처음부터 남들이 손대기 힘들어 하는 빌딩이나 공장용지를 취급했기 때문이었다. 계약서 한 장 쓰지 못한 신세였지만, 그는 이를 악물고 이 사업이야말로 장래가 밝다는 믿음을 가지고 견뎠다.

그리고 6개월이 지난 뒤 그 동안 계약서 한 장 쓰지 못한 원인을 찬찬히 따져 보았다. 그 결과 기업체 오너들에게 다양한 용지에 대해 과학적으로 분석한 자료나 정보를 전혀 제공하지 않았기 때문이라는 결론을 내렸다. 가령, 용지의 쓸모나 법적 문제, 그리고 비용대비 효과와 같은 것 말이다..

그래서 그는 법률적인 문제는 변호사에게, 세무에 관한 문제는 세무사에게, 건축은 건축 설계사에게, 시공은 건설사에게 용역을 주어 분석을 하도록 했다. 그러고 나서 이 토지를 구입해서 개발을 할 경우 어떤 수익이 얼마만큼 나오는가 하는 분석 자료를 가지고 중개를 하기 시작했다.

이러한 시스템으로 영업을 하고 주위에서 실력 있는 공인중개사로 인정을 받게 되자 고객들이 그에게 몰려들었고 물건 의뢰와 구입 의뢰가 배로 증가했다. 그러자 부동산 계약률도 배로 뛰어올랐으며, 계약 성공률이 90%에 이르게 되었다. 그리고 그가 선택한 이 방법은 현재 부동산 중개업 역사상 최고의 마케팅 전략으로 평가받고 있다. ─《신흥부자들의 돈 버는 습관》중에서

정보를 제공하는 방법은 돈이 전혀 들지 않거나 거의 들지 않는다. 하지만 정보 제공은 이렇게 큰 성과를 안겨준다. 이들 외에도 정보를 제공해 판매왕의 자리에 오른 영업달인들은 많다.

교보생명에서 판매왕을 차지한 지연숙 FP는 매달 1,000여 명의 고객에게 건강이나 재테크 등과 같이 유용한 정보가 담긴 편지를 보낸다. 업무가 너무 많아 비서를 2명이나 둘 정도다. 삼성생명에서 10년 연속으로 판매왕을 차지했던 예영숙 전무에게서 2010년에 판매왕의 자리를 넘겨받은 배양숙 FC의 비결 역시 고객에게 꼭 필요한

정보를 제공해 그들을 빚진 상태로 만든 데 있었다.

그럼에도 불구하고 가망고객에게 어떻게 접근해야 좋을지 고민하는 영업인들이 많다. 다음은 가망고객에게 어떻게 접근해야 할지 고민했던 한 은행 지점의 PB가 필자에게 보낸 이메일 내용이다

한 은행 PB의 고민!

소장님 안녕하세요. 메일로 처음 인사를 드리게 되어 죄송합니다. 초면에 메일을 드리게 된 이유는 소장님께 VIP 마케팅에 대해 문의를 드리고 싶어서입니다. 저는 이번 주부터 서초동 PB센터에서 근무를 하게 되었습니다. PB고객들을 대상으로 세일즈를 시작하면서 신규고객들을 창출하기 위해 노력 중입니다.

제가 근무하고 있는 곳은 강남구 서초동의 삼풍아파트 근처입니다. 그래서 주요 고객이 삼풍아파트 주민들인데, 어떻게 접근을 해야 할지 사실 좀 막막합니다. 작년에 OO은행에서 많은 마케팅 비용을 쏟아부었지만, 결과는 좋지 않았다고 합니다. 나름대로 이유가 있을 듯 합니다.

부유층 고객에 대한 접근, 특히 삼풍아파트처럼 접근이 쉽지 않은 고객에 대한 세미나 자료가 있으면 부탁드립니다. 또 특별히 제안하실만한 중요한 포인트가 있다면 무지한 저에게 알려주셨으면 합니다.

그때의 세미나 자료를 얻을 수 있다면 좋겠지만 어려울 것이라고 생각합니다. 다시 그런 기회가 있으면 참석하고 싶은데, 지금은 저에게 실전에서 기회를 포착할 수 있는 포인트가 더 급해서요.

이것은 타워팰리스 인근의 금융회사 영업인들이 했던 고민과 비슷한 내용을 담고 있다. 하지만 이것이 비단 금융회사만의 고민일

까? 아니다. 기업 고객을 대상을 영업을 하는 경우에도 어떻게 접근해야 할지 고민하는 영업인들이 많다. 다음의 사례처럼 말이다.

법인 영업인 K씨의 고민!

저는 AA캐피탈 법인 영업팀에 근무하는 OOO라고 합니다. 저의 업무는 국내 대기업 및 중견기업을 대상으로 자동차 리스와 관련된 법인영업을 하는 것입니다. 간단히 말씀드리면, A기업에 전화해서 총무 담당자 특히 자동차 부문 구매 담당자를 찾아서 다음과 같이 이야기 합니다.

"AA캐피탈의 자동차 법인리스 담당 OOO라고 합니다. 다름이 아니오라 귀사에 당사의 리스 서비스를 홍보하고자 이렇게 연락을 드렸습니다. 실례지만, 귀사에서는 업무용 차량을 몇 대 정도 운영하고 계십니까? 아, 30대군요. 그렇다면 제가 이번 주에 한 번 방문해서 자사의 리스 서비스 프로그램에 대해 설명을 좀 드려도 되겠습니까?"

대충 이런 식입니다. 그런데 제가 이 상황에서 제일 필요로 하는 첫 번째는 일단 자동차 숫자를 먼저 알아내는 것(숫자가 적으면 굳이 방문할 필요가 없음)이고, 두 번째는 자동차 대수가 10대 이상이면 약속 일정을 잡는 것입니다.

실제 상황에서는 두 번째는 물론 첫 번째도 힘듭니다. 처음 전화를 해서 제가 어떤 말을 해야 자동차 숫자도 알고 약속 일정도 잡을 수 있을까요? 소장님의 조언을 부탁드립니다.

당신이라면 어떻게 하겠는가? 이 두 사람에게 조언을 해줄만한 아이디어가 있는가? 물론 당신 나름대로의 방법론이 있을 수도 있다. 또 지금까지 이 책에서 소개한 내용을 참고하여 좋은 아이디어가 떠

오른 사람도 있을 것이다.

이에 대해 필자는 실전에서 활용할 수 있는 또 다른 아이디어를 다음의 사례를 통해 제안한다. 이것은 접근이 아주 어려운 고객에게 성공적으로 접근하여 성과를 올린 사례다.

피델리티 인베스트먼트의 CEO '데이비드 캐리쇼'

미국의 피델리티 인베스트먼트라는 회사는 뮤추얼 펀드 등 자산운용업계에서 세계적인 회사다. 이 회사의 CEO인 '데이비드 캐리쇼'의 첫 직장은 헤이덴스톤이라는 증권회사였다. 그는 플로리다 지역에서 증권영업인으로 직장 생활을 시작했다. 플로리다는 지역의 특성상 은퇴하고 노후를 편안하게 보내려는 사람들이 이사를 많이 오는 곳이었다. 이 사실을 알게 된 그는 '어떻게 하면 새로 이사온 사람들에게 가장 먼저 접근할 수 있을까?'를 생각했다.

첫 번째 문제는 이들을 어떻게 발굴할 것이냐는 것이었다. 그래서 생각해낸 곳이 전화회사였다. 이사를 오면 전화를 새로 신청해야 하기 때문에 전화회사를 통하면 이사 온 사람들의 연락처를 알아낼 수 있을 것이라고 판단한 것이다. 그러나 전화회사는 이사온 사람들의 연락처를 가르쳐주지 않았다. 전기회사도 마찬가지였다.

그리고 마침내 생각해낸 곳이 시청의 수도사업소였다. 단독주택이 많은 미국에서는 이사를 와서 수도를 신청하려면 보증금을 내고 등록해야 했다. 다행히 수도사업소에서는 이사온 사람들의 명부를 언제든 열람할 수 있다고 했다. 그 다음날부터 그는 매일 아침 출근하면서 수도사업소에 들러 접수증을 열람했다. 그리고 이사온 사람들의 이름과 주소를 확인한 다음 전화회사에 전화를 걸어 이름을 대고 전화번호를 알아냈다.

그렇다면 이런 방법으로 가망고객 DB를 경쟁자들보다 먼저 알아낸 데이비드 캐리쇼는 어떤 방법으로 가망고객에게 접근했을까? 먼저 그는 가망고객에게 전화를 걸었다. 여기까지는 다른 영업인들과 크게 다르지 않다. 그러나 여기서부터 그는 다른 사람들과는 달랐다.

그는 전화를 걸어 인사를 나눈 후 "제가 《플로리다에서의 자산관리 방법》이라는 소책자를 준비했습니다. 편한 시간을 알려주시면 이 책자를 전달해드리고 싶습니다"라고 말했다. 그리고 소책자에는 플로리다 주의 세금제도와 관련 법률, 상속과 증여세 등이 상세히 설명되어 있다는 것도 빠뜨리지 않았다. 미국은 주마다 세법이 다르기 때문에 새로 이사온 사람들은 대부분 관심을 갖게 마련이었다. 또한 그는 자산운용에 관해 필요한 자료라면 무엇이든지 제공하겠노라고 말했다.

그렇다면 이런 전화를 통한 접근은 얼마나 성공적이었을까? 이렇게 전화 통화를 하면 80~90%의 사람들이 그 소책자를 갖고 방문을 해달라고 했다. 하루 평균 20~30명과 통화했다고 하니 그는 매일 16~27명 정도의 가망고객을 만난 것이었다. 그것도 모든 경쟁자들을 제치고 가장 먼저 말이다.

하지만 그는 첫 방문에서는 절대 세일즈할 생각을 하지 않았다. 그저 부담 없이 소책자만 갖다주고 왔다. 첫 만남에서 팔려고 하면 상대가 부담감을 갖는다는 것을 잘 알고 있었기 때문이다. 그저 첫만남에서는 상대를 빚진 상태로 만드는 것으로 만족했다.

이런 고객 발굴과 접근 노하우는 그를 입사 1년 만에 계약액이 가장 많은 사원, 입사 3년 만에 지점장으로 만들었다. 회사의 창립 이래 29살이라는 젊은 나이에 최연소 지점장의 기록을 세운 것이었다.

그렇다면 데이비드 캐리쇼가 사용한 방법을 앞서 삼풍아파트 주민들에 대한 접근 방법으로 활용할 수 있을까? 물론이다. 먼저 삼풍아파트 주민들에게 부동산이나 금융자산과 관련된 재테크 정보를 매주 보낸다. 그리고 상속이나 증여, 양도세나 종합부동산세 등과 관련된 절세전략에 대한 정보도 매주 보낸다. 궁금한 내용은 고객이 원하는 장소에서 최고의 전문가가 상세히 설명을 해드린다는 내용을 포함시켜서 말이다.

삼풍아파트 주변 부동산 중개업소와 연계를 하는 것도 하나의 방법이다. 이를 통해 다른 은행보다 새로 이사온 고객을 먼저 파악해 접근하는 것이다. 그리고 "삼풍아파트에 이사오신 것을 축하드립니다!"라는 카드와 함께 주변의 각종 편의시설에 대한 안내책자를 전달하는 것도 생각해볼 수 있다. 가령, 맛있는 음식점이나 고깃집, 분위기 있는 커피 전문점이나 카페, 실력이 빵빵한 주변의 학원 등과 같이 생활에 도움이 되는 각종 정보를 말이다.

대부분의 은행들이 재테크 관련 세미나를 정기적으로 개최한다. 그러나 본사 차원의 세미나로 진행되다 보니 특정 지역을 기준으로 하면 1년에 겨우 1~2회 정도에 불과할 뿐이다. 이렇다 보니 앞에서 소개한 것처럼 백화점의 유료 재테크 세미나에 주부들이 몰리는 것이다.

따라서 가망고객을 대상으로 재테크 세미나를 개최하는 경우에는 자주 개최하는 것도 좋다. 한 달에 1회 정도가 아니라 매주 1~2회 정도는 되어야 한다. 또한 세미나의 주제를 건강, 자녀를 위한 입시전략이나 유학과 관련된 정보 및 각종 생활적 편의에 관한 것들로 확대하는 것도 좋다. 그렇게 하면 삼풍아파트의 가망고객들을 빚진 상태로 만들 수 있을 뿐 아니라 고객이 스스로 PB센터를 찾아오게 만들 수도 있을 것이다.

법인을 대상으로 자동차 리스 영업을 하는 경우도 마찬가지다. 처음 전화를 해서 만나달라고 요청하는 대신 법인 차량의 효율적인 운영에 대한 정보를 DM이나 이메일로 보내드려도 되겠느냐고 제안을 하는 것이 좋다. 이렇게 유용한 정보를 몇 차례 보낸 다음에 접근하면 비교적 손쉽게 가망고객에게 접근할 수 있다. 가망고객에게 무언가 빚진 것 같다는 심리상태를 만들 수 있기 때문이다. 계속해서 상대를 빚진 상태로 만든 또 다른 영업인들의 사례를 소개한다.

치과 병원장을 빚진 상태로 만든 보험 영업인 이야기

○○ 예치과의 김 부장은 자신의 보험 영업인에게 자기 병원장을 소개해달라는 요청을 여러 번 받고 있었다. 그래서 그 보험 영업인의 요청을 뿌리치지 못한 김 부장은 마침내 기회를 내서 원장에게 다음과 같이 이야기를 하게 되었다.

"원장님! 제가 오늘은 아주 유능한 보험인을 한 사람 소개할까 합니다. 전혀 부담 갖지 마시고 시간 나실 때 한 번 만나보시죠. 아주 성실하고 신뢰할 만한 사람입니다. 저와 제 와이프도 이 사람에게 종신보험을 들었고 말이죠."

그랬더니 원장이 손사래를 치면서 다음과 같이 말했다.

"김 부장! 유능한 보험인을 소개해준다고? 이번에는 김 부장이 날 좀 도와줘. 나한테 매달 책을 한 권씩 선물하고 매주 이메일을 보내며 전화를 하는 △△사 영업인 알지? 나한테 몇 년째 그러는지 아나? 3년째야. 자그마치 3년! 나는 이미 웬만한 보험은 다 가입했기 때문에 도저히 더 들 수가 없어. 그리고 만약 보험에 가입해야 한다면 난 무조건 그 영업인에게 들어야 돼. 그러니까 이번에는 김 부장이 나 좀 도와주라."

원장의 이야기를 들은 김 부장은 할 말을 잃었다고 한다. 혹을 떼러 갔다가 잘못하면 혹 붙이게 생겼으니 말이다. 그렇다면 과연 무엇이 이 병원장을 이렇게 만들었던 것일까? 몇 십만 원어치의 식사나 향응이나 골프 접대 때문이 아니었다. 매달 정말 읽어야 할 책과 매주 읽으면 도움이 되는 정보와 병원경영에 필요한 정보를 3년 동안 보내주고 전화하고 때로는 직접 방문했던 정성이 그를 그렇게 만든 것이었다.

다음은 삼성생명에서 10년 연속으로 판매왕을 차지했던 예영숙 전무의 뒤를 이어 2010년 판매왕이자 연봉 12억 원이라는 성공 스토리의 주인공이 되었던 배양숙 FC의 사례다.

그랜드 챔피언의 비결은 '가망고객을 빚진 상태로 만들기'였다

삼성생명에서 사무직 사원으로 입사했던 그녀가 보험 영업인으로 변신해 처음 세일즈를 시작한 곳은 경주였다.

"교육을 받고 선배를 따라 한 변호사 사무실에 갔는데, 사무장이 그야말로 보험 아줌마 취급을 하며 그저 노닥거리는 상대로만 생각을 하더라고요. 이래선 안 되겠다, 저 사람이 나를 만나고 싶게 만들어야지, 무작정 찾아다니는 것은 의미가 없겠다 싶었습니다."

마침 금융소득종합과세를 도입한다는 뉴스가 나왔다. 은행, 증권사, 세무서 등을 식섭 찾아다니며 금융소득종합과세가 도입되면 개인에게 어떤 영향이 오는지 그 내용을 A4용지 한 장짜리 보고서를 만들었다. 제목은 '본인 소유의 건물을 갖고 싶으십니까?'였다.

그녀는 우선 경주 시내에 있는 건물의 전체 가격을 조사해 평균을 구했다. 그리고 그 평균 가격을 구했다. 그 평균 가격의 건물을 소유하기 위해서 필요한 자금을 어떻게 모을 것인가가 이 보고서의 핵심이었다. 또한 다양한 방법으로 자금을 모았을 때를 가정해서 금융소득종합과세에 따라 세금이 얼마나 되는지도 계산했다.

이 보고서를 변호사, 의사에게 돌리고 전화를 걸었다. 반응이 놀라웠다. 다들 만나자고 했다. 그런 과정을 거쳐 경주 시내의 전문직 종사자들을 대거 고객으로 끌어들였다. 당시 그녀는 아이가 어려서 매일 오후 4시까지만 일을 했는데도 일을 시작한 직후부터 내내 연봉이 1억 원을 넘었다.

4년 후 남편 직장을 따라 다시 부산으로 왔다. 기업체가 꽤 많은 부산에서는 기업 CEO를 공략하기로 했다. 기업 CEO들을 고객으로 영입하기 위해 시도한 전략은 '엘리베이터 마케팅'. 우선 인터넷을 통해 몇 개 기업을 선정한 후 그 기업에 대해 상세히 조사를 했다. 그리고 그 기업과 CEO에게 맞는 컨설팅 자료를 뽑아 무작정 엘리베이터를 타고 오르락내리락했다.

"그러다 보면 어느 순간 CEO와 같이 엘리베이터를 탈 때가 있어요. 엘리베이터가 내려오는 그 짧은 시간 동안 설득해야 합니다. 저는 삼성생명 배양숙입니다. 같은 회사 소속이라도, 컨설턴트에 따라 상담하는 내용이 다릅니다. 혹시 배양숙 컨설턴트의 제안을 한 번 받아보시지 않겠습니까? 그렇게 말하면 다들 다시 사무실로 올라가서 제 얘기를 들으시겠다고 합니다. 그러면 저는 이미 그 기업의 역사와 장단점을 잘 아는 상황에서 마련했던 제안서를 내밀지요. 그렇게 만난 CEO들은 대부분 제 고객이 됐습니다."

당시 배 FC가 주목한 부분은 기업 승계와 관련한 상속세 재원이었다. A사의 규모를 봐서 기업 승계가 이루어질 때 필요한 상속세가 얼마다, 이걸 어떻게 마련할 것인가가 배 FC 제안서의 핵심이었다. CEO들은 당장 회사의 경영이 급해서 생각을 해보지 못한 부분이라며 흔쾌히 상속세 마련용 종신보험에 가입했다.

이게 끝이 아니었다. 배움에의 갈증이 컸던 배 FC는 매주 비행기를 타고 서울로 가서 각종 최고 경영자 과정과 강의를 섭렵했다. 매일경제에서 주최하는 세계지식포럼도 1회부터 지금까지 줄곧 참석했다. 포럼이 열리는 내내 행사장에서 강의를 듣고 그 내용을 정리해 고객들에게 보냈다. 이 과정에서 알게 된 사람과 인맥은 여러모로 도움이 됐다. 그리고 자꾸 그런 경험이 쌓이다 보니 아예 서울로 근거지를 옮기면 어떨까 싶어 2008년 6월 서울로 왔다.

서울에서 그녀가 개발한 고객 공략법은 세미나 마케팅이었다. 평소 친분이 있었던 그룹사의 사장, 부사장에게 부탁해 임원을 대상으로 한 세미나를 마련했다. 제목은 '따뜻한 재정 전문가 배양숙의 행복한 초대'. 세미나의 내용은 재무 컨설팅이 아닌, 어떻게 하면 행복한 가정을 만들 것인가였다.

그녀는 다양한 가족관계 전문가를 초대해 강의를 하게 했다. 물론 세미나와 관련한 비용은 모두 배 FC가 부담했다. 강의를 들은 임원들은 배 FC에게 '나를 통해 돈을 벌러 온 사람이 아니라, 내 파트너로서 내가 행복해지기를 바라는 사람이구나 하는 생각이 들었다'며 줄줄이 배 FC의 고객이 됐다.

— 매일경제신문, 2010년 5월 29일자

이 사례는 가히 빚진 상태로 만들기의 완결판이라고 해도 좋을 만한 사례다. 경주, 부산, 서울로 무대를 옮기면서 본인 소유의 건물을 갖고 싶은 전문직 종사자들에게는 재원 마련과 절세에 대한 방안을, 기업 CEO들에게는 가업 승계와 상속 재원을 마련하는 방안을, 기업의 임원들에게는 행복한 가정 만들기에 대한 방안을 마련해 그들을 빚진 상태로 만들었기 때문이다.

대리점 영업에서도 고객을 빚진 상태로 만들어 신규고객을 유치한 사례가 있다. 바로 다음의 사례가 그것이다.

매일 대리점으로 출근하는 주류회사 영업사원!

대구 경북지방에서 소주 판매 1위를 차지하고 있는 기업은 금복주다. 2004년 상반기, 이 회사의 K영업사원은 자신의 팀장에게 미운털이 단단히 박혀 있었다. 영업부 사무실로 출근도 하지 않고 매일같이 특정 대리점으로 출근했기 때문이었다.

주류회사 영업사원들은 주류 대리점이나 특약점 등의 영업을 지원하고 관리하는 것이 주된 업무다. 그리고 거래처의 판촉활동 등과 같이 직접적인 영업활동도 많이 한다. 그러나 K영업사원은 자신의 팀장이 주재하는 영업전략 회의에도 참석하지 않았다.

게다가 그는 자신이 담당하는 모든 대리점을 돌며 판매를 독려하는 것도 아니고 특정 대리점으로만 아침 일찍 출근하고 있었다. 그래서 그의 팀장은 본사로 출근도 안 하고 매번 회의에도 빠지는 K영업사원을 블랙 리스트에 올려 징계할 계획까지 세웠다.

그렇다면 K영업사원은 왜 이런 징계를 감수하면서까지 매일 아침 특정 대리점으로 출근했을까? 그 이유는 특정 대리점 사장이 대구 모처에 건물을 신축하고 있기 때문이었다. 그는 건물을 신축하기 전에 그 대리점의 사장과 저녁식사를 하다가 건물 신축이 완료될 때까지 매일 출근해 대리점 업무든 건물 신축과 관련된 업무든 돕겠다고 약속을 했던 것이었다.

처음에는 대리점 사장도 그가 약속은 했지만 몇 번 정도만 지키고 중도에 그만둘 것으로 생각했다. 하지만 K영업사원은 회사와 자신의 팀장에게서 온갖 질책을 받으면서도 건물 신축이 완료될 때까지 대리점 사장과 한 약속을 지켰다. 마침내 건물 신축이 끝나자 K영업사원은 정상적으로 업무에 복귀했다. 그리고 회사와 자신의 팀장에게 머리를 조아려 사죄를 하고 용서를 빌었다.

그런데 2004년 하반기부터 K영업사원 실적에 커다란 변화가 일어나기 시작했다. 그리고 결국 그는 2004년 판매 실적 1등을 차지했다. 게다가 그 추세는 2005년에도 계속되었다. 그렇다면 그의 실적이 어떻게 갑자기 1위가 될 수 있었을까?

그것은 건물을 신축한 대리점 사장의 전폭적인 지원이 있었기에 가능했다. 대리점 사장 혼자만의 지원이 아니었다. 건물 신축과 비슷한 시기에 그 대리점 사장은 대구 경북지역의 주류도매상연합회 회장에 당선되었다. 회장에 당선된 그 사장은 자신은 물론, 연합회 임원과 회원들에게도 지원을 요청해 K영업사원의 판매실적을 전폭적으로 지원했던 것이다.

그러니 이제부터는 항상 가망고객에게 먼저 줘서 상대를 빚진 상태로 만들기 바란다. 그러면 위 사례의 주인공인 K영업사원처럼 되로 주고 트럭으로 받을 수 있다.

─ 지금 당장 실천하라!

우선 당신의 고객 중 단 한 명이라도 빚진 상태로 만들기 위해 노력을 해보라. 책을 잠시 덮고 지금 당상 실행하기 바란다. 전화나 이메일 한 통이어도 좋고, 카드 한 장이어도 상관없다. 아니면 번개를 쳐서 점심이나 저녁식사, 야구나 축구 또는 영화나 뮤지컬을 같이 관람하자고 하는 것도 좋다.

그리고 만약에 상대가 갑자기 왜 그러냐고 물으면, 다음과 같은 메시지를 전달하라. "나는 당신을 무척 좋아합니다. 당신이 살아가는 방식이 내게 큰 도움을 주어서 존경할 수밖에 없기 때문에 당신과 최고의 시간을 같이 보내고 싶습니다"라고. 마치 첫사랑에게 연애편지를 쓰듯이 말이다.

그리고 만약 무더운 여름날이라면, 수박 한 통을 들고 고객을 찾아가는 것도 좋을 것이다. 혹여 오후부터 비가 내리는 날이라면 새 우산을 들고 고객을 찾아가는 것도 좋을 것이다. 아울러 고객이 우산을 준비했다면 우산을 미처 준비 못한 고객의 주변 사람에게 주라고 말을 하라.

"내일부터 잘하겠다"라고 절대 말하지 마라. "지금부터 잘하겠다"고 외쳐라. 그리고 바로 실행하라. 또한 일회성 이벤트로 끝내지 말고 지속적으로 실천하라. 당신의 이러한 노력은 언젠가 반드시 당신을 위한 최고의 선물이 되어 돌아올 것이다. 반드시!

02__ 고객이 나를 기다리게 하라

고객이 내 전화. 내가 보내는 DM이나 이메일, 그리고 내가 방문하기를 더욱 기다린다면 얼마나 좋을까? 이것은 아마 모든 영업인들이 바라는 일일 것이다. 그런데 실제로 고객이 기다리는 영업인이 있을까?

다음과 같은 영업인은 고객이 실제로 기다린다. 고객에게 웃음과 즐거움을 주고 고객의 고민을 들어주고 고객의 어려움을 도와주는 영업인, 고객의 문제를 해결해주고 고객의 성공과 실패를 자신의 일처럼 축하해주고 안타까워하는 영업인이 바로 그들이다.

이런 영업인은 상품이나 서비스를 절대 팔려고 하지 않는다. 그리고 무언가 팔려는 마음이 앞서지 않기 때문에 문전박대나 거절을 당하지도 않는다. 오히려 언제나 고객의 환영을 받는다. 바빠서 전화나 이메일을 보내지 않거나 방문하지 않으면 오히려 고객이 먼저 전화를 걸거나 이메일을 보낸다. 요즘 바쁘냐, 언제 올 거냐, 건강 생각해서 너무 무리하지 말라고 말이다.

그리고 이렇게 고객이 자신을 기다리게 만드는 영업인들은 실제로 좋은 성과를 낸다. 대한생명에서 네 번이나 판매왕을 차지했던 장순애 팀장이 대표적이다. 그녀의 닉네임은 '비가 오나 눈이 오나'였다. 남대문 시장의 상인들은 새벽 1시면 어김없이 나타나는 장 팀장을 그렇게 불렀다. 비가 오나 눈이 오나 그녀의 방문을 기다리는 고객들이 그만큼 많다는 증표인 셈이다.

이처럼 이제 상품과 서비스를 팔아야 하는 모든 사람들은 고객이 자신을 기다리도록 영업 패러다임을 바꿔야 한다. 그 대표적인 예로 경남 거창에 있는 합천호 낚시점의 김종백 사장이 그 주인공이다.

합천호 낚시점 김종백 사장!

부동산, 제과점, 미장원, 음식점 등과 같이 낚시점도 과거에 비해 엄청난 경쟁에 노출되어 있다. 낚시점은 그 수의 증가와 더불어 환경적 패러다임 변화라는 두 번의 큰 전환점을 맞았다.

첫 번째 전환점은 1990년대 초부터 일기 시작한 마이카 붐이었다. 1970~80년대의 낚시점들은 대부분 대중교통 시스템과 연결된 상권에 출점해 있었다. 낚시를 할 수 있는 댐이나 저수지로 이동하기 위해서는 시외버스나 시내버스를 이용해야 했기 때문이었다.

집에서 준비를 마치고 오는 사람도 있었지만, 버스 터미널이나 승강장으로 이동하면서 근처에 있는 낚시점에서 낚싯대나 미끼용 떡밥, 지렁이, 찌, 낚시바늘 등을 준비하는 사람들이 대부분이었다. 그러나 승용차를 소유한 사람들이 늘어나자 낚시터로 이동하는 동선에 있는 낚시점들이 호황을 누리게 되었다.

두 번째 변화는 인터넷 시대의 도래였다. 1990년대 후반부터 인터넷 쇼핑몰에서는 낚시용품을 판매하기 시작했다. 이에 따라 대형 낚시점들도 쇼핑몰을 만들어 인터넷에서 낚시용품을 판매하게 되었다. 결국 규모가 영세한 낚시점들은 매출이 줄어 문을 닫거나 낚시점 주변의 단골고객을 중심으로 명맥만 유지하게 되었다.

하지만 이런 상황에서도 경남 거창에 있는 합천호 낚시점은 기존의 영업 패러다임을 바꿔 지속적으로 성장하고 있다. 인터넷을 통해 조황정보를 가망고객에게 매일 알리는 방식으로 전환했던 것이다. 합천호 낚시점의 김종백 사장은 매일 출조한 결과를 토대로 자신과 다른 낚시인들의 생생한 조황기, 사진, 동영상을 다음과 같이 인터넷에 올린다.

"봉산권과 역평권은 어떻고 봉계리와 유전리는 어떻다. 요즘 물색이 흐린 상류권은 오후에 낚시를 시작하여 밤낚시 위주로 하고 있으며, 물색이 맑은 중하류권은 밤낚시 위주로 하되 새벽 2시 이후에 입질이 집중되는 편이다. 미끼는 떡밥과 지렁이 짝밥을 사용하는 게 합천호에서는 유리하다. 조황은 그날의 날씨와 배수량, 바람 등의 영향으로 매일 달라진다. 귀가할 때는 누가 다녀갔는지 모를 정도로 낚시한 주변을 깨끗하게 청소하자. 합천호 낚시터만큼은 다음 사람이 갔을 때 항상 처녀지같이 느낄 수 있도록 깨끗하게 만들자. 우리 낚시인들이 낚시터를 깨끗하게 보존해야 한다."

이처럼 그가 인터넷에 올리는 조황기는 조황정보뿐 아니라 환경 캠페인까지 담고 있다.

합천호는 경남 거창군과 합천군 일대에 위치해 있다. 그리고 남녘에 있는 댐의 특성상 1년 365일 낚시가 가능하다. 이런 곳에서 김종백 사장은 거의 1년 내내 출조해 얻은 생생한 조황정보를 인터넷에 올린다. 그리고 합천호의 환경보호를 외치며, 합사모(합천호를 사랑하는 사람들의 모임)를 결성해 쓰레기를 매일 수거하고 있다.

이런 조황정보를 보기 위해 전국 각지의 낚시인들이 합천호 낚시점의 홈페이지를 방문한다. 그리고 어떤 사람은 출근하자마자 합천호 홈페이지부터 연다. 그날의 조황정보가 늦게 올라오는 날이면 몇 번씩 합천호 홈페이지를 클릭하기도 한다. 이처럼 그는 고객을 기다리게 만든 것이다.

어떤 사람은 매일매일 합천호 낚시점의 조황정보를 본다고 말하기도 하고, "몸은 서울에 있지만 마음은 합천호 물가에 있는 것 같다"고 말하는 사람도 있다. 그리고 낚시를 하러 가기 위해 주말이 오기만을 손꼽아 기다린다는 사람도 있다.

강화의 모 군부대 J중사도 휴가 때면 어김없이 왕복 8백km의 먼 거리를 자신의 애마를 몰고 합천호를 찾는다고 한다. 그렇다면 강화 인근에도 낚시할 곳이 많을 텐데 그는 왜 굳이 합천호를 찾는 것일까? 아니, 정확히 말한다면 합천호 낚시점을 찾는다는 것이 더 적합한 표현이다.

물론 낚시라는 취미활동이 주는 매력 때문이기도 하겠지만, 밤잠을 자지 않으면서까지 김종백 사장이 합천호의 생생한 조황정보를 매일 인터넷에 올리기 때문일 것이다. 이로 인해 그는 J중사를 비록 몸은 강화 군부대에 있지만, 마음은 매일 합천호 물가에 있게 만들었다.

이는 비단 J중사의 경우만 그런 것이 아니다. 서울과 거창 간 왕복 7시간 거리를 마다하지 않고 달려가는 사람들도 있다. 서울 근교에 다른 낚시터도 많을 텐데 왜 사람들은 그 먼 곳까지 달려가는 것일까? 그들을 기다리게 만들었기 때문이다. 이처럼 당신도 고객을 기다리게 만들어야 한다. 그러면 거리가 아무리 멀고 가격이 아무리 비싸도 고객은 이에 개의치 않게 된다.

그런데 하루하루의 조황정보는 스토리로 발전하기도 한다. 겨울이 가고, 봄이 오고, 산란기가 되고, 비가 내려 수위가 올라가고, 한여름 밤낚시 때가 오고, 감이 익어가는 늦가을 그리고 다시 흰눈이 소복이 쌓인 하얀 겨울이 된다. 하지만 조황정보는 언제나 어김없이 올라온다. 그래서 조황정보가 하루라도 올라오지 않으면 난리가 난다. "매일 밤잠을 설치시면 건강에 해롭습니다. 하루는 집에서 두 다리 쭉 뻗고 주무시고, 이틀에 한 번씩만 조황정보를 올리세요. 건강이 최고입니다"와 같은 걱정의 글로 게시판은 도배가 되기 때문이다.

합천호 낚시점 홈페이지

이제 당신도 합천호 낚시점의 김종백 사장처럼 고객을 기다리게 만들어라. 어떤 업종이든 고객을 기다리게 만들 수 있다. 고객이 기다리지 않는 영업인은 자신이 아직 패러다임의 전환을 시도하지 않았거나 노력이 부족했거나 아이디어가 부족했기 때문이다. 그렇다면 고객이 나를 기다리게 만드는 요인에는 어떤 것이 있을까?

— **호감**

고객이 나를 찾게 하는 강력한 힘의 원천은 호감이다. 심리학자들의 실험에 의하면, 인간은 호감이 가지 않는 사람보다 호감이 가는 사람에게 2배에서 2.4배나 더 많이 구매한다고 한다. 따라서 나만의 경쟁력을 높이는 매력을 개발하여 고객은 물론 가망고객에게도 호감을 갖도록 만들어야 한다.

호감은 기본적으로 자신의 용모, 복장, 태도 등에서 비롯된다. 그렇기 때문에 영업인으로 입사하면 교육을 할 때, 웃는 연습을 제일 먼저 시킨다. 그러고 나서 말투, 태도, 언어습관을 교육시킨다. 어떤 사람들은 고객에게 호감을 주기 위해 얼굴을 성형하기도 한다고 한다. 하지만 호감을 불러일으키기 위해 굳이 얼굴을 성형할 필요는 없다. 다른 요소들을 성형해서 호감을 불러일으킬 수 있기 때문이다.

그중에서도 말을 성형하는 것은 상품과 서비스를 팔아야 하는 사람들에게는 꼭 필요한 부분이다. 상대방의 말에 귀를 기울이면서 자신의 의견을 설득력 있게 표현해 공감대를 얻는 것은 매우 중요하다. 말을 잘하는 것은 호감을 얻는 데 가장 중요한 원천중의 하나이기 때문이다.

그러기 위해서는 커뮤니케이션에 관한 책을 탐독하거나 말을 잘하는 선배나 동료 영업인을 벤치마킹하거나 스피치 학원에서 말을 논리적으로 할 수 있는 방법을 배울 필요가 있다. 그러면 가망고객에게 호감을 주는 '말짱'이 될 수 있다.

용모, 복장, 태도나 말 등은 초기에 고객이 호감을 갖게 하는 데 아주 유용한 수단임에 틀림없다. 그러나 고객에게 호감을 주는 최고의 방법은 무엇보다도 고객에게 진솔한 모습을 보이는 것이다. 물론 땀을 흘리며 최선을 다하는 모습이나 열정적인 모습도 고객에게 호감을 불러일으킬 수 있다. 또한 고객과 약속한 것을 철저하게 지키는 것도 호감을 부르는 중요한 원천이 된다.

노력, 성실

영업달인들에게 성공비결이 뭐냐고 물으면 대개는 특별한 게 없다고 말한다. 다만 열심히 성실하게 노력했다는 얘기가 공통적이다. 그런데 그와 반대로 무언가 팔면서 고전하고 있는 사람들 중에도 열심히 성실하게 노력한다고 얘기하는 사람들이 있다. 그렇다면 똑같이 열심히 성실하게 노력했다는데 왜 차이가 나는 것일까?

그 첫 번째 이유는 자신은 열심히 성실하게 노력했다고 생각하지만, 고객이 볼 때는 그렇지 않은 경우다. 그 두 번째는 자신보다 더 열심히 하는 경쟁자들이 많은 경우다. 성공한 사람이 남보다 앞서는 것은 열 걸음이 아니라 한 걸음일지도 모른다.

경쟁은 절대적인 것이 아니라 상대적인 개념이다. 따라서 경쟁자보다 한 번 더 전화를 하고 DM과 이메일을 한 번 더 보내고 자신의 홈페이지에 정보를 한 개라도 더 많이 올려야 한다. 그리고 남들보다 한 번 더 방문해야 한다.

현대자동차에서 1992년에 신인왕을 차지하고, 1993년부터 2004년까지 대형차 부문 전국 판매왕을 12년 연속 차지한 채수형 씨! 그가 그렇게 계속해서 판매왕을 차지할 수 있었던 데는 물론 여러 가지 비결이 있을 것이다. 그중에서도 대표적인 한 가지를 들라면, 고객의 마음을 열기 위한 노력을 들 수 있다.

그는 와이셔츠 바람으로 대형차 밑에 드러누워 고객과 대화를 나눈 것이 한두 번이 아니라고 한다. 처음에는 쇼맨십으로 기름을 찍어 코에 발랐지만, 지금은 진심으로 얘기를 하다 보면 자연스레 얼굴에 기름이 묻는다고 한다.

하얗게 다린 와이셔츠를 입고 대형차 밑에서 운전자들과 얘기하는 모습을 한 번 상상해보라. 과연 어떤 고객이 이렇게 진심 어린 모습을 보고 사랑하지 않을 수 있겠는가? 이런 진심과 노력이 그가 현대자동차에서 12년 연속 판매왕의 자리를 차지할 수 있게 한 비결이다.

__ 호기심 유발

가망고객의 호기심을 유발하는 것도 고객을 기다리게 만드는 방법 중 하나다. 요즘 길거리를 가다 보면 나레이터 모델들의 개점 판촉행사를 볼 수 있다. 호프집, 제과점, 슈퍼마켓, 음식점 등 다양한 업종에서 고객에게 개점을 알리기 위한 행사로 인기를 끌고 있다. 이것은 고사를 지내거나 전단을 나눠주거나 떡을 돌리는 정도를 뛰어넘어 적극적으로 개점을 알리려는 시도라 할 수 있다.

그러면 은행, 증권사, 자동차 회사들은 지점이나 전시장을 신규로 개점할 때 어떻게 하면 좋을까? 다음은 시티은행 분당지점을 개설할 때 진행되었던 마케팅 사례다.

호기심 마케팅으로 지점 개설에 성공한 J지점장!

분당지점 개설을 담당했던 J지점장은 가망고객들에게 이 사실을 어떻게 알릴까 고민스러웠다. 고민 끝에 내린 결론은 40평 이상의 아파트 단지를 집중 공략하는 것.

결국 그가 선택한 것은 조그만 화분과 함께 지점 개점에 대한 안내문을 아파트마다 일일이 전달하는 방식이었다. 당신이라면 어떤 방법으로 화분을 전달하겠는가? 아마 아르바이트 인력을 동원하면 좋을 것이라고 생각하는 사람들이 많을 것이다. 그러나 J지점장은 다른 방법을 택했다. 지점 직원들과 같이 퇴근 후 밤 10시부터 다음날 새벽까지 작은 화분을 직접 전달했다.

그렇다면 그는 왜 이렇게 힘든 선택을 했을까? 그것은 가망고객의 호기심을 유발하기 위해서였다. 밤 10시부터 새벽까지 화분을 전달하다 보면 아파트 주민들을 만날 수 있다. 그러면 "안녕하세요? 시티은행 분당지점에서 나왔습니다"라는 인사를 건넬 수 있다. 또한 '집집마다 무엇을 갖다주기에 새벽까지 이렇게 고생을 하나?'라는 호기심도 유발할 수도 있다.

그렇게 일주일쯤 지나자 아파트 주부들 사이에 자연스럽게 스토리텔링 효과가 발생하기 시작했다.

"시티은행 분당지점이 개설했대."

"그래? 그런데 어떻게 알았어?"

"응, 우리 아파트에 예쁜 화분과 안내문을 가져와서 알았어."

"그래? 지점은 어디에 있는데? 근데 우리 아파트에는 왜 화분을 안 주지?"

위의 대화처럼 매일 직원들이 직접 화분을 전달하는 데는 한계가 있을 수밖에 없다. 그렇다 보니 아직 화분을 받지 못한 곳이 많을 수밖에 없다. 당연히 사람들은 화분이 언제 자신들에게 전달될지 궁금할 수밖에 없다. 이를 통해 호기심을 유발하는 것이다. J지점장이 노린 효과는 바로 그것이었다.

그런데 친구들과 이런 얘기를 나눈 주부들 집에 그 다음날이나 며칠 후면 어김없이 화분이 배달되었다고 가정해보자. 늦게 화분을 배달받은 주부들은 자신의 친구들에게 다음과 같은 얘기를 할 것이 뻔하다. "드디어 우리 집에도 오늘 새벽에 화분이 왔더라. 그리고 야생화 이름과 꽃말도 정성껏 적어서 보냈더라고. 정말 정성이 갸륵하더라. 언제 한번 그 지점에 가볼까?"라고 말이다.

이처럼 당신도 고객이 호기심을 갖도록 만들어야 한다. 호기심을 갖게 만들면 고객이 스스로 찾아오게 마련이다.

02__ 고객의 감성을 자극하라

고객을 설득하는 방법에는 3단계가 있다.

첫 번째 단계는 이성적 접근이다. 고객에게 자신이 팔고자 하는 상품이나 서비스의 장점과 편익을 강조하는 것으로 상품의 품질이나 성능, 기능이 뛰어나다는 것을 직접 보여주면서 설득하는 방식이 그것이다. 이때는 주로 최첨단, 최고급 소재 사용, 최고의 기술력, 자연, 유기농, 무공해, 친환경, 청정과 같은 용어가 사용된다. 또는 경쟁 상품이나 기존의 상품과 구체적인 수치를 통해 비교하기도 한다.

두 번째 단계는 감성적 접근이다. 일반적으로 고객들은 모든 상품이 최첨단, 최고급, 친환경, 유기농, 청정이라는 설명에도 별로 차별성을 느끼지 못한다. 상품의 품질과 성능이 실제로 별 차이가 없는 경우가 대부분이기 때문이다. 또한 전문가가 아닌 이상 일반 고객들은 상품의 미세한 차이를 잘 느끼지 못한다.

그래서 루이뷔통이나 에르메스는 "명품 브랜드를 사는 것은 단순히 제품을 사는 것이 아니다. 100년 넘게 이어져온 장인정신과 그 예술작품을 사는 것이다"라고 고객의 감성을 자극한다. 스타벅스가 성공을 거둘 수 있었던 것도 이와 같이 감성을 자극했기 때문이다. 최고의 원두커피 맛보다는 커피를 마시는 분위기에 콘셉트를 맞춘 것이 성공을 가져왔다고 할 수 있다.

총각네 야채가게도 마찬가지다. 대치동에 야채가게를 열면서 '무공해, 유기농, 청정 야채가게'라고 했다면 아마 지금처럼 크게 성공하지는 못했을 것이다. 백화점이나 할인점의 식품매장들도 일반적으로 유기농, 무공해, 친환경, 청정이라는 콘셉트로 고객을 설득하기 때문이다. 야채가게는 주부나 여성들이 주된 고객이다. 그들에게 '총각'이라는 단어를 통해 신선함과 설렘을 줘서 감성을 건드린 절묘한 콘셉트가 돋보였다고 할 수 있다.

민들레 영토의 성공 스토리도 마찬가지다. 그들이 대학가에 있는 수많은 카페들과 경쟁하려면 뭔가 색다른 것이 필요했다. 그래서 민들레 영토가 끄집어낸 콘셉트가 바로 '어머니의 사랑'이었다. 집에 귀가한 자식들에게 이 세상의 모든 어머니들은 맛있는 먹을거리를 내놓는다. 그리고 밥이든 과일이든 더 먹으라고 한다. 민들레 영토에서는 이처럼 어머니의 무한한 사랑을 통해 고객의 감성을 자극한 것이다.

세 번째 단계는 정신적 접근이다. 최근 들어 많은 기업들이 고객의 감성에 호소하는 접근방법을 무차별적으로 시도하고 있다. 이제 감성적 접근방법에서도 차별화가 필요한 시점이 된 것이다. 한편으르는 고객들도 변하기 시작했다. 일부 고객들은 특정 상품을 구매하여 자신이 얻게 될 가치와 즐거움만을 생각하지 않는다. 이 회사가 얼마나 정직하고 윤리적이며 투명한가, 환경을 진정으로 생각하는가, 인류와 사회에 얼마나 공헌하고 있는가, 문화와 예술의 발전을 위해 노력하고 있는가 등을 고려한다.

그런 기업이라고 판단되면 가격이 비싸더라도 기꺼이 지갑을 여는 고객들이 존재하게 된 것이다. 자신의 구매행위가 이런 공익적인 기업에 도움을 준다고 생각했기 때문이다. 이러한 구매행위에서는 정신적 판단이 가장 중요한 구매의 결정요인으로 작용한다. 착한 커피에 대한 논쟁이 바로 그 대표적인 사례라 할 수 있다

국내에서는 현재 2단계인 감성적 접근이 고객을 설득하는 가장 보편적으로 활용되고 있다. 상품과 서비스를 팔아야 하는 사람들도 이 점에서는 마찬가지다. 가령, DM을 통해 가망고객에게 접근하는 경우를 보자. LG전자 방문판매왕이었던 김명진 씨도 매달 수천 장의 카탈로그와 명함을 돌리는 노력 끝에 단골이 하나 둘씩 생기기 시작했다고 한다. 그러나 DM은 노력에 비해 효과가 낮은 편이다. 그러면 DM 발송 효과를 높이려면 어떻게 해야 할까?

우리는 DM을 발송하라고 하면 일반적으로 인쇄된 상품 전단지를 봉투에 집어넣어 일괄적으로 발송하는 것을 떠올린다. 모든 고객에게 똑같은 메시지와 똑같은 내용으로 보내는 것이다. 그러나 이런 DM은 거의 효과가 없다. 고객이 뜯지도 않거니와 뜯었더라도 바로 쓰레기통에 넣기 때문이다. 발송하느라 시간과 노력, 비용을 투입하지만, 거의 100% 실패하는 것이다.

그러나 DM을 보낼 때에 봉투, 내용물, 문장 등을 정성스럽게 만들거나 작성하면 고객의 관심을 끌 수 있다. DM에 사용된 문구, 봉

투, 내용물 등 모든 것에 고민의 흔적과 정성이 담겨 있다는 것을 고객은 척 보면 알기 때문이다. 그러면 어떻게 DM을 만들어야 고객의 감성을 자극할 수 있을까?

첫째, 봉투를 차별화해야 한다. 세계 최고의 세일즈맨이라는 조 지라드도 1년에 12번 보내는 DM의 봉투 색깔을 모두 다르게 했다고 하지 않는가? 도서출판 앙겔로스라고 1998년에 창업해 유치원생 엄마들에게 보내는 소식지를 대행하는 회사가 있다. 이 회사는 DM을 보낼 때 고객의 감성을 자극해 성공한 대표적인 사례다.

이 회사는 전국의 대형 유치원들을 타깃으로 유치원 소식지 샘플을 만들어 노란색 DM 봉투에 넣어 발송했다. DM 봉투의 색깔만 컬러풀하게 한 것이 아니다. 일반적인 DM 봉투와 세 가지 면에서 더 차별화를 했다. "명문 유치원으로 도약하기 위해 저희 앙겔로스가 돕겠습니다", "원장님! 부모교육과 원아모집에 유용한 정보가 들어

도서출판 앙겔로스가 보낸 DM봉투 샘플

있습니다", "집배원 아저씨 감사합니다"가 바로 그것이다. 그럼 결과는 어땠을까? 1998년 IMF 직후의 어려운 시기에도 전국의 5백여 개 대형 유치원들을 고객으로 확보했다고 한다.

유치원의 1년 농사는 매년 12월경에 있는 신입 원아모집에 의해 좌우된다. 이런 중요한 시기에 원아모집에 유용한 정보가 들어 있다는 DM을 뜯어보지 않을 유치원 원장이 있겠는가? 더구나 명문 유치원으로 도약할 수 있도록 도움을 준다는 데 말이다. 그리고 집배원 아저씨들도 다른 우편물보다 정성껏 취급했을 것이다.

둘째, DM을 보낼 때는 반드시 편지를 내용물과 같이 보내야 한다. 영업인들은 대개 정기적으로 DM을 보낸다. 그러나 대부분 정성이 부족하다. 앞서 말한 것처럼 인쇄된 상품 전단지만 보내는 사람들이 의외로 많다. 또 편지를 보내는 영업인들도 표준화된 편지만 동봉하여 보낸다. 상품 전단지야 어쩔 수 없다지만, 편지만큼은 고객별로 그 내용이 달라야 한다. 그래야 고객의 감성을 자극할 수 있다. 다음과 같이 말이다.

편지의 예

A — ○○○고객님, 안녕하세요?

날씨가 무척 더워졌습니다. 고객님을 만나뵌 것이 꼭 1년 전인데, 그날은 장맛비가 주룩주룩 내렸지요. 고객님의 호쾌한 웃음과 밝은 표정이 아직도 제 눈에 선하게 떠오르는군요.

B 한 달 전에 뵈었을 때 건강해 보이셔서 참 좋았습니다.

　　　　제게도 그 비결을 좀 전수해주셨으면 합니다.
　　　　다름이 아니오라… (중략) …상세한 내용은 첨부해 드린 상품 소
　　　　개서를 참조하시기 바랍니다. 혹 궁금한 점이 있으시면, 언제든
　　　　연락주시기 바랍니다. 항상 1순위로 고객님의 질문에 답을 드리
　　　　기 위해 노력하겠습니다.

C　　　그럼, 더운 날씨에 건강에 유념하시고, 사모님 그리고 ○○, △
　　　　△ 두 자녀분과 항상 행복한 가정 이루시길 기원합니다. 감사합
　　　　니다.

2015년 ○○월 ○○일
고객님의 가장 든든한 동반자 ○○○올림

　이처럼 고객에게 DM을 보낼 때는 반드시 편지도 함께 보내야 한다. 편지는 고객의 감성을 자극할 수 있는 최상의 방법이기 때문이다. 그리고 당신의 열렬한 지지자로 만들기 위해서는 고객별로 편지의 내용을 다르게 해서 보내야 한다. 고객수가 1백 명이든, 1천 명이든 고객에게 편지의 내용은 개별적이면서도 달라야 한다.

　물론 '수백에서 수천 명이나 되는 고객에게 어떻게 일일이 내용이 다른 편지를 보낼 수 있을까?'라고 생각하는 영업인도 있을 것이다. 이런 생각을 하는 영업인들에게 묻고 싶은 말이 있다. 1천 명의 고객들과 직접 얼굴을 맞대고 만날 때도 똑같은 대화를 나누느냐고 말이다.

　DM은 사실 직접 대면의 또다른 방법일 뿐이다. 물론 DM이나 전화보다는 직접 만나는 것이 훨씬 효과적이다. 그러나 직접 만나는 데는 시간적·물리적으로 제약이 있다. 전화나 DM 또는 이메일이

나 휴대폰 문자 메시지 등을 통해 커뮤니케이션을 하는 이유가 바로 거기에 있다.

따라서 DM이나 이메일, 문자 메시지를 통해 고객을 만나는 것도 직접 만나는 것처럼 해야 한다. 1:1로 대화하는 분위기를 만들고 첫사랑에게 연애편지를 보내던 열정을 모든 고객에게 담아 보내야 한다. 그래야만 고객의 감성을 자극할 수 있다. 그러니 앞으로는 고객에게 DM이나 이메일, 문자 메시지를 보낼 때는 반드시 1:1 맞춤 메시지를 보내라.

위 편지를 보면 크게 A, B, C 세 부분으로 나눌 수 있다. 그 편지에서 A부분은 모든 고객에게 다르게 작성해야 한다. 그리고 B부분은 모든 고객에게 똑같은 내용, C부분은 일부분만 고객마다 다르게 할 필요가 있다. 위 편지의 C부분에서는 "사모님 그리고 ○○, △△" 부분을 고객마다 다르게 해야 한다.

앞서 소개한 현대자동차의 판매왕 최진실 씨의 인연카드도 이와 같은 맞춤 카드로 볼 수 있다. 그는 그날 고객과 만나 대화한 내용이나 느낌을 토대로 그날 밤 카드를 작성하여 다음 날 발송한다. 이 것 역시 가망고객의 감성을 자극하는 훌륭한 접근방법이라고 할 수 있다.

지금 당장 당신의 가망고객에게 DM이나 이메일, 문자 메시지를 보내라. 반드시 감성을 자극하는 맞춤 메시지로. 매일매일 실천하라. 그러면 당신도 현대자동차의 판매왕 최진실 씨나 도서출판 앙겔로스와 같은 성과를 올릴 수 있다. 그리고 고객이 당신 앞에 소리 없이 천천히 다가오고 있음을 느낄 수 있을 것이다.

스킨쉽을 통한 감성 세일즈의 달인, 이종인 과장!

현대자동차 일산 주엽지점의 이종인 과장은 2002년에 240대를 팔아 대리급에서 전국 판매왕, 2003년에 200대를 팔아 경기지역 판매왕을 차지했다. 그리고 2004년에는 185대를 팔아 전국 7위를 차지한 영업달인이다.

그런데 그는 주로 악수와 스킨십을 통해 고객의 감성을 자극한다. 이 과장의 영업원칙은 '1 : 10 : 100의 원칙.' 한 달에 천 통 정도의 판촉용 DM을 발송한다. 하지만 100통의 DM보다는 10통의 전화가, 10통의 전화보다는 한 번의 방문이 낫다는 게 그의 영업원칙이다.

그래서 그는 5천 원짜리 밥일지라도 함께 먹고 악수도 먼저 건네며 장난스럽게 등 뒤에서 껴안기도 한다. 그는 이런 감성을 통한 영업이 그가 내세우는 최고의 영업비결이라고 말한다.

어떤 영업인은 비가 오는 날이면 사람의 마음이 감상적이 되기 때문에 더욱 공격적으로 가망고객에게 접근한다고 한다. 그리고 실제로 그런 날에 계약을 많이 따낸다고 한다. '이렇게 무더운 날 또는 이렇게 추운 날에 나를 찾아오다니……'라는 생각에 고객이 심리적으로 빚진 상태가 되기 때문이란다.

감성을 자극하는 또 다른 방법으로는 가망고객과 같이 일을 하거나 울고 웃는 방법이 있다.

고객과 같이 울고 웃는 영업달인, 장순애 팀장

대한생명에서 판매왕을 네 번이나 수상한 장순애 팀장의 주요 활동지역은 남대문 시장이다. 그중에서도 아동복 상가의 상인들이 그녀의 주요 고객이다. 장 팀장은 1998년 보험영업을 시작한 이래 일요일을 제외하고는 하루도 거르지 않고 새벽 1시부터 고객을 만났다. 남대문 시장의 특성상 가망고객이 새벽 1시부터 일을 하기 때문이다.

하루도 빠짐없이 새벽 1시면 남대문 시장을 도는 장 팀장을 그녀의 고객들은 '비가 오나 눈이 오나'라는 닉네임으로 부른다. 장 팀장은 새벽 1시부터 비가 오나 눈이 오나 고객들을 찾아간다. 이런 새벽 방문은 기존고객은 물론 가망고객의 감성을 자극해 심리적으로 빚진 상태를 만드는 효과가 있다.

또 장 팀장은 고객과 함께 울 때가 많다고 한다. "상품을 소개하기 위한 사례용 동영상을 보면서도 같이 울고, 성공한 고객이 빌딩을 새로 샀을 때에도 옛날에 고생했을 때를 되새기며 같이 운다"고 한다. 가히 감성 세일즈의 달인이라 할 수 있지 않을까 싶다.

당신도 고객과 같이 울어본 적이 있었는가? 그리고 가망고객과 진정으로 어려움, 슬픔, 기쁨을 나눈 적이 있었는가? 그렇다면 왜 그렇게 많은 사람들이 고객의 경조사를 꼭 챙겨야 한다고 강조하는 것일까? 그리고 영업달인들은 왜 고객의 슬픔, 고통, 좌절, 기쁨과 즐거움을 같이 하는 것일까?

이 때가 바로 고객의 감성을 자극할 수 있는 가장 좋은 기회이기 때문이다. 즉 고객의 마음을 움직일 수 있는 가장 좋은 시기인 것이다. 그렇다면 이제 가망고객의 감성을 자극할 수 있는 효과적인 접근 시기에 대해 알아보자. 고객에게 감성적으로 접근할 수 있는 시기는 다음과 같다.

1. 고객이 행복할 때
2. 고객이 어려울 때나 아파서 병원에 입원했을 때

3. 고객의 신상에 변화가 일어났을 때
4. 고객이 이사나 승진, 인사이동 등으로 지위가 바뀌었을 때
5. 고객이 무엇인가 절실히 원할 때

 이것을 보고 이제부터는 가망고객에게 아무 때나 접근하지 않기를 바란다. 가망고객별로 위에서 말한 다섯 가지 접근 시기를 파악하여 감성적으로 접근하기 바란다. 어떤 때는 직접 방문해야 할 때도 있을 것이고, 어떤 때는 전화, DM, 이메일, 문자 메시지를 보내는 것이 좋을 수도 있다. 그리고 고객의 감성을 자극해 영업달인이 되기 위해서는 기본적으로 앞에서 말한 감성적 접근전략을 세울 필요가 있다.

Sales Blue Ocean

6장

세 번째 전략:
오직 **고객**의 **성공**만을 생각하고 **설득**하기

 세 번째 전략 : 오직 **고객**의 **성공**만을 생각하고 **설득**하기

고객 발굴과 접근 이후의 프로세스는 설득이다. 이 설득 프로세스는 육상의 허들 선수가 마지막 허들을 넘는 것과 같다. 마지막 허들을 다른 사람보다 먼저 그리고 안전하게 넘어야만 결승점에 도달할 수 있기 때문이다. 그렇다면 어떻게 해야 다른 영업인들보다 먼저 마지막 허들을 넘을 수 있을까? 그리고 어떻게 하면 자신의 설득 역량을 강화할 수 있을까?

질문을 잘하거나 뛰어난 세일즈 화술을 보유하면 물론 잘 설득할 수 있을 것이다. 또 고객의 반론 처리나 클로징 스킬도 뛰어나야 할 것이다. 그러나 이것들은 '어떻게 하면 고객을 만나 상품과 서비스를 잘 팔 수 있을까?'에 속한다. 영업달인들은 오히려 가망고객에게 접근하여 설득하기 전에 이미 그 과정을 종료시켜 놓는다. 전쟁에서 싸우지 않고 이기는 것처럼 고객이 스스로 상품이나 서비스를 구매하는 상황을 만들어 놓는 것이다.

그렇다면 어떻게 설득하지 않고도 이런 상황을 만들 수 있을까? 다음에서 설명할 세 가지 방법이 이를 가능하게 한다.

01__
고객의 DNA를 파악하라

　많은 전문가들이나 영업력 강화에 관한 책들이 고객 정보의 중요성에 대해 말한다. 영업인들에게 있어 고객의 정보를 수집하고 관리하는 것은 아무리 강조를 해도 결코 지나치지 않다. 그러나 너무 강조를 하다 보니 오히려 부작용이 나는 경우도 있다.

　모든 영업인들은 "고객의 니즈가 어떻고, 고객의 정보를 파악해서 관리를 어떻게 해야 하고, 고객의 집에 숟가락이 몇 개인지까지 알아야 한다"는 말을 영업에 입문하던 순간부터 귀에 못이 박히도록 들어왔을 것이다. 그러나 "등잔 밑이 어둡다"고 했던가. 너무 많이 듣다 보니 오히려 그 소중함을 가벼이 여기는 경우도 있다.

　만약 "쟁쟁한 경쟁자들을 물리치고 고객을 유치하기 위해 가장 중요한 원천을 하나 선택하라!"라고 한다면, 당신은 무엇을 선택할 것인가? 어떤 사람은 차별화된 제안서를, 어떤 사람은 고객이 감동할 정도의 프레젠테이션을, 어떤 사람은 가장 최적의 상품을 가장 경쟁력 있는 가격에 제공하는 것을 선택할 것이다.

하지만 필자가 그런 선택을 해야 한다면, '고객에 대한 정보를 남들보다 많이 아는 것'을 선택할 것이다. 결국 고객에 대한 정보, 즉 고객의 니즈, 선호, 성향 등을 경쟁자보다 많이 알고 있다면 고객이 감탄할 정도의 제안서를 만들 수 있을 뿐 아니라 감동적인 프레젠테이션도 할 수 있기 때문이다. 또한 고객과 윈윈(win-win)을 할 수 있는 선에서 협상을 마무리할 수도 있을 것이다.

영업을 하는 초기에는 대부분의 영업인들이 고객 정보를 수집하고 관리하는 데 많은 노력을 기울인다. 그러나 시간이 흘러 일정한 성과가 오르면 그에 대한 관리를 점차 소홀히 하게 된다. 그래서 대부분의 영업인들은 영업직에서 일한 기간과 고객의 정보를 관리하는 노력이 반비례하는 경향을 보인다.

그 이유는 일일이 기록하거나 업데이트하지 않아도 자신의 머릿속에 다 입력되어 있다고 생각하기 때문이다. 자신의 기억력을 과신하는 것이다. 그리고 바쁘기도 하고 귀찮기도 하기 때문이다. 아울러 며칠을 건너뛰어도 지금 당장 실적에 큰 영향을 받지 않기 때문이기도 하다. 또한 다음에 소개할 사례처럼 항상 자신의 회사가 업계 1위이고, 상품력과 브랜드 파워가 높다고 생각하는 데에도 그 원인이 있다.

다음의 사례는 국내의 유명한 자산관리회사에서 코스닥 등록업체인 D회사의 CEO를 고객으로 만들기 위해 접근했던 실제 이야기다.

유명한 금융회사 자산관리팀과의 만남!

저를 만날 이유가 없으셨을 텐데 만나고 싶다고 전화가 왔더군요. 금융회사가 VIP 고객으로 삼는 분들의 기준을 익히 들어서 알고 있는데, 저는 그 기준에 못 들거든요. 하여간 굳이 오신다니까 뵙기는 했지만, 처음에는 혹시나 저를 지금 근무하는 회사의 최대 주주이며, 오너경영인이라고 생각하셔서 오신 줄 알았습니다.

어쨌든 서로 재밌게 이야기를 했는데, 그분께서 저희 회사를 대기업으로 알고 계셔서 정말 놀랐습니다. 저희 회사랑 같은 이름을 쓰는 대기업이 있는데, 다 같은 계열사라고 알고 계셨더군요. 그런데 정말 놀란 것은 '고객에게 접근할 때, 고객에 대한 정보를 굉장히 조금만 갖고 움직이시는구나' 하는 것이었습니다. 그것도 그렇게 유명한 금융회사에서 말입니다.

저희 회사가 그래도 코스닥 등록업체라서 중앙일보의 인물정보란만 들어가도 저에 대한 간단한 소개가 있는데 말이죠. 게다가 1,500원이면 보는데 말이죠. 그것도 안 보고 오신 것이더군요. 적어도 취미, 특기, 자녀 수, 가지고 있는 주식 수, 부동산, 출신학교 등만 알아봤어도 친근히 접근할 수 있는 꺼리가 많았을 텐데 말이죠.

VIP 마케팅을 하고자 하시는 분들이시니까 고객에게 접근할 때 미리 챙길 것은 챙기고 출발하는 자세나 사내 교육이 필요할 것 같다는 생각을 해봤습니다. 오늘 춥네요. 저도 VIP 마케팅의 대상이 되고 싶어요.

— 2004년 11월 12일 코스닥 상장 OO기업 CEO

설마 이와 같은 일이 있었겠느냐고 생각하는 사람도 있을 것이다. 그러나 이것은 실제로 있었던 일이다. 이 사례에 나오는 자산관리 영업인은 아마 자기 회사의 자랑만 하다가 돌아갔을 것이다. 고객에 대해 아는 것이 거의 없었으니 말이다. 이에 반해 영업달인들은 고객의 정보를 수집하고 관리하기 위해 지속적으로 노력한다.

그렇다면 다양한 업종에서 뛰고 있는 영업달인들이 고객의 정보를 수집하고 관리하는 현황에 대해 한 번 알아보자.

고객의 정보를 관리하는 것이야 말로 영업달인의 자산!

LG전자의 방문판매왕인 김명진 씨는 2천여 명에 달하는 고객 정보를 15권의 노트에 빽빽하게 적어서 관리하고 있다. 2005년 혼자서 21억 원이라는 실적을 올린 LG전자의 방문판매왕 하훈용 씨 역시 마찬가지다.

하 씨의 성공비결은 평소 만난 고객들의 명단과 제품 구입일, 교환 시기 등을 일일이 기록해 놓은 그만의 영업노트에 있다. 2005년 한 해 동안 만든 리스트만 총 5백여 명, 노트로 5권 분량이다. LG전자에서 1999년부터 주부 영업사원으로 근무하기 시작하면서 작성한 노트를 합치면 20권이 넘는다.

대한생명 장순애 팀장의 고객에 대한 정보 관리는 좀 특별하다. 그녀는 고객의 수가 300여 명쯤 됐을 때까지는 고객들의 주민등록번호와 계좌번호를 다 외웠다고 한다. 생일 및 가족관계는 기본이고 이름만 들으면 숫자 25개까지 줄줄이 말이다. 가히 인간 컴퓨터라고 불릴만한 수준이다. 현재는 너무 많이 관리하면 그녀의 두뇌가 과부하를 일으키기 때문에 250명 정도까지만 관리하고 있다고 한다.

고객의 호감을 얻기 위해 와이셔츠 바람으로 대형차 밑에 드러누워 고객과 대화를 나눈다는 현대자동차의 영업달인 채수형 씨! 그의 고객에 대한 정보 수집과 관리도 생존을 하기 위해 나온 것이었다. 보통 그를 통해 계약한 차 중에서 30~40대는 항상 출고를 기다리는 상태라고 한다. 보통 한두 달에서 몇 개월까지까지 기다려야 차를 인도받을 수 있는 것이다. 그러면 어떤 고객은 기다리지 못하고 불쑥 전화를 해서 다짜고짜 "채수형 씨! 난데, 내 차 언제 나오노?"라고 묻는다고 한다.

아마 당신도 이런 경우가 있었을 것이다. 고객이 전화를 해서 자신의 신분도 밝히지 않은 채 다짜고짜 용건부터 말하는 경우를 말이다. 이런 일은 특히 화가 났거나 불만이 많은 고객에게서 많이 일어난다. 사정이 급한 고객일수록 더욱 그렇다. 그렇다면 이럴 때 현명하게 대처하는 방법은 무엇일까?

채수형 씨는 고객의 목소리를 재빨리 알아듣기 위해 그 특징을 꼼꼼히 메모했다고 한다. 그리고 채수형 씨도 5백 명까지는 이런 방법이 통했지만, 5백 명이 넘고부터는 아예 고객 DB를 만들어 관리한다고 한다. 채수형 씨의 두뇌 컴퓨터도 고객 수가 5백 명이 넘자 그 용량을 초과한 것이다.

고객 DNA 정보의 달인인 대우자판의 최현석 이사!

최 이사는 1979년 대우자판의 전신인 새한자동차에 입사해 2004년까지 총 3,322대를 팔았다. 이 기록은 당시까지 국내 자동차업계의 현직 영업맨 중 최다 판매기록이다. 최 이사가 이렇게 괄목할 만한 성과를 냈던 데는 여러 가지 노하우가 있다.

그중에서 가장 특별한 것은 매일 밤 잠들기 전에 고객의 특성을 기록하는 것. 그는 그들의 애로사항도 따로 정리했다. 그리고 기존고객이 다른 회사 차량으로 바꿨더라도 지속적으로 정리했다. "한 번 고객은 영원한 고객"이라는 것이 그의 영업철학이기 때문이다.

대부분의 영업인들은 고객 정보라고 하면 이름, 주민등록번호, 전화번호, 직업, 가족관계, 생일, 결혼 기념일 등을 떠올린다. 인구통계학적 정보 또는 프로필 정보라고 말하는 것들이다. 그러나 고객의 마음을 열기 위해서는 고객의 특성이나 성향, 애로사항 등을 파악하는 것이 중요하다.

그런 면에서 볼 때, 대우자판의 영업인들이 왜 최 이사를 자동차 판매의 신화로 꼽는지 알 수 있다. 단지 누적판매 대수가 최고라는 것만이 아니었다. 고객의 특성이나 성향, 애로사항 등과 같은 정보를 가장 많이 알고 있는 고객 DNA 정보의 달인이기 때문이었다.

현재 최 이사가 확보하고 있는 가망고객 DB는 1만 명이다. 최 이사는 그것을 2만 명까지 늘릴 예정이라고 한다. 그리고 2010년까지 누계 5천 대 판매를 목표로 설정했다고 한다. 아마도 그 이전에 이 목표를 틀림없이 달성했지 않았을까?

IT업계에서도 고객 DNA를 활용해 성과를 올린 영업달인이 있다. HP에서 여성으로 130억 원의 세일즈 신화를 쓴 한영시스템즈 한영수 대표가 그 주인공이다. 그녀가 16년 동안 IT업계에서 영업달인으로 불리는 비결은 고객의 체질을 파악해 맞춤식 점심식사를 제공하는 '파워 런치'에 있었다.

맞춤 점심으로 고객을 사로잡은 IT업계의 영업달인 한영수 대표!

"예를 들면, 폐가 솧지 않은 고객은 안색이 하얗고, 윤기가 없으며, 따지기를 좋아하고, 비평가적인 성향이 강하다. 매운 낙지나 얼큰한 탕을 먹자고 하면 아주 좋아한다. 위가 좋지 않은 고객은 안색이 약간 노랗거나 하야면서 윤기가 없다. 시도 때도 없이 트림을 많이 하면 위에 염증이 있다는 뜻인데, 사실 위 세포는 3일이면 재생이 되기 때문에 약을 먹을 필요도 없이 그냥 며칠 굶으면 낳는다고 말해준다. 맛있는 죽집으로 모시고 위에 좋은 약제를 선물하면 고객은 그 자리에서 쓰러진다. 신장이 좋지 않은 고객은 대개 머리숱이 없고, 머리카락에 힘이 없으며, 두려움이 많다. 참고로 신장이 튼튼하면 성욕이 강하다. 이런 고객에게는 저염, 저담배, 저칼륨의 음식을 권해야 한다."

최근 몇 년 사이에 영업인들 사이에서 고객 정보를 관리하는 데 있어 노트북이나 PDA, 스마트폰 등과 같이 디지털 기기를 활용하는 비율이 폭발적으로 늘고 있다. 게다가 태블릿 PC로 상품 정보를 보여주고 재고 파악에서 실시간 주문, 입금에 이르기까지 현장에서 한 번에 바로 처리하는 스마트 영업 시스템도 그 활용도가 높아졌다. 물론 이러한 디지털 기기를 활용하는 것은 대단히 효과적이다.

하지만 그렇다고 해서 모든 고객들에게 디지털 기기를 활용하는 것이 좋은 것만은 아니다. 연령대가 높은 고객들에게는 아날로그식 접근이 오히려 더 효과적이다. 마찬가지로 고객의 정보를 관리하는 데 있어서도 가장 중요한 것은 고객의 니즈, 선호, 성향 등을 지속적으로 파악하고 입력하는 행동 그 자체다. 그게 노트이든 노트북이나 PDA, 태블릿 PC든 말이다.

고객 DNA란?

'고객 정보'라고 하면 사람들은 대부분 이름, 주소, 전화번호, 직업, 가족관계 등과 같은 인구통계학적 정보를 떠올린다. 물론 그러한 정보 외에도 구매 상품, 금액, 구매 횟수와 빈도, 미수금 등을 나타내는 판매 또는 재무와 관련된 정보까지 생각하는 이들도 있다. 또한 은행, 백화점 등 대기업들도 대부분 CRM을 도입해 고객 DB를 인구통계학적 정보와 판매 재무적 정보를 위주로 구축하고 있다.

그러나 고객의 마음을 잡는 데 결정적인 역할을 하는 것은 고객의 니즈, 선호, 성향 등과 관련된 정보다. 인구통계학적인 정보나 판매와 관련된 정보만으로는 한계가 있다. 고객의 마음을 열고 설득하기에는 그것만으로는 절대 부족하다. 그래서 필자는 고객 DNA 정보를 강조한다. 단순한 고객 정보가 아니라 고객의 DNA 정보 말이다.

그렇다면 고객 DNA 또는 고객 DNA 정보란 무엇을 의미할까? 생물학에서 DNA는 신체의 신진대사를 조직화하고 촉진시킨다. 따라서 고객 DNA는 적절한 상황과 적절한 시기에 고객 설득에 필요한 촉진제 역할을 할 수 있는 고객 정보를 말한다. 그렇다면 자동차 고객을 통해 DNA 정보란 무엇인지 한 번 알아보자..

가령, A라는 가망고객이 현재 보유한 차종은 무엇이고, 구입한 지 얼마가 지났고, 최초로 신차를 구입한 시기는 언제이고, 그때 구입한 차종은 무엇이었는지가 고객 DNA 정보에 해당한다. 그리고 자동차 재구매 주기는 몇 년인지, 예상되는 신차로의 교체 시기는 언제인지, 어떤 차종이나 브랜드를 구입할 생각인지, 또 좋아하는 색상은 무엇인지 등 상품과 직접 관련된 니즈나 선호도도 이에 해당한다.

또한 A라는 가망고객의 취미는 무엇이고, 주량은 어느 정도이고, 소주 몇 잔 정도를 마시면 가장 기분 좋은 상태가 되는지, 어느 정도 마시면 필름이 끊기는지, 술버릇은 어떤지, 대화할 때 어떤 주제와 단어가 나오면 좋아하는지, 옷 입는 스타일은 어떤지, 의사결정 스타일은 어떤지, 개인적인 고민은 무엇인지 등 고객을 기분 좋게 만들어 설득하는 데 유리한 고지를 차지하기 위한 고객의 특성과 성향도 이에 해당한다고 할 수 있다.

왜 고객 DNA 정보까지 파악해야 하나?

2003년 국내 프로야구에서 한 해에 홈런을 56개나 날려 아시아 신기록을 경신해 '국민타자'라는 닉네임을 얻은 이승엽 선수! 그는 2003년에 미국 메이저리그 진출을 시도했다. 그러나 이것이 여의치 않자 2004년 시즌에 일본 프로야구 롯데 마린스에 입단했다.

그렇다면 그 당시 다수의 국민이 일본에 진출하는 이승엽 선수에게 기대했던 것은 무엇이었을까? 당연히 왕정치가 기록한 한 시즌 홈런 56개를 일본에서도 경신하는 것이었다. 이와 같은 국민의 기대를 안고 일본 프로야구에 뛰어든 그는 첫 해에 기대 이하의 성적을 거뒀다. 그리고 그 부진을 두고 일본 프로야구에 적응을 못했기 때문이라느니, 일본 투수와 한국 투수의 수준 차이라느니 다양한 분석들이 쏟아져 나왔다.

그런데 이때 필자는 재미있는 생각을 했다. '이승엽 선수가 타임머신을 타고 1980년대 초반의 국내 프로야구에 데뷔한다면 어떨까?'라고 말이다. 그것도 현재의 타격 기술과 파워를 그대로 가지고서 말이다. 그러면 1년에 과연 몇 개의 홈런을 칠 수 있었을까? 60개를 넘어서 70~80개까지도 거뜬히 칠 수 있었으리라. 그때와 지금은 분명한 수준 차이를 가지기 때문이다.

이는 영업에 있어서도 마찬가지다. 세계 최고의 세일즈맨이라고 불리는 조 지라드는 자동차 세일즈 입문 초기에 당시의 세일즈 관행을 깨뜨렸기 때문에 성공할 수 있었다. 그것도 남들이 시도하지 않은, 즉 고객을 찾아다니고 전단지를 만들어 돌리고 DM으로 발송하는 새로운 고객 발굴과 접근을 시도했기에 가능했던 것이다.

하지만 지금 이 방식으로 영업을 한다면 어떨까? 조 지라드와 같이 12년 동안 1만 3천 대의 자동차를 팔기는 커녕 1년에 100대도 팔기 어려울 것이다. 자동차 영업인들 치고 이 정도 활동을 하지 않는 이가 거의 없기 때문이다. 이처럼 영업을 위한 경쟁은 갈수록 치열해지고 있다. 게다가 다른 사람들보다 더 많은 고객 정보를 얻기 위한 방법도 지속적으로 향상되고 있다.

어떤 영업인들은 노트에 고객의 정보를 수집하고 관리한다. 반면 어떤 영업인들은 노트북이나 PC에 관리하기도 하며, 어떤 영업인들은 PDA나 태블릿 PC를 사용하기도 한다. 하지만 정작 중요한 것은 그러한 수단이 아니라 콘텐츠다. 아직까지도 그들이 수집하고 관리하는 대부분의 정보는 여전히 고객 프로필 정보나 판매와 관련된 정보다.

이제 마음속으로 타임머신을 타고 2030년으로 한 번 날아가 보자. 아마 그 시대의 영업인들은 지금보다 훨씬 발달된 정보통신 기기를 가지고 고객 DNA를 수집하고 관리하여 영업에 활용할 것이다. 필자가 가상으로 생각해본 다음의 사례에서처럼 말이다.

미래의 영업인 공삼공 씨가 단말기에서 '홍길동' 고객을 치면!

현재 보유하고 있는 차종은 OOO, 구입한 지 3년 경과. 최초로 신차를 구입한 시기는 2025년. 그때 구입한 차종은 AA사의 ○○모델. 자동차 재구매 주기는 3.5년. 예상되는 신차의 교체 시기는 2032년 1월. 구매를 원하는 차종 BB사의 ○○○. 좋아하는 색상은 진주색. 그러므로 BB사로 이탈하는 것을 방지하기 위한 노력이 필요함.

취미는 테니스. 주량은 소주 한 병, 맥주 세 병 정도. 좋아하는 술은 소주와 와인. 소주 10잔 정도 마시면 가장 기분 좋은 상태가 됨. 소주 두 병 정도 마시면 필름이 끊길 정도가 됨. 술 마시면 말이 많아짐. 대화할 때 테니스 경기나 테니스 스타에 관한 이야기가 나오면 좋아함.

공삼공 씨의 디지털 기기에서는 아마 이 정도의 고객 DNA 정보가 뜰 것이다. 그러면 공삼공 씨는 홍길동 고객의 니즈에 맞는 자동차 후보를 선정해 자동차 구매 제안서와 각종 자료를 자동차 교체 약 6개월 전이나 1년 전부터 보낼 것이다. 물론 이메일로 보낼 수도 있고 직접 방문할 수도 있다. 이를 통해 그는 완전히 1 : 1 족집게 마케팅을 펼치고 있을 것이다.

고객의 주소조차 제대로 파악하기 어려웠던 시기에는 아무도 DM을 발송하지 않았기 때문에 DM만 발송해도 성과가 있었다. 이 시기에는 DM 발송 그 자체가 결정적 신무기 구실을 할 수 있었다. 하지만 지금의 영업방법을 가지고 20년 후의 경쟁자들과 경쟁한다고 한번 생각해보라. 아마 게임도 안 될 것이다.

현재 대부분의 영업인들은 고객의 인구통계학적 정보나 판매와 관련된 정보를 기반으로 고객에게 DM이나 이메일을 보내고 상담과 설득, 제안, 협상을 하고 있는 상황이다. 그러나 이제는 고객의 니즈, 선호, 성향 등의 고객 DNA 정보를 파악해 매일매일 업데이트 해야 한다.

이것은 미래에 최고 홈런 타자가 가지게 될 타격 기술이나 파워를 바로 지금 겸비한 것과 같다. 만약 미래에 57개의 홈런을 칠 수 있는 기술과 파워를 겸비하고 있다면, 그는 지금 당장 홈런을 57개가 아니라 80개, 100개도 칠 수 있을 것이다.

이처럼 당신이 고객 DNA정보를 수집하고 관리하게 되면, 조 지라드가 12년 동안 판매했던 기록도 당신은 가볍게 뛰어넘을 수 있다. 이처럼 경쟁자를 이기는 방법은 남들이 갖지 않은 신무기를 가지는 것에서부터 시작된다. 바로 이러한 고객 DNA 정보가 당신을 영업 달인으로 만드는 결정적 신무기가 될 수 있음을 반드시 명심하기 바란다.

고객 DNA 정보로 무엇을 파악해야 하나?

고객 DNA 정보는 다음과 같은 세 가지 형태로 구분하여 파악하고 관리할 수 있다.

가. 인구 통계학적 정보
- **고객 프로필 정보** : 이름, 주소(우편, 이메일), 전화번호(집, 사무실, 휴대전화, 팩스), 직장명, 부서명, 직위(최종 승진일), 출신학교, 기념일(생일, 결혼 기념일, 창립 기념일), 기타
- **관계 정보** : 가족관계(배우자·자녀 프로필 정보 : 고객 프로필 정보와 동일), 친한 친구, 가입 동호회(동호회 멤버와 주요 프로필), 고객

소개 정보(소개해준 고객수와 주요 프로필), 기타 관계 정보

나. 고객 가치 정보

- 고객 분류 등급 : 자신의 고객 분류 기준(5등급으로 분류시 : S, A, B, C, D)
- 계약 정보 : 구(가)입 상품명·시기, 구(가)입 빈도와 횟수, 금액, 고객 평생 가치(LTV : Life Time Value), 고객 지갑 점유율, 매출 채권 관련
- 구매력 정보 : 소득 수준과 소득의 원천, 소득 변화 추이, 재산 상태, 기타

다. 고객 니즈, 성향 정보

- 고객 니즈 정보 : 상품에 대한 니즈(선호하는 브랜드나 상품, 디자인, 색상 등을 좀 더 구체적으로)
- 고객 선호, 성향 정보 : 취미, 특기(수준, 취미생활을 즐기는 방법, 가입 동호회), 기호(술, 담배, 음식, 의상), 성격, 커뮤니케이션 스타일, 의사결정 스타일, 문화 예술적 소양

고객 DNA를 어떻게 파악하고 관리할 것인가

파악해야 할 고객 DNA 정보가 너무 많고 복잡하다고 생각하는 사람도 있을 것이다. 처음에는 이름과 전화번호 정도밖에 모르는 경우도 있을 것이다. 한 사람의 고객을 자신의 고객으로 만들기 위해

서는 여러 차례 만나는 것이 필요하다. 어떤 경우에는 2~3회의 접근으로 끝날 수도 있고 어떤 경우에는 수십 회의 접근이 필요할 수도 있다. 또 어떤 경우에는 10년 동안 접근하고 나서야 비로소 자신의 고객이 되기도 한다.

어찌 되었든 당신은 가망고객을 만날 때마다 고객 DNA 정보를 수집해야 한다. 또 연구와 조사를 통해서 이를 지속적으로 수집하고 업데이트를 해야 한다. 물론 이러한 노력은 기존고객에 대해서도 똑같이 적용해야 할 것이다.

위에서 소개한 내용에 대해 영업인 개개인이 관리하기에는 너무 방대하고 어려워서 본사 CRM 부서에서나 할 일이라고 생각하는 사람도 있을 것이다. 그러나 CRM 부서에서 고객의 DNA 정보를 수집하고 관리하는 데는 한계가 있다. 고객과 수시로 접촉하는 영업인들이 입력하지 않으면 파악이 불가능한 정보들이 많기 때문이다.

실제로 CRM 부서의 실무자들은 고객과 접점에 있는 사람들이 고객의 니즈나 선호도에 관한 정보 등을 입력하지 않는다고 하소연을 하곤 한다. 그에 반해 영업인들은 고객의 관계 정보나 니즈, 성향에 관한 정보를 파악하기 어렵다고 호소한다.

그렇다면 어떻게 해야 이런 문제를 해결할 수 있을까? 영국의 브리티시 항공에서는 VIP 고객들이 선호하는 정보관리 시스템을 구축하여 이런 문제를 극복했다. 다음은 브리티시 항공의 사례다.

∽ 브리티시 항공의 VIP 고객 선호 정보 추적 시스템!

전 세계적으로 저가 항공사가 유행처럼 번지고 있다. 미국에는 사우스웨스트 항공, 제트블루, 아메리카 웨스트 등 저가 항공사들이 이미 정규 항공사들을 크게 위협하고 있다. 1991년에 미국 항공시장의 4%를 점유했던 저가 항공사들이 2003년에는 25%까지 점유율을 높이더니 2006년에는 40%선까지 점유율을 높였다.

유럽에서도 이지젯, 라이언 항공 등 저가 항공사들이 평균 67% 정도 싼 요금을 무기로 정규 항공사가 가진 시장을 빠르게 잠식해가고 있다. 몇 년 전에는 싱가포르 항공이 방콕~싱가포르 노선에 14.72달러라는 파격적인 요금을 선보이며, 동남아에도 저가 항공사들이 시장에 속속 진입했다.

이는 우리나라도 예외가 아니다. 2005년 8월에 한성항공이, 2006년 상반기에는 제주항공, 그리고 그 뒤를 이어 진에어와 에어부산, 이스타 항공 등의 저가 항공사가 출범했다. 정규 항공사보다 30~50%가량 싼 요금을 무기로 내걸고서 말이다.

미국이나 유럽의 저가 항공사들은 이처럼 낮은 가격을 무기로 시장에 진입하여 성공한 모델들이다. 우리나라 저가 항공사들도 1천억 원이 넘는 매출을 달성한 곳이 나오는 등 시장 진입에 성공한 것으로 평가받고 있다. 그래서 브리티시 항공은 유럽에서 저가 항공사가 빠르게 시장을 잠식하자 다음과 같은 두 가지 대응 전략을 실행했다.

첫 번째는 고품격 맞춤 서비스와 마일리지 제도를 통해 고객의 이탈을 방지하는 전략, 두 번째는 라이언 항공이라는 별도의 저가 항공사를 설립해 싼 요금을 선호하는 고객의 니즈에 대응하는 전략이었다.

여기서 소개하는 브리티시 항공의 사례는 첫 번째 전략, 즉 가격에 민감하지 않은 고객의 이탈을 방지하기 위한 전략을 말한다. 브리티시 항공은 우선 VIP 고객의 이탈을 방지하기 위해 로열티(충성도)를 강화하는 방안을 생각했다. 그 방안으로 나온 것은 VIP 고객이 요청하기 전에 미리 알아서 그들이 원하는 서비스를 제공하는 것이었다.

이는 고품격 맞춤 서비스를 제공하자는 것으로, 감동을 받은 고객이 로열티가 높아지면 이탈하지 않을 것이라는 판단에서 나온 것이었다. 맞춤 서비스의 내용은 항공권 예약부터 비행기 탑승 절차, 비행 중, 기착지 도착 후 숙박이나 교통편 등으로 VIP 고객에게 출장이나 여행 관련 모든 서비스를 맞춤 형태로 제공하는 것 등을 포함하고 있었다.

그런데 브리티시 항공이 이와 같은 고품격 맞춤 서비스를 제공하기 위해 해결해야 할 중요한 문제는 정작 따로 있었다. VIP 고객의 선호나 성향 등을 어떻게 파악할 것인가가 바로 그것이었다. 그래서 브리티시 항공은 회사 내에 'VIP 고객 선호 정보 추적 시스템'이라는 CRM 시스템을 구축했다.

그리고 그들은 이 시스템을 비행기 주방의 PC에도 설치했다. 승무원들에게 VIP 고객의 니즈, 선호, 성향 등을 파악하여 입력하도록 하기 위해서였다. 고객의 니즈, 선호, 성향 등의 정보는 고객과 접촉하는 승무원들이 매일 입력하고 업데이트하지 않으면 활용이 불가능했기 때문이었다.

예를 들면, Q라는 VIP 고객을 제대로 파악하기 위해서는 어떤 좌석을 선호하는지, 비행 중에 PC를 사용하는지, 신문이나 잡지는 어떤 종류를 구독하는지, 기내식의 종류 및 고기는 어느 정도 익히는 걸 좋아하는지, 좋아하는 음료는 어떤 것인지, 식사 후 어떤 와인을 마시는지 등의 정보가 필요하다. 이런 정보를 승무원들이 파악해 기내 주방의 PC에 틈틈이 입력하도록 했다.

그런데 시스템이 완성되고 나서 한 번은 이런 일이 발생하게 되었다. 기착지에 도착한 후에 한 고객이 "이번 비행기 탑승 중에 목이 말랐는데, 물을 마시지 못해서 불편했다"라고 승무원에게 말을 한 것이다. 그러자 그 얘기를 들은 승무원이 "고객님, 저희 승무원을 불러 물 한 컵 갖다 달라고 요청하시지 그랬습니까?"라고 되물었다. 그 말에 이 고객은 "물을 달라고 하려고 승무원을 바라보니, 피곤한 모습으로 쉬고 있더라. 그래서 부르지 못했다. 어쨌든 물을 마시지 못해서 좀 불편했다"라고 말했다.

그러자 승무원이 다시 "고객님, 다음에 저희 브리티시 항공기를 탑승하시면, 고객님의 좌석 앞에 1.5리터짜리 생수 두 병을 놔 드리면 괜찮겠습니까?"라고 물었다. 그 물음에 그 고객은 "아, 그렇게 해주면 고맙지요. 원래 나는 평소에도 물을 많이 마시는 편이라"라고 말하면서 트랩을 내려갔다.

그리고 6개월 정도의 시간이 경과한 후, 이 고객은 다시 브리티시 항공으로 여행을 하게 되었다. 이 고객은 6개월 전에 승무원과 나눈 대화 내용을 새까맣게 잊은 채 비행기에 탑승했다.

그런데 자신의 좌석 앞에 생수 두 병이 준비되어 있는 것이 아닌가. 그는 깜짝 놀랐다. 자기도 잊고 있었던 일을 기억해 챙겨주리라고는 꿈에도 생각하지 못했던 것이다. 그리고 이것에 너무 감동을 받은 이 고객은 사람들을 만날 때마다 브리티시 항공의 대단한 서비스에 대해 언급을 했다고 한다. 브리티시 항공의 열렬한 팬이 된 것이다.

이제 상품과 서비스를 파는 영업인이든 고객 관리나 고객 서비스 부서의 직원이든 브리티시 항공처럼 해야만 한다. 고객의 인구통계학적 정보는 물론 니즈, 성향과 관련된 정보를 파악하고 관리해야만 하는 것이다.

그리고 고객이 말을 하기 전에 미리 알아서 고객의 마음을 읽고 서비스를 제공해야 한다. 그래야만 이 치열한 시장에서 경쟁자와 경쟁사를 이길 수 있다. 그 단초를 제공하는 것은 고객의 니즈, 성향과 같은 고객 DNA 정보라는 것은 두말할 나위가 없다.

그런데 어떤 사람들은 고객 DNA 정보를 어떤 방법으로 수집하고 관리해야 할 것인지를 고민한다. 하지만 정작 가장 중요한 것은 그 정보의 양보다 질이다. 여기서 수집이나 관리하는 방법은 사실 그리 중요치 않다.

가령, 대한생명의 장순애 팀장처럼 머리가 좋은 사람이라면 자신의 두뇌 컴퓨터에 입력하면 된다. 물론 몇 권의 노트나 회사에서 연초에 주는 다이어리에 기록을 해도 좋을 것이다. 사실 반드시 컴퓨터나 PDA, 태블릿 PC에 입력해서 관리할 필요는 없다. 여기서 정작 가장 중요한 것은 고객 DNA 정보의 질과 업데이트 여부일 뿐이다.

2001년까지 3,015대를 팔아 판매명장의 자리에 오른 현대자동차 강동지점 조교식 부장에게 재산목록 1호를 꼽으라면, 그는 고객의 명단이 적혀 있는 2백 페이지 분량의 장부 4권을 꼽는다. 그 장부는 그가 1982년에 현대자동차에 입사해 지금까지 계속 작성을 한 것이라고 한다. 그는 이 장부에 계약에 관한 사항과 고객의 인적 프로필 외에도 고객의 특성 등을 기록했다고 한다.

이처럼 당신도 고객 DNA 정보의 내용과 질이 우선이 되어야 한다. 기록하고 관리하는 도구는 그 다음의 문제다. 다만 매일 또는 수시로 입력을 하고 업데이트를 해야 하는 속성을 고려한다면, 노트북이나 PDA, 스마트폰, 태블릿 PC와 같은 정보통신 기기를 활용하는 것이 좀 더 효과적일 것이다.

___ 영업 본부나 전사 단위에서 고객 DNA 정보를 파악하고 관리하는 방법

영업인들은 자신의 고객 DNA를 파악하고 관리하는 데 크게 어려움을 느끼지 않는다. 다만 수집한 고객 DNA 정보를 지속적으로 업데이트 하는 것이 문제가 될 뿐이다. 하지만 지점이나 영업 본부, CRM 부서 등에서는 고객 정보의 파악과 관리에 많은 어려움을 느낀다. 고객과의 접점에 있는 사람들, 가령 영업인들이나 서비스를 제공하는 사람들이 고객과 접촉하면서 획득했던 정보를 잘 입력하지 않기 때문이다.

물론 브리티시 항공과 같이 고객 DNA 정보를 잘 활용하는 국내 기업들도 있을 것이다. 하지만 고객 DNA 정보를 관리하고 활용하는 데 있어 국내 기업들은 아직도 미흡한 점이 많은 편이다. 하물며 고객 서비스 수준이 높다고 자부하는 특급호텔이나 놀이공원, 백화점 등도 이에 관해서는 마찬가지다.

아직까지도 대부분의 기업들이 자사의 모든 고객들에게 표준화된 서비스를 제공하는 수준에 머무르고 있다. 또한 고객과 접점에 있는 영업팀이나 서비스팀 직원들의 개별적 능력에 의존하는 경우가 아직도 많은 편이다.

가령, 백화점의 경우에는 VIP 고객들에게 서비스를 제공하기 위한 전용공간으로 'MVG 라운지'나 '자스민 룸'과 같은 곳을 마련해 운영하고 있다. 하지만 고객 서비스 수준은 다른 분야의 기업들과 크게 다르지 않다.

그나마 좀 나은 곳이 있다면 은행을 들 수 있다. 은행은 담당 PB가 특정 고객을 오랜 기간 동안 자주 만나는 데다 영업 담당자별로 고객 DNA 정보를 많이 알고 있는 까닭에 어느 정도의 맞춤 마케팅을 제공하기도 한다.

그렇다면 보험사나 증권사, 자동차나 가전, 화장품, 정수기 등을 판매하는 회사들은 어떨까? 이런 기업에서도 영업인들은 고객의

DNA 정보를 잘 입력하지 않는다. 그렇다면 영업인들은 도대체 왜 고객의 DNA 정보를 잘 입력하지 않는 것일까?

첫 번째 이유는 그 행위 자체가 귀찮기 때문이다. 고객 DNA 정보를 입력하기 위해서는 영업자들이 추가적으로 시간과 정성을 더 들여야 함에도 불구하고 이를 입력한다고 해도 입력하지 않은 사람에 비해 돌아오는 혜택이 많지 않다. 따라서 그들 입장에서는 귀찮은 일에 시간과 노력을 낭비하고 싶지 않은 것이다.

두 번째 이유는 고객에 대한 자신의 오너십 약화를 두려워하기 때문이다. 영업인들은 대개가 회사의 고객 DNA 정보 시스템에 고객의 모든 정보를 입력하고 나면 자기는 깡통을 차는 것이라고 생각하는 것이다.

이런 생각 때문에 그들은 회사의 고객 관리 프로그램에는 고객의 프로필 정도만 입력하고 알짜배기 정보는 자신의 머릿속이나 노트 또는 컴퓨터 등에 따로 관리를 한다. 이런 정보들을 그들은 자신의 보물 제1호라고 생각하는 것이다.

그렇다면 과연 어떻게 해야 영업인들이 이렇게 꼭꼭 숨겨놓았던 고객 DNA 정보를 끄집어내서 고객 관리 프로그램에 입력하도록 할 수 있을까? 그리고 어떻게 하면 브리티시 항공의 사례처럼 양질의 고객 DNA 정보를 수집해서 활용할 수 있을까? 거기에는 다음과 같은 네 가지 방법이 있다.

첫 번째는 CEO와 경영자의 강력한 의지가 필요하다. CEO와 경영자가 고객 DNA 정보를 수집하고 관리하겠다는 의지를 우선 대내적으로 임직원들에게 표명하고 이에 대한 목표를 부여해 매일매일 점검을 하면 된다.

사실 고객의 DNA 정보가 제대로 수집되고 관리되지 않는 것은 CEO와 경영자의 마인드 부족 때문인 경우가 많다. 그리고 이는 CEO나 경영자가 고객 DNA 정보를 단지 CRM 부서나 영업 본부장이 알아서 해야 할 일 정도로 생각하는 데서 비롯된다.

두 번째는 당근과 채찍이라는 전략이 필요하다. 양질의 고객 DNA 정보를 많이 입력한 종업원에게 포상이나 인사고과 시 가산점을 부여하고 성과급 산정 시 반영하는 것과 같은 당근을 주어야 한다. 반면에 입력을 하지 않는 종업원들에게는 인사상 또는 연봉책정 등에서 불이익을 주어야 한다.

세 번째는 고객 DNA 정보를 관리할 수 있는 시스템을 구축해야 한다. 모든 임직원이 매일 수시로 획득한 고객 DNA 정보를 언제, 어디서나 쉽게 입력할 수 있도록 말이다. 그러한 접근성과 편리성을 제공해야만 임직원들이 고객 DNA 정보를 입력하는 것이 귀찮다는 생각을 버리게 되기 때문이다.

네 번째는 정기적으로 '고객 DNA 정보 경진대회'와 같은 캠페인을 전개하는 것이다. 이것은 임직원들끼리 서로 벤치마킹을 하고 부서끼리 선의의 경쟁을 유도하는 효과가 있다. 단, 이때 주의할 것은 어떠한 경우라도 고객의 정보가 유출되어서는 절대 안 된다는 것이다.

따라서 이를 위해서는 수시로 모든 임직원들에게 보안교육을 실시하고 고객 DNA 정보의 속성을 분류하여 그 가치별로 접근에 제한을 두며, 고객 정보의 유출을 막기 위한 시스템도 구축해야 한다. 아울러 어떤 직원이 언제, 어디서, 어떤 고객의 무슨 정보를 열람하고 프린트했는지, CD나 USB 같은 곳에 복사했는지 등도 추적해야 한다.

__ 자신의 고객 DNA 정보 수준 진단

자, 그럼 이제 당신의 고객 중 1위 고객의 DNA 정보에 대해서 기록을 한 번 해보자. 우선 고객 프로필을 작성하기 전에 눈을 감고 잠시 동안 고객의 모습을 머릿속에 떠올려 보기 바란다.

그리고 눈을 뜨고 이제 본격적으로 고객 프로필을 작성하여 보기 바란다.

지금까지 우리는 주로 인구통계학적 정보를 중심으로 고객의 프로필을 작성했었다. 그러나 이것은 단지 기본적인 정보에 지나지 않는다는 것을 당신은 알았을 것이다.

그렇다면 고객에 대해 당신이 알아야 할 것은 과연 무엇일까? 여기서 정작 중요한 것은 고객이 가지고 있는 가치 정보다. 이 점에 유의하여 고객 프로필을 작성해보기 바란다.

다음 페이지에 나올 시트는 고객 프로필을 작성할 때 입력해야 할 정보들이다. 이것들은 당신이 고객에 대해 얼마나 알고 있는지, 그리고 당신이 고객에 대해 무엇을 알아야 하는지 알려줄 것이다.

가. 인구 통계적학 정보

A. 고객 프로필 정보

1. 고객 이름
2. 고객 주소(집, 직장)
3. 고객 이메일 주소
4. 생년월일
5. 직장명
6. 현재 부서 및 직위(최종 승진일)
7. 출신학교(초, 중, 고, 대학, 대학원):
8. 기념일(생일, 결혼 기념일, 창립 기념일)
9. 신체조건(키, 몸무게, 시력, 기타):
10. 건강상태(특별한 지병, 수술이나 입원)

B. 관계 정보

11. 가족의 인적 사항
    - 배우자(이름, 생년월일, 직업 및 직장 · 부서 · 직위, 생일, 출신학교)
    - 자녀 1(이름, 생년월일, 직업 및 직장 · 부서 · 직위, 생일, 출신학교)
    - 자녀 2(이름, 생년월일, 직업 및 직장 · 부서 · 직위, 생일, 출신학교)
    - 부친(이름, 생년월일, 직업 및 직장 · 부서 · 직위, 생일, 출신학교)
    - 모친(이름, 생년월일, 직업 및 직장 · 부서 · 직위, 생일, 출신학교)

12. 친구 등 인맥 정보
    - 친구 1(이름, 생년월일, 직업 및 직장 · 부서 · 직위, 출신학교, 계약정보)
    - 친구 2(이름, 생년월일, 직업 및 직장 · 부서 · 직위, 출신학교, 계약정보)
    - 친구 3(이름, 생년월일, 직업 및 직장 · 부서 · 직위, 출신학교, 계약정보)

13. 가입 동호회
    - 동호회 1(동호회 명, 가입 회원 수 및 회원 정보, 계약정보)
    - 동호회 2(동호회 명, 가입 회원 수 및 회원 정보, 계약정보)

14. 고객 소개 정보
    - 소개 고객1(이름, 생년월일, 직업 및 직장 · 부서 · 직위, 출신학교, 계약정보):

- 소개 고객2(이름, 생년월일, 직업 및 직장 · 부서 · 직위, 출신학교, 계약정보) :
- 소개 고객3(이름, 생년월일, 직업 및 직장 · 부서 · 직위, 출신학교, 계약정보) :

나. 고객 가치 정보
A. 고객 등급 분류
15. 고객 등급   (○○○년 ○○월 ○○일 기준)

B. 계약 정보
16. 구매(계약) 상품(상품명, 구매 시기, 구매 금액)
17. 구매 이력(구매 주기 · 금액, 지갑 점유율)
18. 구매력 정보(연소득, 소득 원천, 재산 현황, 소득 변화 추이, 고객 평생 가치)

다. 고객 니즈, 성향 정보
A. 고객 니즈 정보
19. 상품에 대한 니즈(선호하는 브랜드나 상품, 디자인, 색상 등을 구체적으로 기술)
20. 가격에 대한 니즈
B. 고객 선호, 성향 정보
21. 취미 및 특기
22. 기호
23. 성격
24. 칭찬꺼리
25. 커뮤니케이션 스타일
26. 의사결정 스타일
27. 문화 · 예술적 소양
28. 기타 성향

당신은 1등 고객에 대하여 얼마나 알고 있는가? 모든 정보란에 대해 다 기재했는가? 그리고 기재한 정보의 질은 어떤가?

자신의 1등 고객에 대해 '내가 이 정도밖에 모르고 있구나!'라고 생각하는 사람이 있는가 하면, 그 반대의 경우도 있을 수 있다. 그 다음엔 당신의 두 번째, 세 번째 고객에 대해서도 1등 고객처럼 적어 보라.

당신의 경쟁자들도 다 알고 있는 인구통계학적 프로필 정보나 판매 및 계약과 관련된 정보만 알아서는 그들보다 앞설 수 없다. 그러므로 남들이 가질 수 없는 고객 DNA 정보를 얻기 위해 노력해야 한다. 당신이 영업달인으로 가는 데 최고의 선물이 될 것이기 때문이다.

02__
고객의 마음속에 있는 간절함까지 충족시켜라

가망고객의 구체적 니즈와 성향 등을 파악했다면, 이제 그 다음 단계로 고객의 가치를 충족시킬 수 있는 제안과 프레젠테이션이 뒤따라야 한다.

__ 가치 제안

콩나물이나 두부를 사면서 몇백 원을 깎으려고 하는 여성 고객도 몇 십만 원에서 몇 백만 원하는 명품 핸드백이나 시계는 한 푼도 깎지 않고 기꺼이 지불한다. 이런 현상은 왜 일어나는 것일까? 그 이유는 이 여성 고객이 콩나물과 명품에 부여하는 가치가 각기 다르기 때문이다.

이처럼 고객을 유치하기 위해서는 고객이 인식하는 가치를 충족시키는 것이 필요하다. 그것도 지금까지와 전혀 다른 새로운 가치, 즉 자사의 상품과 서비스가 경쟁사 또는 자사의 기존 상품이나 서비스와 비교해 무엇이 어떻게 다르고 어떤 편익을 줄 수 있는지 증명해야 하는 것이다.

고객은 상품이나 서비스의 속성, 자신이 얻게 될 편익, 브랜드 프로파일, 접촉할 때마다 얻는 경험 등을 통해 가치를 인식한다. 따라서 가치 제안이란 이와 같이 고객이 인식하는 각각의 가치를 충족시켜 설득하는 마케팅 활동을 의미한다.

이는 영업에 있어서도 마찬가지다. "왜 내가 당신에게 상품이나 서비스를 구입해야 하는가?"라고 고객이 당신에게 물었을 때, "저에게 구입하면 이런 장점과 편익을 제공받을 수 있기 때문입니다"라고 명확히 가치 제안을 할 수 있어야 한다.

가치 제안의 사례

앞서 소개한 삼성생명 예영숙 전무의 고객은 대구지역의 의사나 교수, 기업체 대표 등과 같은 VIP들이다. 이들과 대화 수준을 맞추기 위해 예 전무는 하루도 빠짐없이 신문을 두 개 이상 읽는다. 또한 틈나는 대로 금융과 경제, 문학에 관한 책도 읽는다. VIP 고객들과 대화를 하기 위해서다.

예 전무의 영업 노하우는 무엇보다도 목표관리와 실천력에 있다. 최근에는 '콘셉트 마케팅'에 주력하고 있다고 한다. 그렇다면 예 전무는 가치 제안에 대해서 어떻게 말하고 있는지 한 번 보도록자. 다음은 그녀의 말이다.

"고객은 모두 다르다. 따라서 고객 개개인마다 추구하는 가치도 모두 다르다. 최고의 영업달인은 고객이 뭘 생각하는지 제대로 읽어야 한다. 그리고 그에 걸맞게 제안서를 만들 줄 알아야 한다. 그래서 나는 고객이 가장 중요하게 생각하는 가치에 콘셉트를 맞춘 제안서를 만들기 위해 노력한다. 그리고 그 콘셉트에 맞는 프레젠테이션으로 고객을 설득한다."

3만여 명이 넘는 삼성생명의 영업인들 중 10년 연속으로 1위를 차지할 수 있었던 그녀만의 블루오션 영업의 비결이 이 말 속에 숨어 있다.

가치를 제안하는 방법

그렇다면 가치를 제안하는 방법에는 어떤 것이 있을까? 일반적으로 마케팅에서는 다음과 같이 세 가지를 말한다. 첫 번째는 상품 서비스 채널의 차별화이고, 두 번째는 브랜드 경험의 창조이며, 세 번째는 스토리텔링이다.

그러나 영업을 할 때, 가치를 제안하는 방법은 마케팅과는 다르다. 세일즈를 할 때는 다음의 네 가지로 접근해야 한다.

1. 고객의 서로 다른 가치를 충족할 상품을 제안한다.
2. 상품의 특성과 편익을 제시한다.
3. 반응 유형에 따라 새로운 가치를 제안한다.

4. 자신의 이미지를 확실하게 전달한다.

　이중에서 서로 다른 고객의 가치를 충족할 상품을 제안하는 것이 제일 중요하다. 고객마다 추구하는 가치가 다르다고 예영숙 전무도 말하지 않았는가. 따라서 고객별 맞춤 제안서가 필요하다. 그렇다면 맞춤 제안서를 만들기 위해 가장 중요한 것은 무엇일까? 앞서 설명했듯이 고객의 개별적인 니즈, 선호, 성향 등을 알고 있어야 한다.
　아울러 고객의 공통 니즈를 아는 것도 중요하다. 고객의 니즈를 경쟁자들보다 많이 알면, 영업이라는 전쟁에서 승리할 수 있다고 영업달인들은 말한다. 고객 개개인의 서로 다른 가치를 가장 완벽하게 충족시킬 수 있기 때문이다. 맞춤 제안서를 작성하는, 즉 맞춤 세일즈 방법은 다음 장의 '고객 니즈별로 맞춤 세일즈하라'에서 상세히 설명하겠다.
　가치 제안의 두 번째는 상품의 특성과 편익을 알기 쉽게 제시하는 것, 즉 가망고객에게 자신의 상품에는 어떤 특성이 있고 얻게 될 편익이 무엇인지를 증명하는 것이다. 아래 그림은 상품의 특성과 편

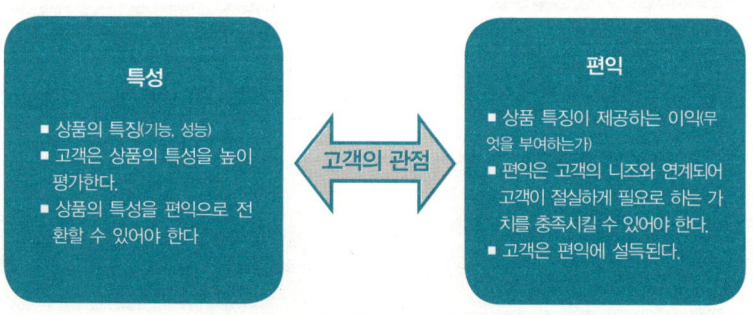

- 상품이 어떤 특성과 편익을 제공하는지 그 가치를 고객에게 제안한다.
- 상품의 편익이 고객의 니즈와 가치를 충족시킬 때, 설득은완료된다.

익이 어떻게 고객의 가치를 충족시키는지 나타낸 것이다.

세 번째는 제안한 내용에 대해 고객의 반응 유형별로 새로운 가치를 제안하는 방법이다. 고객에게 가치를 제안하는 과정에서 흔히 고객들은 다음과 같은 반응을 보인다.

1. 부담감
2. 지금 형편이 안됨
3. 다른 영업 담당자가 있다. 이미 다른 회사와 거래 중이다.
4. 무관심(별로 관심이 없다. 해당이 안 된다)

이와 같은 네 가지 반응 외에도 "예전에 좋지 않은 경험을 했다"와 같은 다른 반응들도 있을 것이다. 그러나 특이한 경우를 제외하고 고객은 영업인의 제안을 받으면 대체로 이와 같은 반응을 보인다. 이때 효과적으로 대응하는 것이 매우 중요한데, 그 이유는 고객의 반응 유형별로 새로운 가치를 제안해야 하기 때문이다.

이와 같이 새로운 가치를 제안하는 방법을 ADV 프로세스라 한다. 이와 같은 ADV 프로세스는 어떤 반응을 보이더라도 먼저 고객을 인정(Acknowledge)하고, 그 다음으로 반응에 따른 문제점을 약

화(Defuse)시켜 고객을 재설득할 수 있는 새로운 가치를 제안(Value Proposition)하는 방법을 말한다. 이러한 ADV 프로세스에 따라 대응할 수 있는 간략한 예문을 소개하면 다음과 같다.

● **인정하는 방법의 예**
- (삼촌, 형님, 선배님, 부장님, 원장님)의 입장을 충분히 이해합니다.
- (이런 불황에도 형님의 사업이 아주 잘된다니) 역시 형님은 사업의 귀재시군요.
- (선배님의 자산 포트폴리오를 듣고 보니) 역시 선배님은 재테크의 달인이십니다.
- (부장님의 미래에 대한 준비를 들으니) 역시 부장님의 가족사랑은 참으로 대단하십니다.
- 저라도 그렇게 했을 것입니다. 이해합니다.
- 훌륭합니다. 역시 대단하십니다.

● **문제점을 약화시키는 예**
- 제가 만나뵙기를 청했을 때, 크게 반길 것으로 기대하지는 않습니다. 하지만 저는 원장님과 같은 분들에게 저금리 시대에 도움이 될 수 있는 투자방법을 소개하려고 합니다.(그렇지만 저는 부장님 같은 분들에게 품질과 가격, 서비스 면에서 도움이 될 수 있는 솔루션을 소개하려고 합니다)
- 사장님 같은 위치에 계신 분이라면(이미 상담을 해주는 다른 전문가가 있으리라. 현 상황에 만족하시리라. 현재 같은 상황이 혼란스럽고 걱정되시리라) 생각했습니다.

- 부장님이 근무하시는 회사처럼 최고의 경쟁력을 보유한 기업에서도(협력업체의 품질 수준이 한 단계 업그레이드되었으면 하는) 바람을 가지고 계시는군요.
- 사장님처럼 성공한(현명한, 한 발 앞서가는, 매우 바쁘신, 현재의 거래처에 별다른 문제가 없는) 분(기업)들은 대부분 같은 반응을 보이시더군요.

● 새로운 가치를 제안하는 방법의 예

- 선배님은 현재 어떤 방식으로 자산을 운영하고 계십니까? 투자하시는 목적은 무엇입니까?
- 주식은 위험하고 부동산은 상투 같은데 이 같은 저금리, 불확실성의 시대에 형님의 포트폴리오는 안전한가요? 원금도 보장되고 예금 금리보다 더 높은 수익이 보장되는 상품을 추천해 드리겠습니다.
- 원장님의 품격에 어울리는 자동차보험이 필요합니다.
- 부장님 회사의 품질 및 서비스 수준을 글로벌 경쟁에서 살아남을 수 있는 수준으로 높여야 합니다.
- 사장님, 건강식품은 역시 믿을 수 있는 회사의 제품이라야 합니다.

이상으로 가치 제안의 한 방법으로 ADV 프로세스에 대해 소개했다. 그런데 영업인이 고객을 설득할 때 가장 잘 안되는 프로세스가 첫 번째 단계인 인정이다. 고객이 뭐라고 말하면 대부분 "그렇지 않습니다. 약간 오해가 있으시군요. 저희 상품이 바로 고객님께서 찾으시는 그 상품입니다"라고 바로 문제점을 약화시키려 한다.

　인간은 누구나 자신의 말을 인정하고 경청하고 칭찬하는 사람에게 호감을 갖는다. 이제부터 고객이 무슨 말을 하든 일단 인정하고 칭찬하는 습관을 가지길 바란다. 그런 다음 이와 같은 고객의 네 가지 반응은 물론 또 다른 반응에 대해서도 대응 매뉴얼을 만들어 연습하라. 반응 유형에 따라 반복적으로 연습을 많이 하는 사람만이 더 많은 고객을 유치할 수 있을 것이다.

프레젠테이션

　가치 제안을 한 다음의 고객 설득 과정은 프레젠테이션이다. 프레젠테이션이라고 하면 사람들은 광고회사나 컨설팅, IT기업 등과 같이 형식을 갖춘 프레젠테이션만을 떠올린다.

　그러나 자동차든 화장품이든 어떤 상품을 고객에게 설득하기 위한 간략한 설명조차도 프레젠테이션이라 할 수 있다. 작게는 몇 만 원에서 몇 백억 원까지의 운명을 결정하는 것이 프레젠테이션이다. 이처럼 중요한 의사결정이 단 몇 분이나 30분 이내의 프레젠테이션에 의해 결정된다.

　그런데 프레젠테이션을 통해 고객을 설득한다는 것은 결코 쉬운 일이 아니다. 그 때문에 며칠 밤을 새워 경쟁사를 능가하는 제안서와 자료를 준비하는 것이다. 하지만 이런 준비도 물론 중요하겠지만, 문제의 본질을 더 잘 꿰뚫어 고객의 정곡을 찌르는 프리젠터의 역량과 스킬도 매우 중요하다. 고객이 툭툭 던지는 질문에 답변도 못하고 얼굴을 붉히면 거의 100% 계약에 실패하기 쉽다.

그렇다면 어떻게 해야 프레젠테이션에서 성공할 수 있을까? 다음과 같은 6가지 성공법칙이 있다.

─ 프레젠테이션의 6가지 성공법칙

첫째, 프레젠테이션을 위한 제안서는 읽기 쉽고 간략하게 만든다. 프레젠테이션에 참가해보면 상당한 분량의 제안서를 그대로 읽는 경우를 볼 수 있다. 이는 자살행위나 다름없다. 프레젠테이션에 참석하는 바쁜 고객에게 장황한 내용을 설명하는 건 무리다. 아무리 설득력이 뛰어난 프레젠터라도 이는 마찬가지다. 따라서 프레젠테이션을 위해 핵심적인 제안서를 미리 만들어야 한다. 그리고 간결한 문장으로, 애매한 단어나 표현은 사용하지 말아야 한다.

둘째, 프레젠테이션에 참가한 모든 사람에게 최고의 시간이 되도록 해야 한다. 프레젠테이션에 참가한 사람들은 대부분 바쁜 사람들이다. 그들의 귀중한 시간을 무익하거나 지루하다고 느끼게 해서는 안 된다. 아울러 듣는 사람의 상황이나 수준에 맞추어 프레젠테이션을 어떻게 시작할지도 생각해야 한다. 그리고 알기 쉽게 설명해야 한다. 그래야 상대방도 귀를 기울일 것이다.

셋째, 고객과 같은 언어로 말하도록 해야 한다. 각각의 회사나 영업인마다 전문적인 용어에서 영어의 약어까지 사용하는 언어가 다른 때가 많다. 따라서 고객의 니즈 파악을 위한 상담 과정에서 최대한 고객의 언어를 수집해야 한다. 프레젠테이션을 할 때, 프레젠터가 고객과 같은 언어를 사용하면 무의식적으로 동료애와 공감대를 형성할 수 있기 때문이다. 고객과 같은 언어를 사용하는 것은 프레젠테이션을 할 때뿐 아니라 협상 과정이나 고객이 된 후 관계를 강화하는 데 있어도 효과적이다.

넷째, 성공을 부르는 프레젠테이션은 연습이 최선이다. 이 세상에 타고난 프레젠터는 없다. 오직 철저한 연습만이 결과를 말해줄 뿐이다. 프레젠테이션을 할 시나리오를 작성하여 상사, 선후배, 동료들과 역할을 나누어 연습하는 것도 좋다. 아울러 다양한 질문에 대비하여 직접 체험한 자료나 정보, 학습한 내용 등 풍부한 자료를 정리해두는 것도 필요하다.

그리고 예상이 가능한 질문을 최대한 많이 만들어 연습을 해야 한다. 연습에 참가한 사람들에게 시나리오에 없는 돌발적인 질문을 부탁해서 연습을 하게 되면 실제 프레젠테이션에서 나올 수 있는 돌발 상황에 대해 대응력을 키울 수 있다.

다섯째, 구체적인 사례와 실제적인 경험을 제시하라. 우리나라의 경우에는 프레젠테이션을 하는 회사가 경험이나 실적이 얼마나 있는지에 대해 매우 민감하다. 제안서를 볼 때 실적란만 보고 서류 평가를 하는 회사들도 많다.

그렇다면 고객이 실제로 해본 경험이 있느냐고 질문을 하면 어떻게 대답해야 할까? 경험이 있으면 그 경험을 설명하면 된다. 반면, 경험이 없는 경우에는 같은 업종의 우량한 외국 기업의 사례나 대표적인 성공사례를 들어 설득하면 효과적이다. 예를 들면, 삼성전자나 LG전자는 GE나 델 컴퓨터의 사례를, 국내 은행들은 시티은행의 사례를 들면 대부분 고개를 끄덕인다.

여섯째, 확실한 데이터로 고객을 설득하라. 고객을 설득하는 데는 정확한 수치가 최상의 방법이다. 그렇기 때문에 수치를 제시할 때는 신뢰할만한 리서치 기관의 통계를 근거로 제시해야 한다. 그리고 확실하지 않은 데이터는 오히려 넣지 않는 게 낫다.

또 데이터를 제시할 때에는 수치만을 제시하지 말고 그 수치가 의미하는 바를 제시하면 효과적이다. 고객 입장에서는 눈으로 보면 금방 알 수 있는 데이터를 읽고 있으면 지루할 수도 있다. 그 데이터 속에 숨어 있는 진주를 발견하게 하는 것이 프레젠터의 능력이다.

03__
고객을 기분 좋게 만드는 협상의 달인이 돼라

어떤 형태든 프레젠테이션을 마치고 나면 고객과 협상을 하게 된다. 굳이 프레젠테이션의 다음 단계가 아니더라도 상품과 서비스를 판매하는 사람들은 매일매일 고객과 협상을 한다. 고객과 만날 날짜와 시간, 장소를 결정하는 것에서 제안서를 언제까지 보낼 것인지, DM을 사무실로 보내달라고 하는 것까지도 협상이다. 또한 계약의 내용이나 가격을 결정하는 것과 같이 고객과 커뮤니케이션하는 거의 모든 과정이 협상이라고 할 수 있다.

그런데 영업인들은 협상을 할 때 그때그때 적절히 대응하면 된다고 생각한다. 물론 그 동안의 경험이나 상황에 대한 대응 능력만으로도 협상이 잘 해결될 수도 있을 것이다. 그러나 진정한 영업달인이 되려면 세일즈 협상에서도 달인이 되어야 한다. 몇 십억 원에서 몇 백억 원짜리 프로젝트를 수주할 때나 심지어 몇 천 원에서 몇 만 원에 해당하는 상품을 파는 경우에도 이는 마찬가지다.

세일즈 협상의 달인이 되기 위한 7가지 법칙

세일즈 협상의 달인이 되려면 우위를 차지하는 것이 무엇보다도 중요하다. 그렇다면 세일즈 협상에서 우위를 점하는 방법에는 어떤 것이 있을까? 다음과 같은 7가지 법칙이 있다.

첫째, 최초의 제안은 크게 하라. '상대를 빚진 상태로 만들어라'에서 강조했듯이 인간은 상대방에게 무언가 받으면 심리적으로 부담감을 갖게 된다. 사람의 성향에 따라 많이 받고 적게 받고의 차이만 있을 뿐이다. 세일즈 협상에서 최초의 요구도 이와 마찬가지다. 가격을 높게 부르면 고객은 속으로 터무니없이 비싸다고 생각할지 모르지만, 심리적으로는 그 가격을 의식하게 된다. 그래서 영업인이 최초로 제안한 가격을 터무니없다고 생각하면서도 깎지 못하는 상황이 발생하게 된다.

둘째, 상대의 정보는 최대한 많이 파악하고 자신의 정보는 최대한 감춰라. "아는 것이 힘이다", "지피지기면 백전백승"은 교과서와 같은 말들이다. 그러나 말은 쉽지만, 실행은 쉽지 않다. 그렇다면 이러한 상황을 만드는 방법에는 어떤 것이 있을까?

당신이 말을 하는 것보다 고객이 하는 말을 듣는 게 좋다. 가격 협상에서 고객이 먼저 가격을 말하도록 하는 것이 종종 효과적인 경우가 있다. 당신도 자신이 제안하려는 가격보다 오히려 고객이 더 높은 가격을 제시했던 경우가 한두 번쯤은 있었을 것이다.

그리고 단순히 듣는 것이 아니라 경청해야 한다. 때로는 침묵하는 것도 좋다. 고객보다 말을 많이 하는 사람은 자신의 정보를 고객에게 더 많이 줄 수밖에 없다.

셋째, 구체적인 말이나 근거로 주장을 뒷받침하라. 상품의 특성을 너무 간단하게 설명하지 마라. 고객이 얻게 될 편익에 대해 증거를 들어 설득하라. 앞서 프레젠테이션에서 언급했듯이 구체적인 데이터와 사례, 경험 등을 예로 들면서 설명하면 훨씬 효과적이다.

넷째, 고객의 데드라인을 파악하라. 계약조건을 논의하는 것만이 세일즈 협상의 전부는 아니다. 고객에게서 무언가 정보를 얻어내기 위한 활동도 협상의 일부다. 협상의 준비 단계나 초기 단계에서 고객에게 알아야 할 중요한 정보 중 한 가지가 바로 고객이 결정해야 하는 데드라인을 아는 것이다.

모든 협상에서 유리한 고지를 차지할 수 있는 원칙은 상대에 대해 많이 아는 것, 준비를 많이 하는 것, 인내하는 것이다. 고객의 데드라인을 파악하면 이 세 가지 원칙에서 우위를 차지할 수 있기 때문에 협상을 유리하게 이끌어 마무리할 수 있다.

다섯째, 고객의 협상 스타일을 파악하라. 고객마다 독특한 협상 스타일이 있다. 제안한 가격에서 무조건 20~30%를 깎으려 하거나 자신이 제시한 가격에서 단돈 1원도 더 줄 수 없다며 배수진을 치거나 실무진이 가격결정의 전권을 위임받지 못한 경우도 있다. 또는 이미 합의한 내용에 대해 최종 의사결정권자를 들먹이며 추가적인 조건을 요구하는 경우도 있다. 이처럼 세일즈 협상 파트너나 회사별 협상 스타일을 파악하여 준비하는 사람만이 원하는 결과를 얻을 수 있다.

여섯째, 협상이 깨졌을 때에도 원만하게 대응하라. 협상을 도저히 진행할 수 없는 상황이 되었다면, 어떻게 해야 할까? 이런 상황에서는 협상을 계속하는 것이 유리한지, 중단하는 것이 유리한지 판단해야 한다. 협상을 중단하는 것이 유리하다고 판단했더라도 얼굴을 붉히거나 섭섭하다고 말하지 않는 것이 좋다.

이번 계약은 저희로서는 어렵겠다는 의사를 정중하게 표현하라. 그리고 그 동안의 협상 과정에서 호의를 보여주셔서 감사드린다는 말을 잊지 마라. 아울러 이메일이나 우편으로 똑같은 메시지를 다시 한 번 전하라. 그렇게 하면 다음 번 협상을 좋은 분위기에서 시작할 수 있다.

일곱째, 고객을 기분 좋게 만들어라. 협상을 마무리하고 계약이 성사되면, 영업자는 행복감을 느낀다. 그렇다면 고객도 판매자와 마찬가지로 행복하다고 느낄까? 반드시 그렇지는 않다. 왜냐하면 고객은 협상을 마무리해 계약을 했어도 자신이 정말 필요한 것을 구입했는지, 적정한 가격이나 거래조건에 계약했는지 등에 대해 다시금 생각을 한다. 많은 협상 전문가들이 협상은 윈윈(Win-Win)해야 한다고 강조하는 이유가 여기에 있다.

협상력을 발휘하여 만족할만한 가격에 계약을 하고 납품까지 했다고 하더라도 고객이 너무 비싼 가격에 계약을 했다고 느끼면 속았다고 생각하기 쉽다. 따라서 협상이 종료된 후에도 고객이 이런 느낌을 갖지 않도록 세심하게 배려를 해야 한다. 어느 한쪽만 일방적으로 만족하는 방식이 아니라 서로 만족감을 느낄 수 있어야 하는 것이다.

__ 6가지 상황별 세일즈 협상 스킬

다음은 세일즈 협상을 하는 단계에서 흔히 나타나는 6가지 세일즈 상황과 고객의 반응 유형이다.

● **세일즈 협상의 상황**

- 급하지 않은 고객
- 명확하지 않은 고객
- 가격을 깎으려는 고객
- 의사결정권자를 동반하지 않은 고객
- 매우 까다로운 고객
- 현 상황에 만족하는 고객

● **고객 반응**

- 좀 더 생각해보겠다.
- 아직 확신이 서지 않는다.
- 좀 비싸다, 30% 깎아 달라, 이 단가에 맞춰달라.
- 의사결정권자와 상의해야 한다.
- 아직 풀리지 않는 의문점이 있다.
- 큰 불만이 없다. 현재에 만족한다.

이제부터는 6가지 상황 중 영업인이 가장 많이 접하게 되는 가격 협상의 상황에서 어떻게 대응하면 좋을지에 대해 소개한다.

세일즈 협상을 잘 마무리 하기 위해서는 사전에 협상 전략과 시나리오를 수립하는 것이 좋다. 가격 협상의 상황을 예로 협상 지나리오를 작성해보자. 협상 시나리오를 작성할 때 반드시 포함해야 할 내용은 다음과 같다.

1. 가격 협상의 상황

2. 협상 파트너의 협상 스타일

3. 나의 협상 전략

4. 협상 파트너와의 협상 전개 5단계 시나리오

  1) 칭찬

  2) 경청

  3) 인정 및 문제점 약화

  4) 제안 및 조정

  5) 마무리

먼저 가격 협상의 상황을 정의해야 한다. 예를 들면, '자신이 요구하는 단가에 무조건 맞춰라'고 요구하는 상황인지 '자신이 제안한 가격에서 단돈 1원도 더 줄 수 없다'는 상황인지 아니면 '제시한 가격조건에 대해 협상 파트너의 의중을 전혀 모른다'는 상황인지 말이다.

그 다음 단계에서는 협상 파트너의 협상 스타일을 파악해야 한다. 대개 협상 스타일은 기업에 따라 그리고 개인의 성향에 따라 다른 경우가 많다. 가격 협상의 결정권을 협상 실무자에게 100% 위임하는 회사가 있는가 하면, 담당 임원이나 CEO가 결정하는 회사도 있다. 이처럼 상대의 협상 스타일을 파악해야 적절한 협상 전략을 세울 수 있다.

세 번째 단계에서는 자신의 협상 전략을 정하는 것이다. 예를 들어 자신이 요구하는 단가에 무조건 맞추라고 요구하는 상대의 요구를 그대로 받아들일 것인지, 죽기 살기로 설득할 것인지, 아니면 다른 부가 서비스를 제공하는 것으로 유도할 것인지 등의 협상 전략을 세우고 의사결정권자의 사전 승인을 받아 협상에 임한다.

네 번째 단계에서는 협상 전개 5단계 시나리오를 작성하는 것이다. 1단계 시나리오는 상대를 어떻게 칭찬해 기분 좋게 만들 것인가 하는 것이다. 처음 만났을 때 패션 감각이 훌륭하다고 말한다든지, 승진을 진심으로 축하한다든지와 같이 협상 파트너를 기분 좋게 만들 수 있는 칭찬거리를 준비한다.

2단계 시나리오는 협상 파트너가 제안할 내용이나 할 말들을 미리 예상해 가상의 시나리오로 만드는 것을 말한다. 최선, 최악의 상황 등을 포함해 3가지 타입으로 고객이 할 말과 제안을 미리 정리한다.

3단계 시나리오는 2단계에서 작성한 시나리오별로 고객의 제안을 일단 인정하는 멋진 시나리오를 만들고, "그렇지만~"으로 시작해 자신이 제안하는 당위성을 설명하기 위한 논리적, 감성적 시나리오를 만드는 것을 말한다.

4단계 시나리오는 당신이 준비한 제안을 하는 단계다. 그리고 당신의 제안에 대해 협상 파트너가 아주 강하게 부정할 경우, 부정하지만 예상보다 강도가 세지 않을 경우, 의중을 정확하게 나타내지 않을 경우 등으로 나누어 각각의 반응 상황에 맞게 수정 제안할 시나리오를 준비한다.

5단계 시나리오는 가격 협상이 어떻게 마무리되더라도 협상 파트너를 기분 좋게 만들어야 하고 관계를 강화할 수 있는 제안을 준비해야 한다. 다음 주말에 골프를 치러 가자든지, 뮤지컬 티켓 두 장을 건네면서 사모님과 함께 다녀오시라든지 하는 방식 말이다.

이와 같이 가격 협상에 대한 대응방법을 참고하여 다른 협상 상황에 대해서도 협상 시나리오를 작성해 세일즈 협상력을 강화하는 기회로 삼기를 바란다.

Sales Blue Ocean

| 7장

네 번째 전략:

최고의 **블루슈머**, **알파고객** 만들기

네 번째 전략 : 최고의 **블루슈머, 알파고객** 만들기

성장하는 업종이나 시장에서 상품과 서비스를 파는 사람들의 관심사는 오직 신규고객을 확보하는 것이었다. 신규고객을 많이 확보하는 것만이 판매를 늘리고 수익을 높일 수 있는 최선의 방법이라고 여겼던 데다 기존고객이 이탈하더라도 더 많은 신규고객을 유치할 수 있었기 때문이다.

그러나 성장이 정체되고 경쟁이 치열해지면서 신규고객을 확보하는 것이 쉽지 않게 되었다. 게다가 시간, 비용, 노력을 예전보다 더 많이 투입해도 신규고객 확보는 점점 더 어려워졌다. 이런 상황이 되자, 비로소 일반적인 영업인들은 기존고객들에게 눈을 돌리게 되었다.

하지만 그에 반해 영업달인들은 시장의 상황과 관계없이 신규고객 확보보다 기존고객을 충성고객으로 만들기 위해 더 노력했다. 충성고객이야말로 자신들의 가장 중요한 보물창고라는 것을 잘 알고 있었기 때문이다.

충성고객! 단골고객이라면 몰라도 좀 생소하게 들릴지도 모른다. 고객을 황제처럼 모셔야 한다는데, 회사나 영업인에게 충성한다는 고객은 왠지 어감이 좋지 않다고 말하는 사람들도 있다.

최근 많은 기업들이 고객만족, 고객감동을 넘어 고객이 졸도할 정도로 서비스 수준을 높여야 한다고 강조한다. 이처럼 고객을 황제처럼 모셔야 한다는데, 오히려 고객을 충성스럽게 만들자고 하니 그 개념은 받아들이기 쉽지 않을 수 있다. 하지만 실제로 영업달인들 대부분이 충성고객을 만들기 위해 노력하고 있다.

초기에 남들보다 좋은 성과를 올리다가 성과가 부진한 영업인으로 전락하는 것을 볼 수 있다. 그렇다면 그들이 그렇게 된 이유는 무엇 때문일까? 대부분이 충성고객 만들기에 실패했기 때문이다. 반면, 영업달인들은 고객을 충성고객으로 만드는 데 있어 탁월한 역량을 발휘한다. 어떤 영업인은 신규고객의 거의 100%를 이런 충성고객에게서 소개를 받는다.

ING생명보험의 김인부 FC의 충성고객 만들기!

ING생명보험 굿모닝지점의 김인부 FC는 입사한 지 5년 만인 2005년에 판매왕에 올랐다. 그는 고객에게 재산을 증식시키는 다양한 방법을 컨설팅하고 있다. 그는 어떤 경우라도 자산관리와 관련된 상담을 꺼리지 않는다. 고객의 법률, 세무, 부동산 관련 문제뿐 아니라 어떤 문제에 대해서도 고객에게 '아니오'라고 답한 적이 없다.

그렇다면 자신이 잘 모르는 분야에 대해 고객이 상담을 하는 경우에는 어떻게 할까? 당신도 이런 일을 경험해본 적이 있을 것이다. 당신은 이럴 때 어떻게 대응했는가? 그는 관련 분야의 전문가들에게 철저하게 알아본 후 고객에게 만족스러운 대답을 했다. 어떤 경우라도 '예'라고 답변했던 것이다.

그리고 김 FC의 이런 자산관리 상담 노하우와 무엇이든 'OK'라고 하는 자세는 입소문을 타고 고객에게 전파되었다. 그가 바로 또 한 명의 스토리셀러가 된 것이다. 그 결과, 그는 새로운 고객을 100% 소개로 만난다. 김 FC의 이러한 충성고객 만들기가 바로 그를 판매왕의 자리로 끌어올린 핵심 비결이었다.

대부분의 영업 고수들조차 기존고객에게서 신규고객을 유치하는 비율은 60~80%에 불과하다. 그렇게 볼 때 김 FC의 100%는 놀라운 수준이다. 이는 김 FC의 고객 대부분이 그에게 충성하는 고객이라는 것을 보여준다. 충성도가 높지 않으면 고객을 소개해줄 마음이 내키지 않는 것이 인간의 보편적인 심리이기 때문이다.

충성고객을 넘어 알파고객을 잡아라!

"모든 고객은 항상 떠날 준비를 한다."

이것은 삼성생명에서 10년 연속 판매왕에 오른 예영숙 전무의 고객을 바라보는 시각이다. 그렇다. 고객은 언제든지 미련 없이 떠날 수 있다. 따라서 그들을 떠나보내지 않기 위해, 즉 충성고객으로 만들기 위해서 노력을 해야 한다.

고객은 더 나은 상품과 브랜드, 더 나은 전문가, 더 나은 매장을 찾아 언제든지 떠날 준비를 한다. 그리고 더 낮은 가격과 더 유리한 거래조건, 더 신뢰할 수 있는 영업인을 찾아 미련 없이 떠난다. 그래서 고객을 더 좋은 꿀과 향기를 찾아 자유롭게 날아가는 나비와 같다고 말하는 것이다.

당신의 고객은 어떤가? 꿀과 향기를 찾아 자유롭게 날아다니는 나비와 정녕 다른가? 그렇다면 정말 다행이다. 그러나 거의 모든 고객은 나비와 같다. 그렇기 때문에 이런 나비와 같은 고객을 충성고객으로 만들어야 한다. 충성고객으로 만들면 고객은 이제 더 달콤하고 향기로운 꽃을 찾아 떠나지 않기 때문이다.

그렇다면 충성고객이란 과연 무엇일까? 마케팅에서 말하는 충성고객이란 '특정 회사의 상품이나 브랜드, 서비스 등을 반복적으로 재구매하거나 이탈하지 않고 지속적으로 이용하는 고객'을 의미한다. 그리고 이를 영업에 빗대어 정의하면, '자신의 상품(가게)이나 서비스 등을 반복적으로 재구매하거나 이탈하지 않고 지속적으로 이용하는 고객'이라고 할 수 있다.

그러나 충성고객 중에도 다음과 같은 문제를 안고 있는 고객들이 있다. 이탈하지 않고 특정 회사의 상품이나 특정 영업인으로부터 반복적으로 재구매를 하고 지속적으로 거래를 하는 이유가 다름이 아닌 낮은 가격, 파격적인 포인트, 인센티브 프로그램, 더 유리한 거래조건, 이용의 편리함 등인 고객들 말이다. 이처럼 어떤 조건에 충성하는 고객은 열정적 지지를 보내는 충성고객과는 다르다.

따라서 이런 조건과 관계없이 어떤 특정 영업인에게 열정적 지지를 보내는 팬과 같은 고객이 진정한 의미의 충성고객, 즉 블루슈머라 할 수 있다. 이런 고객을 필자는 '알파고객'이라고 한다. 알파고객이란 '주변 사람을 이미 추천했거나 적극적으로 추천할 의향을 가진 고객'이라고 할 수 있다.

다음에 소개하는 국내 ○○은행 대치동지점 P차장의 사례는 알파고객이란 어떤 고객인지 잘 보여주는 사례라 할 수 있다.

✍ 대를 이어 고객을 관리하게 된 OO은행 대치동지점 P차장!

P차장의 고객 중 VIP 고객이 한 명 있었다. 2001년 당시 70대 후반이던 이 고객은 수백억 원대의 부동산과 금융자산을 보유한 전형적인 자수성가형 부자였다. 어느 날 이 고객이 노환으로 운명을 했다. P차장은 이 고객에게 마지막 서비스가 될 장례절차 등을 그 고객의 자녀들과 준비하면서 깜짝 놀랄 이야기를 듣게 되었다. 그 고객이 자신의 자녀들에게 재산을 물려주면서 다음과 같은 유언을 남겼기 때문이었다.

"앞으로 너희들에게 물려준 재산에 대한 관리는 부동산이든 주식이든 채권이든 OO은행 대치동지점의 P차장에게 모두 맡겨라. 내가 10여 년 넘게 거래를 해봤는데, 정말 믿음이 가고 실력 있는 사람이다."

이 고객의 자녀들은 이렇게 부친의 유언을 거론하며 앞으로 자신들의 자산관리도 맡아달라고 부탁했다. P차장은 그 고객의 유언을 전해 듣고 은행생활 18년여 만에 가장 큰 보람을 느꼈다.고 한다 '고객이 나를 얼마나 신뢰했으면 죽으면서 자기 자식들에게까지 유언으로 남겼을까?' 라는 생각이 들었기 때문이다.

이 사례는 충성도가 높아지면 고객이 자신의 평생 동안은 물론이거니와 대를 이어 충성하는 알파고객이 된다는것을 보여준다. 아마 이 책을 읽고 있는 독자 중에는 '나도 그 정도로 충성하는 알파고객은 있는데'라는 사람이 있을 것이다.

하지만 정작 중요한 것은 이 사례와 같이 대를 이어 고객이 될 수 있는 알파고객이 얼마나 많은가 하는 것이다. 어떤 영업인이라도 적게는 한두 명에서 많게는 십수 명의 알파고객이 있을 수 있다. 고객의 수가 수십, 수백을 넘어 수천 명에 이르면 자신과 코드가 맞는 사람을 어떻게든 만날 수 있기 때문이다. 이렇게 영업인이라면 자신의 고객 중 평균 5~10% 정도는 알파고객일 수 있다.

그러나 중요한 점은 자신의 경쟁자들보다 훨씬 더 많은 알파고객을 만들어야 한다는 것이다. 그리고 더 나아가 자신의 모든 고객을 알파고객으로 만들어야 한다는 것이다. 그런 의미에서 당신의 알파고객은 몇 명이나 되고, 전체 고객 중에서는 몇 %나 되는지 생각을 해보기 바란다.

왜 알파고객을 만들어야 하는가?

이 세상에 살아 있는 모든 생물은 환경의 변화에 적응하기 위해 진화를 한다. 진화하지 않으면 멸종위기를 맞을 수밖에 없다. 그런데 고객도 진화한다. 다음과 같이 말이다.

일반 대중 → 잠재, 가망고객 → 고객 →
　　　　　단골고객 → 평생고객 → 충성고객 → 알파고객

자연 생태계에서는 어떤 종(種)이 환경의 변화에 맞춰 진화를 하지 못하면 도태되게 마련이다. 고객이라는 생태계에서도 가망고객을 고객으로, 고객을 충성고객이나 알파고객으로 진화시키지 못하는 영업인은 도태될 수밖에 없다. 이 세상에 있는 수많은 종류의 생명체가 도태되지 않기 위해서, 더 우수한 종을 번식하기 위해서 노력을 하듯 영업인들도 시장에서 퇴출당하지 않기 위해서 고객을 알파고객으로 진화시켜야 한다.

알파고객을 만들어야 하는 또 다른 이유는 더 많이 팔고 더 높은 수익을 올리기 위해서다. 매출과 수익을 높이기 위한 불변의 법칙 두 가지는 신규고객을 확보하고, 기존고객을 유지하고 성장시키는 것이다. 신규고객을 확보하기 위해 가망고객을 발굴하고, 접근하며, 설득하는 방법에 대해서는 이미 앞에서 소개를 했다.

그렇다면 기존고객을 유지하고 성장시키는 데 있어 가장 좋은 방법은 무엇일까? 그 방법은 무엇보다도 알파고객을 만드는 것이 최선이다.

국내의 많은 기업들은 1993년부터 고객만족경영을 도입했다. 그리고 20여 년 가까이 고객만족, 고객감동 심지어는 고객이 졸도할 정도로 최고의 상품과 서비스를 제공하고자 노력해왔다. 아울러 이를 실행하기 위해 목표를 세우고 비전 선포식이나 고객 헌장 등을 만들어 열심히 실천하고 텔레비전이나 신문 등을 통해 홍보도 해왔다. 물론 이처럼 지난 20여 년 동안 고객만족경영을 도입해 어느 정도 성과를 거둔 것은 사실이다.

그럼에도 불구하고 소비자보호원에 접수되는 소비자 상담 건수는 매년 지속적으로 증가하는 추세에 있다. 고객만족과 고객감동 등을 통해 고객을 만족시킨다고 이렇게 끊임없이 노력을 하는데도 고객의 불만은 줄지 않은 채 여전히 증가하고 있는 것이다.

게다가 고객들 또한 지속적으로 이탈하고 있다. 우리나라 자동차보험은 고객 이탈률이 연간 30% 수준을 유지하고 있으며, 학습지는 연간 70~80%에 달한다. 이는 미국에서도 크게 다르지 않아 5년이면 고객의 50% 가량이 평균적으로 이탈한다고 한다. 그렇다면 왜 이처럼 고객만족과 고객감동을 목표로 하는데도 고객의 불만은 증가하고 고객은 지속적으로 이탈하는 것일까?

지난 20여 년 동안 대다수 기업이나 병원, 대학, 공공기관 등에서도 고객만족경영을 도입해왔다. 그 결과 상품의 품질이나 서비스 수준이 많이 향상되었다는 것을 피부로 느낄 수 있다. 그러나 그만큼 고객의 눈높이도 높아져 더 높은 품질과 서비스를 요구하고 있다. 이제 만족하는 정도로는 기존고객의 이탈이 계속될 수밖에 없게 된 것이다.

그렇다면 충성고객으로 만들면 모든 것이 해결될까? 충성고객 중에는 가장 싼 가격이나 인센티브 등과 같이 자신에게 유리한 거래조건 때문에 거래를 유지하는 경우도 제법 있다. 그들은 경쟁사에서 더 좋은 조건을 제시하면 언제든 이탈할 수 있으며 거래를 계속하고 있지만 수익성 면에도 보면 그리 보탬이 되지 않은 고객도 많은 편이다.

따라서 그러한 고객들을 최고의 블루슈머라고 할 수 있는 알파고객, 즉 열렬한 팬으로 만들어야 한다. 알파고객을 만들면 그 고객은 불평불만을 하지 않을 뿐 아니라 경쟁사가 어떤 유리한 조건으로 유혹해도 관심을 보이지 않고 열렬한 지지를 보내게 된다. 그리고 오히려 교차구매와 추가구매에 적극적으로 동참하는 한편, 자신의 주변인에게 당신을 적극 추천하는 구전 마케팅의 전도사 역할도 하게 된다.

고객의 충성도를 높여 알파고객을 만들면 이처럼 고객이 이탈하지 않을 뿐만 아니라 고객을 더욱 불러들인다. 그렇게 되면 매출과 수익이 당연히 높아질 수밖에 없다. 따라서 알파고객은 상품과 서비스를 팔아야 하는 모든 사람들의 성공을 보장하는 수호천사인 것이다.

__ 알파고객을 만들면 정말 매출과 수익을 높아질까?

다음 그림은 미국의 컨설팅 회사인 베인&컴퍼니의 연구결과다. 이것은 알파고객이 어떻게 기업 또는 영업인에게 높은 수익을 창출하는지 그 이유를 잘 설명한다.

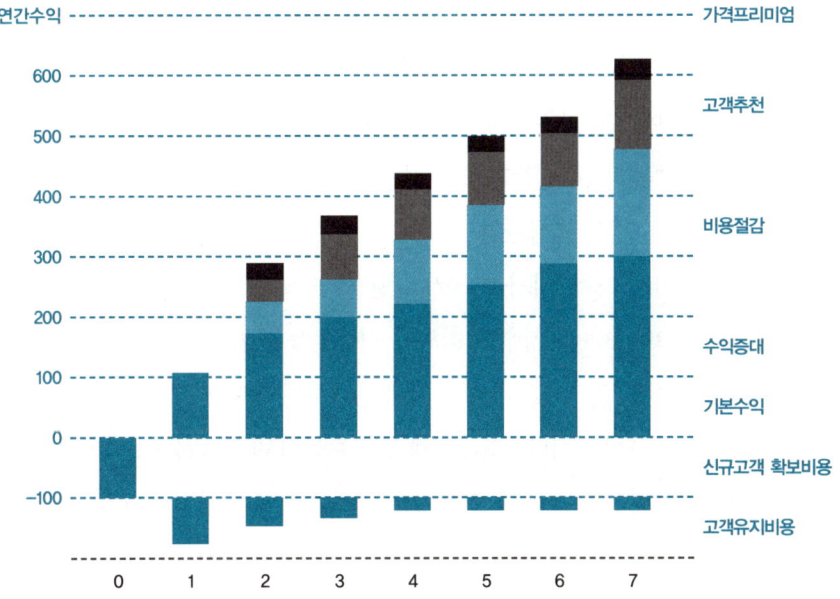

1명의 충성고객이 7년 동안 창출하는 부가가치 (자료 : 베인&컴퍼니)

그림 하단의 0에서 7까지의 숫자는 년수를 의미한다. 그리고 왼쪽의 연간 수익은 전 업종의 수익을 지수화한 수치다. 알파고객을 만들면 다음과 같은 다섯 가지 효과로 인해 수익을 높일 수 있다.

첫째, 기본수익에 관한 부분이다. 한 명의 고객을 유치하는 데는 100이라는 비용이 발생하지만, 이 고객의 충성도를 강화하면 이탈하지 않고 지속적으로 거래를 하게 된다. 그에 따라 1년차부터 7년차까지 매년 100이라는 기본수익이 발생한다.

둘째, 추가수익에 관한 부분이다. 알파고객은 특정 회사의 상품과 서비스에 대하여 추가구매를 하거나 다른 상품을 반드시 구매한다. 이러한 교차구매와 추가구매가 추가수익을 발생시킨다.

가령, 정수기를 예로 한 번 들어보자. A라는 고객은 B라는 정수기 회사의 렌탈 서비스에 가입해 있으며, 서비스 담당자의 열렬한 팬인 알파고객이라고 가정하자. 이 경우 A라는 고객은 정수기 렌탈 서비스를 해약하지 않고 장기간 유지할 것이다. 이것만으로도 만기 때까지 기본수익이 발생한다.

또한 서비스 담당자가 비데기 렌탈 서비스나 공기 청정기 등을 권유하면, 그는 B라는 정수기 회사의 제품들을 추가로 구매할 것이다. 알파고객은 교차구매와 추가구매에 반응하는 비율이 일반 고객에 비해 훨씬 높기 때문이다. 그로 인해 추가수익이 발생하게 되는 것이다.

셋째, 비용절감에 관한 부분이다. 한 마케팅 연구결과에 따르면, 신규고객 한 명을 확보하는 비용의 20% 정도만 투입하면 기존고객은 유지가 가능하다고 한다. 즉 한 명의 신규고객을 확보하기 위해 들이는 비용으로 5명의 고객을 유지하게 됨으로 비용을 절감하는 효과를 보는 것이다.

넷째, 고객의 추천에 따른 신규고객 확보로 수익이 발생한다. 최고의 성과를 올리는 뛰어난 영업달인들은 기존고객이 자발적으로 새로운 고객을 추천해 힘들이지 않고 신규고객을 확보한다. 이는 곧 신규고객을 확보하는 데 많은 노력이나 비용을 투입하지 않고도 비교적 쉽게 고객을 얻는다는 것을 의미한다. 그로 인해 신규고객 확보에 따른 기본수익과 추가수익은 물론 고객의 추천에 의한 선순환 효과를 얻을 수 있는 것이다.

실제로 모 외국계 은행의 한 임원은 자신의 보험 영업인에게 9명이나 새로운 고객을 추천했다고 한다. 이런 효과는 보험 영업인에게만 있는 것이 아니다. 자동차, 가전, 학습지, 화장품 등과 같이 개인 고객을 대상을 한 영업인들에게는 물론 기업 고객을 대상으로 하는 영업인에게도 공통적으로 나타난다.

마지막으로 알파고객은 가격에 대해 민감하게 반응하지 않는 프리미엄 충성도를 나타낸다. 0.1%만 더 높은 금리에도 미련 없이 떠나는 고객도 많지만, 알파고객은 경쟁사나 경쟁 점포에서 더 높은 금리, 더 낮은 가격으로 유혹해도 이탈을 하지 않는다. 그들은 특정 회사의 상품이나 서비스를 지속적으로 이용하고 재구매를 함으로써 그 기업에 높은 수익을 발생시킨다. 앞서 소개한 ○○은행 대치동 지점의 P차장과 거래했던 고객의 자녀들처럼 말이다.

알파고객을 만드는 5가지 방법

충성고객을 만드는 방법에는 여러 가지가 있다. 하지만 크게 보면 두 가지 방법이 있다. 하나는 어떤 조건에 충성하게 만드는 방법이다. 포인트나 마일리지제도 등의 로열티 프로그램, 장려금이나 리베이트 등의 인센티브 프로그램, 가장 싸게 파는 방법, 고객을 상품의 기획 단계에서부터 사용 후 평가 단계에 이르기까지 참여시키는 프로슈머 마케팅 등이 이에 해당된다.

다른 하나는 조건을 떠나 열정적으로 지지를 보내게 만드는 방법이다. 가장 기본적인 방법은 품질과 성능, 기능, 디자인, 내구성, 안전성, 맛 등과 같이 상품의 본질적 속성에서 탁월함을 갖추는 것이다. 예를 들어, 식당을 운영하는 사람이라면 당연히 식당에서 판매하는 음식의 맛(품질)이 가장 중요한 요인이 된다. 맛이 뛰어난 식당 중에 주인이 욕설을 잘 해도 고객들로 넘쳐나는 곳이 있는데, 그 이유가 바로 여기에 해당된다.

또한 특정 브랜드에 대한 이미지를 구축하는 것도 고객이 충성하게 만드는 방법이다. 명품 브랜드들이 대표적인 경우다. 스토리가 전파되도록 만드는 스토리텔링도 마찬가지다. 그러나 이런 방법들은 대부분 마케팅이나 CRM, 영업기획 부서 등과 같이 본사에 있는 지원 부서들의 업무 영역에 속한다.

그러므로 이 책에서는 상품이나 제품을 팔아야 하는 영업인들을 위한 알파고객 만들기 방법으로 그 범위를 축소하겠다. 그렇다면 영업인들의 알파고객 만들기에는 어떤 방법이 있을까? 다음과 같은 다섯 가지 방법이 있다.

1. 고객 니즈별로 맞춤 세일즈하라.
2. 자아실현의 가치를 충족하라.

3. 고객과 마음을 나누는 친구나 인생의 동반자가 돼라.
4. 고객의 문제를 해결하고 도움을 제공하라.
5. 고객에게 영원히 잊지 못할 특별한 경험을 제공하라.

이상의 5가지 방법별로 알파고객을 어떻게 만들 것인지 영업달인들의 사례를 곁들여 소개한다.

01__
고객 니즈별로 맞춤 세일즈를 하라

기업이나 영업인이 공통적으로 갖고 있는 고민 중의 하나가 바로 '경쟁사와 어떻게 차별화할 것인가'이다. 경쟁이 심한 기존의 시장에서 치열하게 싸우지 않고 경쟁이 없는 다른 시장에서 차별화하라는 것이 바로 블루오션 전략이다.

앞서 소개한 현대자동차의 판매왕이자 자칭 영업 대통령인 최진실 씨도 자동차 영업에 뛰어든 후 가장 많이 생각한 것이 어떻게 다른 세일즈맨들과 차별화할 것인가 하는 것이었다고 한다. 그래서 그는 한 번만 만나도 기억할 수 있는 이름, 한 번만 들어도 자신을 기억하게 할 수 있는 방법을 찾기 위해 노력했다.

그리고 "안녕하십니까? 산소같은 남자 최진실입니다"라는 인사말을 만들었다. 그 인사말에 고객의 반응은 가히 폭발적이었다고 한다. "뭐? 최진실? 산소같은 남자? 이 친구 되게 웃기네"라고 하면서 말이다.

전에는 무심코 쓰레기통에 던져버렸을 명함을 한 번 더 유심히 쳐다보고 나중에 만났을 때, "어이, 진실아!"라고 부르면서 친근하게 부르는 사람들이 많아졌다고 한다. 그 후 '산소같은 남자 최진실'은 '벤처 영업사원 최진실'과 '국가대표 영업사원 최진실' 등을 거쳐 '영업 대통령 최진실'로 정착되었다.

처음 만난 고객에게 보내는 '인연카드'도 그가 선택한 차별화의 한 가지 방법이었다. 한 번만 보아도 자신을 기억할 수 있도록 퀵 서비스 복장을 하거나 연미복이나 교복을 입은 것도 이 때문이었다. 그는 이처럼 경쟁자들과 자신을 차별화하기 위해서 끊임없이 노력했다. 만약 당신이 최진실 씨 같은 영업달인과 경쟁해서 이기려고 한다면 어떻게 해야 할까?

두 가지 방법을 생각해볼 수 있다. 하나는 최진실 씨와 같은 방법으로 자신을 차별화하는 것이다. 그러나 이 방법은 이미 최진실 씨가 먼저 사용했다. 레드오션 전략인 것이다. 두 번째 방법으로는 맞춤 세일즈를 추천하고 싶다. '맞춤(Customization)'이란 개념은 고객별로 원하는 상품과 서비스를 제공하는 것을 말한다.

산업혁명 이전에는 모든 상품의 생산과 판매가 맞춤이었다. 대량생산 시스템이 없어 주문에 따라 수작업으로 제품을 생산할 수밖에 없었기 때문이나. 그러나 산업혁명은 대량생산을 통해 만들어진 표준화된 상품을 저렴한 가격에 공급할 수 있게 만들었다.

이 때의 관심사는 어떤 상품이든 표준화시켜 대량생산을 하는 것이었다. 수요에 비해서 공급이 항상 부족했기 때문이다. 당연히 마케팅이나 세일즈 방법도 매스 마케팅 방식이었다.

그러나 제2차 세계대전이 끝나고 1970년대가 되면서 일부 국가와 상품별로 공급이 수요를 초과하기 시작했다. 그러자 고객은 왜 모든 상품이 똑같아야 하는지 의문을 품기 시작했다. 특정 상품에 대해 이런 디자인, 이런 컬러, 이런 기능이 있었으면 하는 소비자들이 생기기 시작한 것이다.

이런 고객의 변화를 감지한 기업들은 자사의 상품에 차별화 개념을 도입하기 시작했다. 그러나 차별화를 도입한 기업들도 두 가지 고민에 부딪치게 되었다.

첫 번째 고민은 시간이 지나면 경쟁자들도 재빨리 이를 모방한다는 것이었다. 최진실 씨의 경우에도 자신의 동료 중 한 명이 자신을 그대로 따라해서 짜증이 났었다고 한다. 그래도 다행히 최진실 씨는 자신의 판매와 수익에는 그다지 큰 영향을 받지 않았다고 한다. 그러나 기업들은 경우에 따라서 판매와 수익에 상당한 영향을 받기도 한다.

두 번째 고민은 어떻게 하면 경쟁자들이 쉽게 따라할 수 없게 하면서 고객의 다양한 니즈를 충족시킬 것인가 하는 것이었다. 이와 같은 고민을 해결하기 위해 등장한 개념이 바로 고객 개개인별로 원하는 상품과 서비스를 제공하는 맞춤 마케팅이다. 이것은 고객 개개인에게 맞춤화 형태를 제공해 경쟁자가 따라 하기가 힘들어 큰 차별성을 지니기 때문이다.

만일 최진실 씨를 능가하고 싶은 자동차 영업인이 있다면 최진실 씨를 능가할 그 무엇이 있어야 한다. 물론 여기에는 다양한 방법이 있을 수 있다. 기존고객을 유지하고 성장시키는 방법 중에서 최진실 씨를 능가하는 방법을 한 번 생각해보자. 필자는 맞춤 세일즈를 가장 먼저 추천하고 싶다.

맞춤 세일즈란?

맞춤이란 '고객이 원하는 형태로 상품과 서비스를 제공하는 것'을 말한다. 앞서 소개했던 도서출판 앙겔로스도 전국의 5백여 개 대형 유치원에 맞춤 유치원 소식지를 제공해 성공할 수 있었다. 그러나 맞춤이라고 하면 일반적으로 맞춤 양복, 맞춤 구두, 맞춤 청바지 같은 상품을 먼저 떠올린다.

마케팅 패러다임은 매스 마케팅, 타깃 마케팅, 니치 마케팅, 1:1 마케팅 순으로 지금까지 진화를 해왔다. 타깃 마케팅이나 니치 마케팅의 핵심은 차별화다. 반면 1:1 마케팅의 핵심 콘셉트는 맞춤화다. 마케팅 패러다임이 매스 마케팅에서 1:1 마케팅으로 진화하는 과정에서는 아직 상품의 영역에서만 맞춤화 단계로 진화하고 있다.

그러나 기업이든 개인이든 상품, 서비스, 채널, 가격 등 마케팅 4P의 모든 영역을 고객이 원하는 맞춤 형태로 제공해야 한다. 그리고 상품을 맞춤 형태로 제공하는 것을 비롯해 채널과 포장, 배송, 지불 조건, 부가 서비스 등도 맞춤해야 한다. 앞서 소개한 브리티시 항공이 VIP 고객에게 생수를 별도로 제공한 사례도 맞춤 서비스의 한 가지 방법이라고 할 수 있다.

상품과 서비스를 팔아야 하는 영업의 세계에서도 마찬가지다. 보험이나 은행 등 금융업종과 IT기업처럼 기업 고객을 대상으로 하는 업종에서는 상품의 특성상 대체로 고객 니즈별로 맞춤 세일즈를 하는 편이다.

그러나 대부분 업종의 영업인들은 상품을 판매할 때, 맞춤 세일즈를 잘 활용하지 않는다. 왜냐하면 회사로부터 표준화된 상품을 팔라고 교육을 받았기 때문이다. 그와 더불어 고객에게 맞춤형 상품을 제공하기 위해 생산, 배송 등 회사 내 관련 부서를 설득하는 것이 고객을 설득하는 것보다 더 어렵기 때문이기도 하다.

더욱이 고객에게 DM이나 이메일을 보내고 협상을 하는 등의 활동에서는 거의 전 업종에서 맞춤 마케팅, 맞춤 세일즈가 이루어지지 않고 있다. 맞춤 상품 외에도 맞춤 DM, 맞춤 이메일, 맞춤 선물, 맞춤 이벤트, 맞춤 협상 등 맞춤 세일즈가 필요한데도 알파고객을 만들 수 있는 블루오션 전략을 거의 실행하지 않고 있는 것이다.

1 : 1 고객 맞춤 세일즈 방법

기존고객을 알파고객으로 만들기 위한 맞춤 세일즈 방법에는 다섯 가지가 있다.

1. 맞춤 상품의 제안
2. 맞춤 접근 : 맞춤 DM, 맞춤 전단지, 맞춤 이메일 등
3. 맞춤 판매 촉진 : 맞춤 인센티브, 맞춤 이벤트, 맞춤 선물 등
4. 맞춤 채널
5. 맞춤 서비스

맞춤 세일즈의 첫 번째 과제는 상품을 어떻게 고객 니즈와 성향에 맞게 제공할 것인가 하는 점이다. 앞서 설명한 것처럼 보험이나 은행 등에서 파는 금융상품은 대부분 맞춤형 설계를 기본으로 한다.

기업 고객을 대상으로 완제품이나 부품을 판매하는 영업인들도 맞춤 설계, 맞춤 생산 등 맞춤 세일즈 역량이 경쟁력을 결정짓는 중요한 요인이 된다.

그러나 자동차나 가전 등 공장에서 표준화된 생산방식으로 만든 상품을 영업인들이 맞춤 상품의 형태로 고객에게 제공하는 것은 결코 쉽지 않다. 물론 일부 옵션 사양이 있어 고객이 일정학 선택할 수 있기는 하지만 말이다.

하지만 이런 상품을 판매하는 영업인들이라고 해서 맞춤 상품으로 알파고객을 만들 기회가 전혀 없는 것은 아니다. 왜냐하면 맞춤 상품을 제공하는 것이 반드시 상품의 물리적 특성만을 변화시키는 것을 의미하는 것은 아니기 때문이다. 포장이나 배송 등을 고객 니즈와 성향에 맞게 제공하는 것도 맞춤 세일즈의 한 가지 방법이다.

또 최근에는 기업들이 고객 니즈와 성향별로 맞춤형 상품을 적극 개발하고 있다. 맞춤 화장품, 맞춤 골프채, 맞춤 카드, 맞춤 아파트, 맞춤 빵과 같은 상품이 대표적인 예라 할 수 있다. 몇 년 전에 효리폰, 어머나폰, 김태희폰 등 스토리형 휴대폰 단말기가 크게 히트했던 적이 있었다.

최근에는 스마트폰 열풍이 불고 있지만, 맞춤 휴대폰 단말기가 선보인다면 더 크게 성공하지 않을까 싶다. '당신만을 위해 이 세상에서 단 하나밖에 없는 휴대폰'이나 '이 세상에서 단 두 사람만을 위한 커플폰' 혹은 자신이 직접 휴대폰 디자인이나 기능을 선택하는 맞춤 휴대폰이라면 말이다.

또한 자영업자들의 경우에는 맞춤 상품을 좀더 폭넓게 제공할 수 있다. 식당의 경우에는 맞춤 밥이나 맞춤 김치, 맞춤 찌게, 맞춤 반찬 등을 고객 니즈와 성향에 맞게 제공할 수 있을 것이다. 이처럼 맞춤 상품은 자신의 고객을 알파고객으로 만들 수 있는 맞춤 세일즈의 출발점이다.

맞춤 세일즈의 두 번째 방법은 맞춤 접근, 맞춤 커뮤니케이션을 하는 것이다. 영업인들이 고객에게 접근하는 방법은 직접 방문 또는 내점에 의한 만남, 세미나나 이벤트 등의 행사를 통한 만남, 전화 통화 혹은 고객의 웹 사이트나 블로그 등 방문, 우편 DM이나 이메일 발송 등 네 가지다.

여기서 직접 만나거나 전화를 통한 접근과 커뮤니케이션은 고객마다 맞춤 형태로 이루어질 수밖에 없다. 각기 다른 고객과 똑같은 대화를 할 수 없기 때문이다. 그러나 우편이나 이메일로 고객에게 접근할 때는 1:1 맞춤 형식을 취하지 않는다.

그렇다면 왜 그런 것일까? 대부분의 영업인들이 우편 DM이나 이메일을 보낼 때는 왜 매스 마케팅 방법을 선택하는지 분석해본 결과, 다음 세 가지 이유 때문이라는 걸 알게 되었다.

첫째는 그렇게 배웠다는 것이다. 과거에 회사의 상사 또는 선배들은 DM을 보낼 때 어떻게 보냈을까? 상품 전단지와 메시지를 똑같이 만들어 모든 고객들에게 동시에 발송했다. 여기서 강조된 것은 고객의 주소, 성명, 부서, 직위 등과 같은 고객 DB가 얼마나 정확한가 하는 점이었다. 그리고 그 다음이 어떻게 차별화된 전단지와 메시지를 만들 것인가 하는 점이었다.

둘째는 고객 수가 적게는 십수 명에서 많게는 수천 명에 이르는데, 어떻게 DM과 이메일을 고객마다 다르게 보내느냐 하는 생각이다. 고객 만나랴, 상담하랴, 제안서 작성하랴, 각종 회의 참석하랴,

신규고객 발굴하랴 하다 보면 하루가 금방 지나가 그렇게 할 시간이 부족하다는 것이다. 그러나 시간이 부족한 것이 아니라 정성이 부족하고 노하우가 부족한 것일 뿐이다.

앞서 영업달인들의 사례에서 보았듯이 퇴근 후에 매일 밤늦게까지 고객의 특성을 정리하는 영업인들이 있지 않은가? '고객의 DNA를 파악하라'에서 소개한 대우자판의 최현석 이사가 대표적이다. 또 처음 만난 고객에게 인연카드를 보내기 위해 퇴근 후 밤늦게까지 일한다는 현대자동차의 영업 대통령 최진실 씨도 똑같은 경우다.

셋째는 고객에 대한 DNA 정보가 빈약하기 때문이다. 고객에게 1:1 맞춤 DM이나 맞춤 이메일을 보내려면 고객별 니즈, 선호, 성향 등을 잘 알고 있어야 한다. 그래야 고객별로 맞춤 전단지나 맞춤 편지, 맞춤 이메일 등을 보낼 수 있다.

이제부터라도 고객에게 맞춤 콘셉트의 DM이나 이메일을 보내라. 이것은 기존고객을 알파고객으로 만들 수 있는 가장 확실한 방법이다. 구체적인 방법은 '고객의 감성을 자극하라'에서 소개한 내용을 참조하기 바란다.

맞춤 세일즈의 세 번째 방법은 맞춤 판매촉진이다. 즉 고객에게 제공하는 인센티브나 이벤트 등에도 맞춤 콘셉트를 적용하는 것이 여기에 해당된다.

2004년 여름, 한 영업인이 자신의 기존고객을 대상으로 이벤트를 기획한 적이 있었다. '한여름 밤을 프로야구와 함께!'라는 제목의 이벤트였다. 이 영업인은 350여 명에 달하는 그 이벤트에 대한 내용을 이메일로 보냈다. 그 주요 내용은 이러했다.

> 고객님, 안녕하세요.
> 무더운 한여름 밤을 야구장에서 프로야구 스타들과 함께 할 이벤트를 기획했습니다. 일시와 장소는 다음과 같습니다.
>
> **일시** : 2010년 6월 30일(수) 18:30~22:00
> **장소** : 잠실 야구장
> **관람 경기** : 두산 베어스 vs 기아 타이거즈
> **입장권** : 제가 일괄 준비하겠습니다.
> **뒤풀이** : 경기가 끝난 후 시원한 호프 한 잔(원하시는 분만)
> **만나는 장소** : 1루측 매표소 입구
> **신청 방법** : 제게 전화나 이메일로 연락바랍니다.

대략 이런 내용이었다. 그 결과는 어땠을까? 과연 많은 고객들이 신청했을까? 아니었다. 한 명도 신청하지 않았다고 한다. 그렇다면 왜 이런 결과가 나왔을까? 당신은 왜 그랬다고 생각하는가?

먼저 350명의 고객 중 야구를 좋아하는 고객이 누군지 알 필요가 있었다. 야구를 좋아하지 않는 고객은 흥미를 느끼지 않을 것이기 때문이다. 그리고 야구를 좋아하는 고객 중에서도 누가 두산 베어스와 기아 타이거즈의 팬인지 알아야 했다. 야구를 좋아하더라도 LG 트윈스나 롯데 자이언츠의 팬이라면 신청하지 않을 확률이 높기 때문이다.

그런 것들을 파악한 후에 두산과 기아의 팬인 고객에게만 이메일을 발송했다면 훨씬 효과적이었을 것이다. 또 이벤트 대상 고객 수

가 줄어 오히려 참가를 권유하는 프로모션도 훨씬 수월했을 것이다. 그리고 주변의 직장 동료나 친구 중 두산이나 기아의 팬이 있다면 같이 신청해도 좋다고 언급했다면 금상첨화였지 않았을까? 가망고객을 만나 빚진 상태로 만들 수 있는 절호의 기회가 되기 때문이다.

이 아이디어를 좀더 확장하면, 350명의 고객을 좋아하는 취미로 나누어 맞춤 이벤트를 실행할 수도 있다. 축구, 야구, 골프 등 스포츠를 좋아하는 고객과 뮤지컬, 연극, 영화 등 문화적 취미가 있는 고객을 그룹으로 묶는 것이다. 이렇게 하면 고객별로 선호하는 맞춤 이벤트도 실행할 수 있다.

몇 명 정도면 몰라도 이렇게 많은 사람 중에서 어떤 고객이 두산 팬이고 어떤 고객이 기아 팬인지 아느냐고 반문하는 영업인도 있을 것이다. 그러나 고객의 수가 십수 명이든 수천 명이든 니즈, 선호, 성향 등의 DNA 정보는 고객에게 접근(만남, 전화, 이메일 등 어떤 방법으로든)을 할 때마다 조금씩 알아낼 수 있다. 그리고 고객이 먼저 말해서 저절로 알게 되기도 한다.

그러나 대부분의 영업인들은 고객의 소중한 정보를 듣고 그냥 흘러 버린다. 고객의 집에 숟가락이 몇 개인지 파악하기 위해서 노력하는 영업인들이 있는데도 말이다. 또 어떤 영업인은 머릿속에 다 집어넣었다고 말한다. 그래서 소중한 고객 DNA 정보를 입력하지 않는다. 물론 게으르고 귀찮아서 혹은 입력해야 할 필요를 느끼지 않아서 그럴 수도 있다.

아울러 그런 이벤트는 본사나 지점 단위에서 하는 것 아니냐고 반문하거나 혼자 힘으로는 힘들다고 항변할지도 모른다. 그러나 앞서 소개했던 것처럼 영업인 스스로 이벤트를 기획하고 실행하는 경우가 점점 많아지고 있다. 이벤트의 여왕이라고도 불리는 대우일렉트로닉스의 백숙현 전 특판 본부장의 예를 앞에서 보지 않았는가?

다른 사람들과의 경쟁해서 이기려면, 다른 사람들과 다른 방법으로 접근해야 한다. 많은 영업달인들은 자신의 고객 충성도를 높이기 위해 어떤 형태로든 이벤트를 개최하고 있다. 이벤트를 안 하는 영업인들보다 이벤트를 하는 영업인들이 더 나은 성과를 올리는 것은 너무나 당연하다.

그리고 맞춤 이벤트와 맞춤 인센티브처럼 판매촉진도 맞춤형으로 실행한다면, 영업달인으로 가는 길을 훨씬 단축시킬 수 있다. 물론 선물도 마찬가지다. 고객이 선호하는 맞춤 선물을 하면 효과를 극대화할 수 있다. 선물에 대해서는 '영원히 잊지 못할 특별한 경험을 제공하라'에서 자세히 소개하겠다.

맞춤 세일즈의 네 번째 방법은 맞춤 채널이다. 채널이라고 하면 원래는 판매 채널의 의미로 많이 사용했었다. 그러나 최근에는 고객 접점, 즉 고객과 접촉하기 위한 수단을 의미하는 개념으로 사용되고 있다. 일반적으로 고객 접점이라고 하면 대면 채널, 전화, 우편, 이메일, 웹 사이트 등을 생각한다.

여기서 말하는 맞춤 채널은 회사 또는 영업인과 접촉할 때, 원하는 채널을 고객이 선택할 수 있어야 한다는 것을 말한다. 어떤 고객은 직접 만나는 것을 선호하고, 어떤 고객은 이메일을 더 선호할 수도 있다. 또 어떤 고객은 이메일보다 우편이나 전화를 더 선호할 수도 있고, 어떤 고객은 인터넷 카페나 블로그, 트위터 등을 더 선호할 수도 있다. 따라서 자신의 방식을 고객에게 일방적으로 강요해서는 안 된다. 고객이 원하는 채널로 고객과 접촉하고 커뮤니케이션을 할 수 있는 맞춤 채널을 구축하여 운영해야 하는 것이다.

맞춤 세일즈의 다섯 번째 방법은 맞춤 서비스다. 고객에게 제공하는 부가 서비스를 고객의 니즈, 선호, 성향에 따라 다르게 제공하는 방법이다. 브리티시 항공의 VIP 고객 맞춤 서비스를 비롯해 호텔 등에서 고객이 다음에 투숙할 때 베개의 종류, 침대 시트, 목욕 가운 등을 고객의 니즈, 성향에 맞게 제공하는 것 등이 대표적인 예라 할 수 있다.

영업인도 얼마든지 맞춤 서비스를 제공할 수 있다. 어떤 은행 PB는 마시는 차를 10가지나 준비해 고객에게 제공하고 있다. 고객에게 제공하기 위한 맞춤 차인 셈이다.

─ 맞춤 세일즈를 위한 바람직한 접근방법

그렇다면 맞춤 세일즈를 잘하기 위해서는 과연 어떻게 접근하는 것이 좋을까? 다음과 같은 네 가지 방법이 필요하다.

1. 고객의 니즈, 선호, 성향을 최대한 많이 파악해야 한다.

'한여름 밤을 프로야구와 함께!'에서 설명한 것처럼 맞춤 세일즈를 위해 가장 중요한 것은 고객의 니즈, 성향 등을 많이 아는 것이다. 그러기 위해서는 앞 장의 '고객 DNA를 파악하라'에서 소개한 것처럼 고객 DNA를 파악하고 관리하는 툴을 만들어야 한다. 그리고 접촉할 때마다 획득한 정보를 지속적으로 업데이트해야 한다.

2. 영업인 자신의 맞춤 세일즈가 가능한 모든 경우를 파악한다.

영업인 자신이 판매하는 상품과 서비스 중에서 고객에게 맞춤 세일즈 형태로 제공할 수 있는 모든 경우를 파악하는 것은 대단히 중요하다. 이 단계에서는 회사 사정이 이래서 이것은 안 되고 저것도 안 된다는 생각을 버려야 한다. 부정적인 생각이 앞서면 창의적인 아이디어마저 차단될 수 있다.

3. 회사와 자신의 수익성과 능력을 고려해서 실행해야 한다.

필자는 영업인들에게 가끔 "고객이 원하는 최고 품질의 제품을 싼 값에 팔면 잘 팔릴 것 같습니다"라는 말을 듣곤 한다. 이에 대해 일부 경영자들은 "그러면 영업하는 사람은 필요 없고, 주문을 받는 여직원만 있으면 되겠네요"라는 말로 응수를 한다.

물론 이것은 가볍게 웃으면서 주고받는 대화다. 하지만 이 말은 언중유골이라는 단어를 떠올리게 하는 말이기도 하다. 기업은 최고 품질의 제품을 적정한 가격에 팔아 수익을 내야 한다. 그런데 기업은 항상 최고 품질의 제품만을 팔 수 없을 때도 있다. 그렇기 때문에 영업이라는 부서와 영업인이라는 사람이 필요한 것이다.

맞춤 세일즈도 마찬가지다. 영업인 입장에서야 고객이 원하는 대로 상품과 서비스를 제공하면 가장 좋을 것이다. 그러나 회사나 영업인 자신의 수익이 창출되지 않으면 안 된다. 기업이나 영업인의 궁극적인 목적은 수익창출이기 때문이다. 또 고객의 니즈, 성향을 충족시키기 위해서 회사나 자신의 능력으로는 도저히 불가능한 것을 제공하겠다고 해서도 안 된다. 그렇게 되면 오히려 고객의 불신만 더 커질 것이다. 맞춤 세일즈도 자신의 능력과 수익성 범위 내에서 아이디어를 내고 실행해야 한다.

4. 대량 맞춤 세일즈를 적극 활용해야 한다.

고객 니즈, 선호, 성향 등이 모든 고객마다 반드시 다른 것만은 아니어서 그것이 같은 경우도 있다. 이것을 고객의 공통 니즈 또는 선호라 부른다. 이러한 고객의 공통 니즈와 선호를 파악하여 그룹을 묶은 후 그 그룹에 맞춰 맞춤 세일즈를 실행한다면 매우 효과적일 수 있다.

그리고 고객 개개인별로 '고객 DNA를 파악하라'에서 예로 든 고객에게 보내는 편지처럼 일부분은 고객 개인별로, 일부분은 모든 고객에게 똑같이 작성하여 보내는 방법도 대량 맞춤 세일즈의 한 가지 방법이다. 이처럼 대량 맞춤 세일즈는 시간, 비용 등의 문제를 해결하면서도 고객의 마음을 사로잡아 알파고객으로 만들 수 있는 방법이다.

지금까지 맞춤 세일즈의 개념, 방법, 바람직한 접근방법 등에 대해 설명했다. 이때 백 번 강조해도 지나치지 않은 것이 있다. 실행하는 실천력이 바로 그것이다. 이미 맞춤 세일즈 내용의 일부 또는 전부를 알고 실행하는 사람도 있을 것이고 그렇지 않은 사람도 있을 것이다. 부디 자신의 능력에 맞는 맞춤 세일즈 아이디어를 내서 반드시 실행하기 바란다. 실행 후 몇 개월이 지나면 고객의 충성도가 높아지는 것을 피부로 느끼게 될 것이다.

02__ 자아실현의 가치를 충족시켜라

신용 불량자에서 베개 하나로 170억 원대의 자산가로 변신한 사람이 있다. 황병일 트윈 세이버 사장이 그 주인공이다. 그의 사례를 우선 보도록 하자.

〰️ 허름한 식당에 사람들이 항상 줄서서 기다리는 이유!

황 사장은 일본시장을 개척할 때 아주 특이한 식당을 발견했다. 일부러 오사카의 싸구려 민박집에 묵고 있던 그는 기이한 광경을 목격했다. 그가 묵고 있던 민박집에서 가까운 골목에 있는 아주 작고 허름한 식당에 저녁 때마다 항상 사람들이 줄을 서서 기다렸다가 밥을 먹는 것이었다.

황 사장은 그 광경이 하도 신기해 일부러 시간을 내서 그 식당에 갔다. 가보니 일본 가정집에서 먹는 것과 같은, 우리로 치면 가정식 백반같은 메뉴를 팔고 있었다. 그런데 특이하게도 그 식당 한쪽 벽면이 단골들 사진으로 가득 차 있었다. 자세히 보니 사진 옆에 '10주년 기념여행', '20주년 기념여행' 이라고 씌어 있었다.

그래서 주인에게 물어보니, 매년 한 번씩 단골들과 여행을 한다는 답변이 돌아왔다. 그리고 며칠 후에는 25주년을 기념해 여행을 간다고 했다. 식당주인과 손님들이 일년에 한 번씩 여행을 간다는 것을 보고, 한편으로는 재미있고 한편으로는 놀라워서 황 사장도 그 여행에 따라갔다고 한다.

그러고는 "이게 일본 사람들의 비즈니스 습관이구나. 작은 식당과 맺은 인연도 이렇게 소중히 생각을 하는구나"라고 느꼈다고 한다.

당신은 이 사례를 읽고 무엇을 느꼈는가? 20년, 25년이 된 고객들과 기념여행을 가는 대단한 식당주인이라고 생각했는가? 황병일 사장의 말에 따르면, 이 식당의 음식 맛이 그리 뛰어난 것은 아니었다고 한다. 그런데도 매일 많은 사람들이 줄을 서서 밥을 먹었다. 그렇다면 과연 무엇이 이들에게 이렇게 줄을 서게 만들었던 것일까?

식당이나 레스토랑에서 알파고객을 만들기 위해 가장 중요한 속성은 역시 맛(품질)과 가격이다. 그러나 이 식당의 경쟁력은 맛과 가격 이외에 다른 무언가가 있었다. 그것은 바로 고객을 여행이라는 테마로 묶어서 함께 즐긴다는 것이었다. 이 식당의 고객은 단지 한 끼의 밥을 사먹는 것이 아니라 여행을 통해 자아실현의 가치를 실현시킬 수 있기 때문에 항상 줄을 서서 기다렸던 것이다.

매슬로우는 인간 욕구의 5단계설에서 가장 최상위의 욕구로 자아실현의 욕구를 꼽았다. 생리적, 안전, 사회적, 존경받고자 하는 욕구보다 인간이 추구하는 최상위의 욕구가 바로 자아를 실현하는 것이라고 강조한 것이다.

인간은 먹고 사는 문제로부터 자유로워지면 누구나 정말 하고 싶은 일을 하거나 즐기는 삶을 꿈꾸게 마련이다. 사람들에게 돈과 시간과 자유가 무제한으로 주어진다면 가장 하고 싶은 일이 무엇이냐고 물으면 대부분의 사람들이 여행을 가고 싶다고 말한다. 여기에 바로 마케팅과 세일즈의 기회가 있다. 고객에게 자아실현의 기회를 제공하면, 그만큼 그들의 마음을 사로잡을 수 있기 때문이다.

10년이면 강산도 변한다는데, 황 사장이 갔던 일본의 그 식당은 강산이 두세 번 바뀌어온 동안 인생의 희로애락을 회상할 수 있었을 뿐만 아니라 자신들의 꿈인 자아실현의 가치를 충족시킬 수 있었다. 이 식당은 결코 맛과 가격으로만 승부한 것이 아니었다. 인간의 최상위 욕구인 자아실현의 가치를 여행을 통해 실현시키는 방법으로 고객들을 열렬한 지지자, 즉 알파고객으로 만든 것이었다.

이 책의 독자들 중에 혹시라도 식당이나 매장을 통해 무언가 파는 사람이 있다면 이처럼 자아실현의 가치를 충족시킬 수 있는 방법을 한 번 생각해보라. 다른 백반집에 비해 맛이 뛰어나지 않을지라도 사람들이 이 백반집에 줄을 서서 밥을 먹는 이유는 바로 여행을 통해 사람들의 자아실현 가치를 충족시켜 주었기 때문이다.

영업인에 있어서도 이는 마찬가지일 수 있다. 당신은 10주년, 15주년, 20주년을 고객과 함께 한 이벤트가 있었는가? 만약 있었다면 고객들과 즐거움을 나누기 위한 것이 아니라 혹시 당신 자신의 입장에서 진행한 것은 아니었는가?

전 세계 수많은 기업 중에서 고객에게 자아실현의 가치를 가장 잘 팔고 있는 회사를 꼽으라면 미국의 오토바이 제조회사인 할리 데이비슨을 들 수 있다. 그렇다면 할리 데이비슨은 고객들에게 어떻게 자아실현의 가치를 제공했을까? 할리 데이비슨은 1986년에 파산 직전의 상황에 처한 적이 있었다. 그러나 멋지게 회생해서 지금은 미국의 제조업을 대표하는 초우량 기업으로 성장했다. 과연 어떻게 파산 직전에서 초우량 기업으로 환골탈태를 했을까?

바로 '자유를 찾아 떠나라, 나를 찾기 위해 달려라'와 같은 슬로건으로 고객에게 자아실현의 가치를 팔기 위해 일관되게 노력했기 때문이다. 할리 데이비슨의 고객들은 HOG라는 동호회를 만들어 자신들의 자유와 정체성을 찾기 위해 오토바이를 타고 열정적으로 달림으로써 자아실현의 가치를 충족했다.

따라서 디지털 카메라, 자동차, 산악자전거, 스포츠카, 와인, 뮤지컬, 여행 등과 같이 자사의 상품 자체가 고객의 자아를 실현하는 수단이 되는 기업들은 할리 데이비슨을 적극 벤치마킹할 필요가 있다. 이 상품들을 구입한 고객들은 대부분 자발적으로 관련 상품이나 브랜드 관련 커뮤니티를 만들고 서로 정보를 교환하며 온라인과 오프라인을 통해 활발하게 교류하기 때문이다.

이렇게 특정 상품과 브랜드가 좋아서 자발적으로 커뮤니티를 만든 고객들은 그들이 더욱 신명나게 자신의 자아를 찾도록 해야 한다. 할리 데이비슨이 그랬던 것처럼 그들이 자아를 실현할 수 있도록 지원을 해준다면 그들은 최고의 알파고객이 될 수 있을 것이다.

그렇다면 은행이나 보험, 백화점, 병원 등과 같이 자사의 상품 자체가 자아실현과 직접적으로 관련이 없는 기업들은 이러한 마케팅이 필요없는 것일까? 그렇지 않다. 이런 기업들은 고객의 취미별로 다양한 이벤트를 열어 고객의 자아실현 가치를 충족시킬 수 있다. 이처럼 자사 상품의 속성에 관계없이 고객의 자아실현 가치를 어떻게 잘 충족시키느냐가 경쟁우위를 좌우하는 전략적 과제가 되고 있다.

그런데 기업뿐 아니라 고객 동호회를 잘 활용해 자아실현의 가치를 충족시키는 영업인들도 있다. 그들은 오히려 기업보다 이를 더 전략적으로 활용하기도 한다. 부산의 한 보험 영업인은 자신의 고객 중 요트에 취미가 있는 사람들과 함께 요트 동호회를 만들어 매월 한 번씩 요트를 타고 낚시를 함으로써 그들을 자신의 열렬한 팬으로 만들었다. 그뿐 아니라 자신의 고객이 아닌 사람들도 회원으로 가입하면서 신규고객까지 확보하는 효과를 거두었다.

이처럼 취미가 같은 고객들과 동호회를 결성하여 적극적으로 활동하면 기존고객을 알파고객으로 만들 수 있다. 그리고 더 나아가 신규고객 확보의 기회도 자연스럽게 얻을 수 있다. 하지만 그저 회원 가입을 하는 정도로는 안 된다. 회장이나 총무 등을 맡아 궂은 일을 도맡아 하면서 동호회가 활성화되도록 열정적으로 노력해야 한다. 동호회에 가입한 고객들의 자아실현의 가치를 충족시킬 수 있도록 말이다.

그렇다면 어떻게 해야 고객의 자아실현 가치를 잘 충족시킬 수 있을까? 거기에는 다음과 같은 2가지 방법이 있다.

1. 동호회를 통해 스포츠 레저 · 문화 · 예술적 소양을 충족시켜라
2. 자선 봉사 환경보호 등의 참여기회를 제공하라

언젠가 국내의 S생명보험에서 VIP 고객들의 충성도를 높이기 위해 행사를 기획한 적이 있었다. VIP 고객의 니즈도 파악하면서 충성도 제고할 목적으로 자사 임원들과 VIP 고객이 만날 수 있는 행사

를 기획한 것이었다. 호텔의 고급 음식점에서 VIP 고객 몇 명과 자사 임원들이 식사를 하면서 대화를 나누는 방식으로 VOC(Voice of Customer), 즉 고객의 소리를 듣기 위해 마련한 자리였다.

그런데 처음 기획했을 때와 달리 생각하지 못했던 문제들이 발생했다. 자사 임원들이 자신들의 중요한 일정 때문에 고객들과 애써 잡아놓은 일정을 연기하자고 한 것이다. 또한 고객들 중에서도 그 행사에 참석하지 못하는 사람들이 다수 발생했다. 만약 당신이 S생명보험에서 이 행사를 기획했다면, 어떻게 극대화를 했겠는가?

이런 방법을 생각해볼 수 있다. 우선 VIP 고객의 취미나 선호를 파악한 후 취미나 선호도별로 그룹을 묶는다. 그리고 자사 임원들 역시 취미와 선호를 기준으로 분류한다. 그리고 이들을 자신들이 좋아하는 각각의 동호회에 서로 가입시킨다. 예를 들면, 골프 동호회, 자선이나 봉사 모임과 같이 말이다.

그 다음에는 '고객들과 함께하는 날'을 제정하여 각각의 동호회 활동을 하도록 한다. 물론 동호회 활동을 하는 날은 고객이 편한 날로 정하는 게 좋다. 그리고 동호회의 성격을 고려하는 것도 중요하다. 평일이라도 고객이 편한 날이라면 이에 부응해야 하며, 회사에서는 동호회 활동을 하는 모든 사람들이 자아실현의 가치를 충족시킬 수 있도록 전폭적으로 지원해야 한다.

이런 분위기를 만들면 자사 임원들이 일정을 연기하자는 말을 하기 어렵고 펑크를 내는 고객들도 상당 수 줄일 수 있다. 그리고 자신들이 좋아하는 취미나 봉사활동을 하게 되므로 서로 금방 친해지게 된다. 아마 회원별로 서로 생일을 챙겨주는 동호회도 생겨날 것이다. 그렇게 되면 고객의 충성도는 높아지고, 고객의 소리도 자연스럽게 듣게 될 것이다.

호텔이나 음식점에서 식사를 하는 행사는 몇 번 진행하고 나면 중단될 가능성이 높다. 그러나 임원들과 고객들이 함께 참여하는 동호회는 자신들이 좋아하는 취미나 봉사활동을 통해 자아실현의 가치를 충족할 수 있어 오랫동안 지속될 수 있다. 고객의 범위를 좀 더 확대하려면 회사의 간부들까지 참여시키면 된다.

지금까지 스포츠 · 레저 · 문화 · 예술적 소양이나 자선 봉사 · 환경보호 등의 고객 동호회를 통해 자아실현의 가치를 충족시켜 알파고객을 만든 사례와 만들 수 있는 방법을 소개했다. 그러나 영업인들은 대부분 동호회를 구성하는 것을 별로 좋아하지 않는다. 잘 몰라서인 사람도 있겠지만, 대부분 귀찮고 할 일이 많아지기 때문이다. 또 어떤 영업인은 사람들과 어울리는 것을 좋아하지 않아서이기도 하다.

그러나 자신의 상품과 서비스를 다른 사람에게 팔기 위해서는 자신을 희생할 줄도 알아야 한다. 영업은 자신의 일부 또는 전부를 변화시키는 것뿐 아니라 자신의 일부를, 때로는 거의 전부를 희생해야만 좋은 성과를 올릴 수 있는 직업이다. 남들과 똑같은 방법, 남들과 비슷한 시간 동안 노력하는 것으로는 절대로 영업달인의 자리에 오를 수 없다는 사실을 명심하기 바란다.

03__
고객과 마음을 나누는 친구, 인생의 동반자가 돼라

많은 전문가들이 고객과의 관계를 좋게 만들어야 한다고 말한다. 그렇다면 그 관계는 어느 선까지가 적당할까? 필자는 고객과 마음을 나누는 진정한 친구, 더 나아가 인생의 동반자 관계로까지 발전시키라고 강조한다.

그렇다면 비록 무언가 팔기 위해 만나게 됐지만 고객과 영업인의 관계를 뛰어넘는 단계가 되면 어떤 결과를 얻을 수 있을까? 다음에 소개하는 영업달인의 사례가 그 해답을 알려줄 것이다.

∽ 자신의 분신과 같은 고객을 150명이나 만든 노하우!

1958년 경기도 김포에서 태어나 거기서 학교까지 마친 조 대표가 처음 택한 직업은 농업이었다. 남들 앞에 나서기를 꺼리고, 술·담배도 못하며, 소극적인 성격의 조 대표에게 포도를 재배하고, 한우를 사육하는 일은 어쩌면 천직인 것 같았다.

그러나 운명의 여신이 농사짓는 일에 조 대표를 묻어두기에는 너무 안타깝다고 생각했던 것일까? 결국 그는 1992년 자동차 세일즈를 하던 형의 권유로 LIG화재의 대리점을 개설하게 되었다. 그리고 대리점 개설 후 그의 숨은 능력이 본격적으로 빛을 발하기 시작했다.

그는 1996년부터 2001년까지 6년 연속 LIG화재 골드 멤버상을 수상했고, 2002년에는 골드 멤버 마스터상을 수상했다. 그렇다면 다른 사람들 앞에 나서기도 꺼리던 소극적인 성격의 조 대표가 어떻게 이런 놀라운 성과를 거두었던 것일까?

첫 번째는 자신을 완벽하게 변화시켰기 때문이었다. 소심하고 소극적이던 그는 영업에 입문하면서 자신을 개조했다고 한다. 그는 '이 분야에서 최고가 되겠다'는 목표를 세우고 그 누구에게도 지지 않겠다는 승부근성을 갖기 위해 부단히 노력했다.

두 번째는 고객을 중심으로 한 사람들과 인맥을 만들었기 때문이었다. 자동차보험을 주로 판매했던 조 대표는 자동차 정비공장의 사장이나 공장장 그리고 직원, 병원 사무장, 견인차 기사, 자동차 영업사원, 119 구급차 대원 등과 식사도 자주 하고 술자리도 함께 했다고 한다. 그들이 자신에게 고객을 소개하는 사람들이었기 때문이다.

세 번째는 고객들을 자신의 분신으로 만들었기 때문이었다. 조 대표는 1년 365일 마르지 않는 샘이 있었다고 한다. 150여 명의 고객이 바로 그들이다. 조 대표는 이들과 내 것, 네 것을 따지지 않는 사이였다. 그리고 무슨 일이라도 생겼다고 하면 언제, 어디라도 총알같이 달려갔다. 때로는 카드 막을 돈과 어음 결제할 돈이 없다는 고객에게 돈을 빌려줘 떼인 적도 여러 차례였다고 한다. '오죽했으면 자기에게 돈을 빌려달라고 했을까'라는 생각에 돈을 빌려주었기 때문이었다. 고객을 넘어 친형제 같은 관계의 고객이었던 것이다.

(중략)

그의 고객들은 1년 365일을 가리지 않고 조 대표를 위해 영업을 하고 있다. 한 번은 이런 적도 있었다. 대리점 직원들과 회식을 마친 후 음식점을 나오던 조 대표가 그만 계단에서 발을 헛디뎠다. 다리뼈가 부러지는 중상을 입은 조 대표는 2개월 동안 병원에 누워 있을 수밖에 없었다.

그런데 조 대표가 입원했던 기간에 마침 회사에서 판매촉진 캠페인을 벌였다. 병원에 입원해 있던 탓에 조 대표의 대리점은 당연히 꼴찌를 달릴 수밖에 없었다. 이때 조 대표의 분신같은 동반자 고객들의 위력이 나타났다. 이대로 꼴찌를 할 수 없다는 오기로 무장한 조 대표는 자신의 동반자 고객 150여 명 중 100명에게 다음과 같이 전화를 걸었다.

"이번에 나온 상품이 아주 좋은 상품입니다. 제가 병원에 입원해 있어 어쩔 수 없이 전화로 설명을 드립니다. 저를 믿고 보험에 가입을 해주십시오."

과연 어떤 결과가 나왔을까? 조 대표의 러브콜 한 통에 100명 중 무려 64명이 가입을 신청했다. 캠페인 종료 후 결국 조 대표의 대리점은 본부에서 1위를 차지했다. 또한 조 대표의 동반자였던 고객들은 조 대표가 병원에 입원해 있는 동안 64건의 보험 외에도 20건의 장기 운전자보험이라는 상품에 추가로 가입했다.

물론 고객이 어렵다고 돈을 빌려주는 행위가 영업인으로서 바람직한 것은 아니다. 그러나 이것은 고객이 어려우면 어떤 경우라도 고객과 고민을 함께 하겠다는 그의 철학을 보여준다. 그런 고객이 많아질수록 마음을 나누는 친형제 같은 고객들도 많아질 것이다. 둘도 없이 친한 친구, 친형제와 같이 마음을 나눌 수 있는 고객보다 더 충성스런 고객은 세상에 없다.

— 《한국을 뒤흔든 세일즈 마케터》, 김기영 저

조 대표처럼 누구나 예기치 못한 일로 병원에 입원할 수도 있다. 이럴 경우, 당신의 고객들 가운데 조 대표의 고객들처럼 헌신적인 고객은 몇 명이나 될까? 또한 당신의 러브콜이나 편지를 받은 고객들이 당신을 위해 무언가 가입을 하거나 주변에 팔아줄 고객들은 몇 명이나 될까?

물론 당신이나 당신의 경쟁자라도 이런 고객이 몇 명 정도는 있을 것이다. 그러나 당신이 경쟁자들보다 앞서려면 그들보다 더 많은 동반자 고객을 확보해야 한다. 다음은 자신의 고객을 인생의 동반자로 만든 한성자동차 정만기 이사의 사례다.

고객과 부부동반 휴가를 갈 정도인 자동차 영업달인!

한성자동차 정만기 이사는 티코에서부터 벤츠까지 팔아본 자동차 영업달인 중 한 명이다. 그의 영업 노하우는 여러 가지가 있지만, 그중 하나를 들면 용기를 꼽을 수 있다. 자동차 세일즈맨들은 대부분 재벌기업 회장이나 사장에게 자동차를 팔려고 시도하지 않는다. 접근이 매우 어렵기 때문이다.

그러나 정 이사는 모든 세일즈맨들이 도전하지 못하는 회장, 사장들도 과감하게 공략했다. 물론 비서실에서 제지를 당해 만나지도 못하고 쫓겨날 때도 많았지만, 이런 용기 있는 도전 덕분에 그들을 대상으로 고급 승용차를 많이 팔 수 있었다.

정 이사의 노하우 중 또 다른 하나는 한 번 고객이 되면 친하게 지내려고 노력한다는 것이다. 자동차를 파는 사람과 사는 사람의 관계가 아닌 친구나 인생의 동반자 관계를 만들려고 하는 것이다. 정 이사의 이런 노력으로 인해 고객 이상의 관계를 맺고 있는 사람들이 상당수다.

그중 대중적인 두 사람을 들면, 1970년대에서 1990년대까지 KBS를 대표했던 김동건 아나운서와 우리나라를 대표하는 여가수인 이미자 씨가 있다. 김동건 아나운서와 정 이사는 자동차를 사고파는 관계로 만났으나, 아주 친해져서 양가 집안의 경조사를 알리고 참석하는 것은 기본이고, 여름에는 부부동반으로 휴가를 가기도 한다. 그리고 이미자 씨도 김 아나운서와 마찬가지다.

그리고 김동건 아나운서와 이미자 씨는 자신이 신차를 구입할 때는 물론이고 주변에 자동차를 구입하려는 고객들도 그에게 많이 소개했다.

당신은 부부동반으로 휴가를 다녀올 고객이 있는가? 있다면 몇 명이나 되는가? 올 여름에는 당신이 고객들과 함께 부부동반으로 휴가를 다녀오길 바란다.

그렇다면 고객과 마음을 나누는 친구, 인생의 동반자 관계는 어떻게 하면 만들 수 있을까? 인간의 타고난 성격은 제각기 다르다. 사교적인 사람도 있고, 그렇지 못한 사람도 있다. 물론 타고난 성격이 사교적인 사람이 유리하다. 그러나 상품과 서비스를 팔아야 하는 사람들이 모두 사교적인 성격으로 태어날 수는 없지 않은가? 따라서 성격에 따라 각기 다른 방식의 접근법이 있다.

먼저 사교적인 사람은 영업을 하는 데 있어 하늘이 주신 최고의 선물을 받은 사람들이라 할 수 있다. 따라서 이런 사람들은 자신의 강점을 강화하면 된다. 다만 성실성은 반드시 갖춰야 한다. 사교적이지만 불성실하면, 고객이 점점 멀리할 것이기 때문이다.

반면에 자신이 사교적이지 못한 사람은 자신의 성격을 바꿔야 한다. 영업인 중에는 자신의 소극적인 성격에 대해 이야기하는 사람들이 가끔씩 있다. "나는 남 앞에 나서기를 꺼리고 말도 잘 안하고 소극적이어서 영업으로 대성하기는 어렵지 않겠는가?"라고 말하는 사람 말이다.

  그런 사람들 만날 때마다 필자는 자신을 적극적인 사람으로 변화시키라고 이야기한다. 자신의 전부 또는 일부라도 바꾸라고 말이다. 조주환 대표도 소극적이던 성격을 최고가 되겠다는 목표를 달성하기 위해서 완전히 바꾸지 않았는가?

  하지만 그런 자신의 성격에서 일부라도 바꾸기 어려운 사람은 다음과 같은 두 가지 방법을 추천하고 싶다. 하나는 앞서 소개했던 것처럼 자신의 분야에서 최고 전문가가 돼 명성을 날려 고객이 스스로 찾아오게 하는 것이다. 또 다른 하나는 '지성이면 감천이다'라는 말처럼 정성껏 고객의 문제를 해결하고 도움을 주는 해결사가 되는 방법이 그것이다. 구체적인 방법은 다음의 '고객의 문제를 해결하고 도움을 제공하라'에서 설명하겠다.

04_
고객의 문제를 해결하고 도움을 제공하라

영업인은 고객의 문제를 해결하기 위해 존재한다. 배고픔을 해결하려는 사람에게는 먹을거리를, 추위를 해결하려는 사람에게는 따뜻한 외투를 파는 것처럼 말이다. 그러나 고객이 원하는 문제가 언제나 상품 그 자체인 것은 아니다. 뛰어난 서비스를 원하기도 하고, 때로는 자신이 원하는 상품을 선택하기 위해 필요한 여러 가지 정보를 원하기도 한다.

또한 고객은 상품과 서비스 그 자체, 즉 본질적인 문제와 관련된 것외에 지극히 개인적인 문제들에 대해서도 해결책을 원하는 경우가 있다. 은행에서 고객이 고민하는 자녀의 결혼 문제를 해결하기 위해 커플 매칭 이벤트를 개최하거나 세금 문제를 해결하기 위해 세무사나 회계사를 계약직으로 고용하는 경우 등이 좋은 예다.

그렇다면 왜 고객이 안고 있는 문제를 해결하고 도움을 제공해야 하는 것일까? 앞서 소개했던 것처럼 그들을 빚진 상태로 만들 수 있기 때문이다. 물론 영업인 중에도 고객의 자녀들을 위해 중매를 서거나 고객의 집이나 냉장고를 정기적으로 청소하는 이들이 있다. 다음은 고객의 세금 문제를 해결한 한 은행 PB의 사례다.

단독주택은 밀어버려라 '稅테크!'

지난 1999년 서울 잠실에 있는 단독주택을 5억 원에 매입한 고객 K씨가 있었다. 그는 이 주택에서 살다가 2002년에 분양받은 아파트로 집을 옮기고 옛날 집은 세를 놨다. 그러던 중 한 상가의 시행업자가 이 단독주택 자리에 상가를 짓고 싶다며 11억 원에 팔 것을 제안했다.

K씨는 흔쾌히 매도를 결정했다. 하지만 세금이 문제였다. K씨의 경우, 1가구 2주택자여서 양도소득세 중과세 대상에 포함되어 있었다. 게다가 팔리는 집이 6억 원을 초과하는 고가의 주택이었기 때문에 실거래가를 기준으로 많은 양도세를 내야 했다.

K씨는 6억 원이라는 막대한 시세차익을 올릴 수 있었지만, 1억 7천만 원이라는 거액의 양도소득세도 부담해야 했다. 이 문제를 고민하던 K씨는 자신이 거래하던 A은행의 PB인 L씨에게 절세방안에 대해 자문을 구했다. 양도세의 중과세 문제를 어떻게 풀어야 할까를 고민하던 L씨는 "단독주택을 밀어버리고 나대지 상태로 매도하면 된다"는 기발한 방법을 생각해냈다.

이 땅의 기준시가를 적용해 세금을 계산해보자. 현재 이 땅의 공시지가는 매입 당시 4억 원보다 4,200만 원 정도 오른 4억 4,200만 원이다. 따라서 기준시가를 적용해 계산하면, 350만 원의 양도세만 내면 된다는 결론이 나온다.

건물을 헐어내고 상가를 지을 계획인 매수자는 약 2천만 원의 철거비용을 절약할 수 있어 좋고 집주인은 세금을 줄일 수 있어 좋은 거래가 성사된 것이다. 1억 4천만 원 이상의 세금을 절약할 수 있게 된 K씨는 그 후 PB L씨의 말이라면 '팥으로 메주를 쑨다'고 해도 믿을 정도로 신뢰하게 됐다.

— 한국경제신문, 2003년 5월 18일자

이런 일은 은행이나 금융권에서 흔히 있을 수 있는 일이다. 그러나 흔히 있을 수 있는 일이라고 해서 아무나 할 수 있는 것은 아니다. 다음은 건강식품을 판매하면서 고객의 문제를 해결한 사례다.

고객 문제의 해결사, 남양 알로에 동광주 영업국 임현자 부장!

그녀는 연간 팀 판매액 15억, 개인 연봉 1억 4천만 원을 기록해 2000년에 남양 알로에의 최우수 방문판매왕에 선정됐다. 임 부장이 당시 최우수 판매왕에 선정된 이유는 두 가지 때문이었다. 첫째는 프로 영업인으로서 보여준 전문성이다. 두 번째는 고객이 안고 있는 문제를 해결하고 도움을 주기 위한 노력이 고객을 알파고객으로 만들었기 때문이다.

임 부장의 고객은 신경통, 관절통이 있는 노인들이 대부분이었다. 고통 받는 고객들을 보고 임 부장은 안마사 자격증을 획득했다. 그 후로 고객의 집을 정기적으로 방문해 마사지를 해주고 있다. 고객의 고통을 안마를 통해 해결해준 것이다.

그러면서도 임 부장은 반신반의하는 고객에게는 무턱대고 제품 구입을 강요하지 않았다. 대신 먼저 샘플을 제공해 복용하게 한 다음 효과를 본 이들이 스스로 찾아오게 했다. 무엇보다도 신뢰를 바탕으로 한 판매만이 알파고객을 만들 수 있다고 생각했기 때문이었다.

임 부장은 또 알로에 제품을 복용하고 싶어도 살 돈이 없는 독거노인이나 빈곤층 병자에게는 별도로 자기 돈을 들여 알로에 제품을 복용하게 했다. 특히 몇몇 환자에게는 1991년 이후 현재까지도 알로에 제품을 자기 돈으로 공급하고 있다. 이런 비용은 당시 임 부장 수당의 30%선인 약 4천만 원 정도나 되는 금액이었다.

신용카드업계에도 고객의 문제를 해결하고 알파고객을 만든 사례가 있다.

외국계 C카드사 알파고객을 만들다!

○○치과의 사무장인 K부장은 2003년 12월에 친구들과 송년회를 열었다. 송년회 분위기에 취한 K부장은 인사불성이 될 정도로 술을 마셨다. 친구들과 새벽 1시가 넘은 시간에 헤어진 것까지는 기억이 나는데, 그 후는 전혀 기억이 나질 않았다.

다음 날 아침 9시가 넘은 늦은 시간에 겨우 몸을 추스러 일어났다. 하지만 어떻게 집에 들어왔는지, 몇 시에 들어왔는지 전혀 기억이 나지 않았다. 속칭 필름이 끊겼던 것이다. 그리고 K부장이 아침에 일어나 보니 사건이 하나 일어나 있었다.

K부장은 새벽 3시가 넘은 시간에 만취상태로 집에 귀가했다. 인사불성인 그를 부인이 부축해 양복을 벗긴 후 침대에 간신히 눕혔다. 그리고 남편을 침대에 눕힌 부인은 혹시나 하는 생각에 남편의 재킷 상의에 있는 지갑을 확인했다.

그런데 남편의 지갑이 없었다. 부인은 걱정이 되기 시작했다. 지갑의 현금이야 걱정할 정도는 아니었지만, 문제는 신용카드였다. 불안한 마음에 K부장의 부인은 곯아떨어진 남편을 깨웠으나 허사였다. 할 수 없이 신용카드 회사에 전화를 했다.

먼저 국내 A카드사에 분실신고를 하기 위해서 전화를 했다. 그러나 A카드사의 직원은 본인이 아니면 분실신고를 받아줄 수 없다고 했다. 본인을 지금 깨우든지 아니면 내일 아침에 본인이 일어나면 분실신고를 하는 방법밖에 없다는 말만 되풀이했다. 아무리 K부장의 부인이 사정을 이야기해도 요지부동이었다.

또 다른 국내 B카드사도 마찬가지였다. 국내 카드사 두 곳에 분실신고를 접수하지 못한 K부장의 부인은 마지막으로 외국계 카드 C사에 전화를 했다. 그런데 C사의 담당자는 반응이 달랐다.

"원래 카드 분실신고는 본인만이 할 수 있습니다만, 사모님 얘기를 듣고 보니 사정이 이해가 됩니다. 잠깐만 기다리십시오. 남편분의 카드로 결제를 요청한 게 있는지 확인을 해보겠습니다."

그러고 나서 잠시 후 그 담당자는 이렇게 말했다.

"사모님, 다행이네요. 아직은 남편분 카드로 사용한 내역이 없습니다. 지금 이 시간부터 남편분의 카드는 사용중지를 시키겠습니다. 대신 아침에 남편분이 깨시면 본인이 반드시 확인차 전화를 해주시면 감사하겠습니다."

K부장은 아침에 일어난 후 부인에게 이런 자초지종을 들을 수 있었다. 그리고 부부는 똑같은 말을 했다. "외국계 C카드사가 다르긴 확실히 다르구나. 고객 서비스란 이런 것이라는 것을 확실히 보여주는구먼"이라고 말이다.

그 뒤 K부장은 외국계 C카드사의 열렬한 지지자가 되었다. 다음은 고객에게 도움을 제공해 입사 8개월 만에 회사 내의 영업인 중 판매 랭킹 5위에 오른 사례다.

메트라이프생명보험 정찬각 설계사!

그는 입사 8개월 만에 100억 원대 매출을 기록하며 보험 설계사 중 판매

랭킹 5위에 올랐다. 정씨가 주목받는 것은 단지 놀라운 실적 때문만이 아니었다. 그는 일반 설계사들과는 다른 독특한 영업방식을 고수하고 있었다.

정 설계사가 만나는 고객은 한 달에 네 명, 계약 건수도 한 달에 1~2건에 불과하다. 보험업계에는 하루 세 명 이상의 고객을 만나고, 일주일에 세 건 이상의 계약을 성사시켜야 한다는 기본 원칙이 있다. 하지만 정 씨는 이를 철저히 무시한다. 100억 원의 실적을 거두고 있는 그의 고객은 단지 150명. 하지만 이들이 내는 보험료는 월평균 500만 원에 달한다. 이른바 VIP 고객만을 상대로 영업을 하는 셈이다.

그도 초기에는 영업을 위해 그 동안 알고 지내던 지인들을 찾아갔다. 정 설계사의 지인들은 보험이 필요해서라기보다 인간관계 때문에 보험을 들었다. 정 설계사는 이때 이것은 아니라는 생각을 했다. 정 씨는 그 후 2주일 동안 아무 일도 하지 않았다. 그 대신 새로운 영업전략을 구상했다. 이때 보험이 필요한 거액 자산가들을 고객으로 만들겠다는 생각을 하게 됐다. 일반인들을 대상으로 한 다수의 영업보다도 VIP들을 위한 특별한 서비스를 하기로 결심한 것이다.

많은 고객을 가지고서는 VIP 서비스를 할 수 없다는 것이 그의 지론이었다. 정 설계사는 전 직장의 임원을 찾아가 보험에 가입하는 대신 VIP 고객의 소개를 부탁했다. 그가 소개해준 사람은 모회사 K사장. 정 설계사는 일주일 가량 K사장의 개인 신상과 회사에 대해 분석했다. K사장을 처음 만난 정 씨는 자신의 경력을 말한 뒤 "사장님의 일을 도와드릴 테니 저에게 1년 연봉치 보험을 가입해 주십시오"라고 제의했다.

정씨의 배포가 맘에 들었는지 K사장은 흔쾌히 허락했다. 정씨는 그 후 2개월 동안 보험영업 대신 S사의 매출을 증진시키기 위해 노력했다. CJ 심사부 경력을 살려 유통망 확장에 힘썼고, 벤처사업의 경험을 살려 경영 합리화에 매진했다. 정씨의 이런 노력으로 S사는 2개월 만에 납부한 보험료 이상의 고정적인 수입을 확보하게 됐다.

"사장님이 저에게 고맙다고 돈을 주려고 하더군요. 그래서 돈보다도 사람을 소개해달라고 부탁했습니다."

K사장은 그에게 새로운 중견기업체 사장 두 명을 소개했다. 유통업체 L사장과 M사장이 그들이었다. 정 씨는 자금사정이 어려운 L사장에게는 대리점 보증금 제도를 정비해 12억 원의 자금을 만들어 주었다. 부동산에 관심이 많았던 M사장에게는 부동산 경매를 통해 사옥을 반값 이하로 구입하게 해주었다. CJ에 근무할 당시 기업 부동산의 소송과 경매를 담당했던 실력을 유감없이 발휘한 것이다.

정씨의 VIP 마케팅은 입에서 입으로 전해졌다. 그의 도움을 받은 고객은 새로운 고객을 소개하고, 그 고객은 정씨의 도움을 받고 또 다른 고객을 소개하는 선순환이 일어나기 시작한 것이다. ─ 주간 이코노믹 리뷰, 2005년 1월 30일자

지금까지 고객의 문제를 해결해준 사례들을 소개했다. 이처럼 자신의 문제가 해결되었거나 도움을 받은 고객은 거의 대부분 알파 고객이 된다. 그러므로 영업인들은 고객의 문제를 해결해 주고 도움을 주기 위해서 누구보다도 더 노력해야 한다.

그렇다면 고객의 문제를 어느 수준까지 해결해 주는 것이 좋을까? 어떤 사람은 단지 고객의 업무적인 문제만을 해결해 주기 위해 노력한다. '고객의 집사도 아닌데, 개인적인 일까지 도와줘야 하는가?'라고 생각하는 것이다.

그러나 업무적인 문제를 해결해 주는 일은 다른 경쟁자들이 나보다 더 잘할 수 있다. 따라서 남양 알로에 임 부장이 안마를 배워 신

경통과 관절통이 있는 노인들에게 안마를 해준 것처럼 고객이 안고 있는 개인적인 고민이나 문제까지도 해결해줄 수 있어야 한다.

그런데 정작 중요한 것은 고객이 안고 있는 고민이나 문제를 잘 모르는 영업인들이 많다는 것이다. 혹은 알고 있다고 해도 '내가 여기까지 해줘야 하나?'라고 생각하는 것도 알파고객을 만들지 못하게 하는 요인이 된다.

하나은행을 비롯해 일부 은행에서는 매년 고객의 자녀들을 위해 맞선 이벤트를 실시하고 있다고 앞에서 소개했다. 그러자 국내 S생명보험회사에서도 고객의 자녀들을 위해 맞선 이벤트를 개최하자는 안이 상정되었다. 그러나 담당 임원이 이를 부결시켰다. "우리가 고객 자녀들의 맞선까지 주선해야 하나? 결혼정보회사도 아닌데"라는 논리 때문이었다.

그러나 하나은행을 비롯한 은행들의 생각은 달랐다. 고객이 안고 있는 문제라면 뭐든지 해결을 해줘야 한다고 생각한 것이다. 은행이 결혼정보회사는 아니지만, 고객이 원하는 것이라면 맞선 이벤트라도 해줘야 한다는 것이 그들의 논리였다. 여기서 한 발 더 나아가 아예 은행에 커플 매니저를 계약직으로 고용해 활용하는 은행들도 있다.

영업인도 마찬가지다. 고객의 업무적인 일과 개인적인 일에 대해 고객에게 어떤 도움을 줄 수 있는지 고민해야 한다. 법규에 위반되거나 사회규범상 부도덕한 일이 아니라면, 고객이 원하는 모든 것에 도움을 주어야 한다.

그렇게 하기 위해서는 지금 당장 고객이 안고 있는 문제가 무엇이며, 어떤 도움을 원하는지 파악해야 한다. 그리고 고객의 DNA 정보에 이를 입력하고 지속적으로 업데이트를 해야 한다. 아울러 아주 작은 것부터라도 즉시 실행해야 한다. 이는 멀지 않은 미래에 당신이 영업달인으로 가는 지름길을 알려줄 것이다.

05__
영원히 잊지 못할 특별한 경험을 제공하라

고객의 감성을 자극해 감동을 주는 또 다른 방법은 즐거움과 감동, 잊지 못할 추억과 호기심, 놀라움 등과 같은 특별한 경험을 제공하는 것이다. 고객만족경영이 안고 있는 과제를 설명할 때 말했듯이 고객의 눈높이는 점점 높아진다. 고객의 생일 챙겨주기 같은 것이 좋은 예다.

지금부터 10여 년 전에는 고객의 생일날에 케이크와 장미꽃을 보내면 대부분의 고객들이 고마워했다. 그러나 지금은 그렇지 않은 경우가 의외로 많다. 생일날 케이크나 축하카드, 장미꽃이나 와인 등과 같은 선물을 보내는 것은 이제 기업이든 영업인이든 상당히 보편화되었다. 이렇다 보니 받는 고객들의 반응도 가지각색이다. 고맙다는 생각을 하는 고객이 아직은 많은 편이지만, 어떤 고객은 이를 별로 달가워하지 않는다.

그리고 실제로 이런 사례도 있었다. 한 백화점에서 고객의 생일날

케이크와 장미꽃을 고객의 집으로 보냈다. 그 고객은 이때 회사에 출근을 한 상태라 고객의 모친이 배달된 생일선물을 받았다. 생일선물을 받고 난 이 고객의 모친은 선물을 보낸 백화점에 다음과 같은 전화를 했다. "선물을 보내줘서 고마운데, 다음부터는 장미꽃은 보내지 않았으면 좋겠다. 며칠 지나면 바로 시들어 재활용하기만 귀찮더라. 화분을 보내든지 아니면 재활용 비용도 첨부해서 보내든지 해라"라고 말이다.

한 은행에서는 이런 사례도 있었다. VIP 고객의 생일을 맞아 은행에서도 고객에게 케이크와 와인을 선물로 보냈다. 선물을 받고 난 그 고객도 은행에 전화를 했다. 보내준 선물이 고맙기는 한데, 문을 여는 순간 즐거워야 할 생일 기분을 망쳤다는 것이다.

사연은 이랬다. 생일날 아주 기분이 좋은 상태로 집에 있는데, 배달이 왔더란다. 그런데 문을 여는 순간 한 노인이 땀을 흘리면서 생일을 축하한다는 말과 함께 생일선물을 전달하더라는 것이었다. 그 순간 그 고객은 즐거웠던 기분이 사라지는 걸 느꼈다. 노인이 땀흘리며 배달하는 것을 보고 미안한 생각이 들었던 것이다. 그리고 '생일선물을 아버지같은 사람이 아니라, 젊고 명랑한 사람이 배달했으면 좋았을 텐데'라는 생각이 들더라는 것이었다.

이처럼 고객의 눈높이는 점점 높아지고 있다. 선물을 보내는 정도로는 이제 고객을 만족시킬 수 없게 된 것이다. 그러면 어떻게 해야 하는 것일까? 항상 고객의 기대를 뛰어넘는 즐거움과 감동을 줄 수 있도록 노력해야 한다. 그뿐 아니라 영원히 잊지 못할 추억, 향수, 놀라움 등의 특별한 경험을 주어야 한다.

그렇다면 어떻게 해야 고객에게 영원히 잊지 못한 특별한 경험을

제공할 수 있을까? 다음과 같은 세 가지 방법이 있다.

1. 고객의 기대를 뛰어넘는 즐거움, 감동, 추억을 주는 이벤트 개최
2. 스토리가 있는 맞춤형 선물
3. 기념일과 경조사 때에도 특별한 경험 제공

고객의 기대를 뛰어넘는 즐거움, 감동, 추억을 주는 이벤트 개최

비슷비슷한 이벤트라도 조그만 정성과 아이디어를 보태면 고객을 진정으로 감동시킬 수 있다는 걸 보여주는 사례가 있다. 시티은행 올림픽선수촌지점의 차별화된 이벤트 사례를 우선 보도록 하자.

고객의 생일날보다 더 즐겁고 행복한 이벤트를 만드는 사람!

2003년 5월 1일, 시티은행에는 파격적인 인사가 있었다. 당시 약관 31세의 젊은 직원이었던 송창민 차장이 올림픽선수촌지점의 지점장으로 임명된 것이었다. 지점장이라는 자리는 보통 입사 후 13~15년쯤 돼야 맡게 되는데, 입사한 지 6년 4개월밖에 안 된 송 차장이 맡은 것이다.

이런 인사발령은 도기권 전 굿모닝 신한증권 사장이 1986년 만 29세에 시티은행 지점장으로 발탁된 후 두 번째로 파격적인 것이었다. 의외의 인사조치가 있던 날 본점과 지점에서는 술집으로 직행해서 술 한잔 걸치는 이들도 꽤 됐다고 한다. 본점에 있는 한 관계자의 말처럼 '쇼킹한 사건'이었기 때문이다.

그렇다면 시티은행에서는 왜 약관의 송 차장을 지점장으로 발탁했을까? 송

차장의 성과를 보면 파격적인 인사를 이해할 수 있다. 그는 2002년 본점에서 근무할 때 소비자금융 부문 아시아 태평양 1위, 기업금융 부문 세계 3위의 성과를 올렸다.

그가 이런 성과를 올린 원동력은 크게 두 가지였다. 하나는 가망고객을 발굴하는 인맥 만들기에 있어 탁월한 능력을 발휘했기 때문이었다. 그의 휴대전화에 등록된 인물만 1천여 명이 넘는 데다 노트 크기의 명함집도 무려 열 개가 넘는다. 더욱이 흥미로운 것은 열 권이 넘는 명함집 중 세 권은 '문화·레저용'이라는 것이다.

여기에는 그가 지금까지 다녔던 전국의 맛있는 음식점, 분위기 좋은 카페, 괜찮은 콘도의 명함으로 가득하다. 운동과 여행을 좋아하고 맛있는 곳에 이끌리는 그의 성격 덕분에 수집된 정보라고 한다. 이러한 정보를 가지고 고객과 대화를 하다보면 막히는 것이 없다. 고객을 끌어들여 새로운 인맥을 만드는 친화력이 그의 가장 중요한 자산인 것이다.

두 번째 원동력은 고객에게 진정으로 즐거움과 감동을 주기 위해서 노력했다는 것이다. 대부분의 은행 지점들도 고객 서비스 차원에서 다양한 이벤트를 개최한다. 와인과 메이크업 강좌, 갤러리 투어, 뮤지컬이나 클래식 음악회 같은 이벤트가 대표적이다. 그러다 보니 차별화가 어려웠다.

그래서 송 차장은 '어떻게 하면 고객의 삶을 정말 즐겁게 해줄까?' 라는 콘셉트로 이벤트를 기획하고 실행한다. 그렇기 때문에 반응도 좋다. 지난 12년 동안 시티은행과 거래를 해왔다는 한 고객은 갤러리 투어에 참가한 후 "내 생일보다 더 즐겁고 행복한 경험을 했다"고 말했다. 이 고객은 12년 동안 시티은행에서 개최한 다양한 이벤트에 참가했는데, 송 차장이 개최한 갤러리 투어가 지금까지 있었던 어떤 이벤트보다 재미있고 즐거웠다고 한다.

갤러리 투어 이후 그 고객은 앞장서서 지인과 친구들을 시티은행 올림픽선수촌지점으로 데리고 왔다. 송 차장의 알파고객을 만드는 남다른 노하우를 볼 수 있는 대목이다.

최근 은행이나 백화점, 호텔 등에서는 고객을 감동시키기 위해서 다양한 아이디어를 내놓고 있다. 그러나 전시효과를 내는 데 그치는 경우가 대부분이다. 그런데 추억과 향수를 자극하는 방법도 고객에게 영원히 잊지 못할 특별한 경험을 갖게 할 수 있다. 하나은행에서 매년 봄마다 진행하는 나물캐기 이벤트가 대표적인 사례다.

VIP 고객들과 나물 캐러 갑니다

손끝에 물 한 방울 묻힐 것 같지 않은 고객들을 대상으로 땅을 파고 나물을 캐는 '역발상' 이벤트를 벌이는 은행이 있어 화제다. 하나은행 매봉지점은 서울 도곡동 타워팰리스와 아크로빌에 살면서 PB서비스를 받는 부자고객들을 대상으로 '봄나물 캐기' 이벤트를 실시했다.

양평 유명산에서 이뤄지는 이 행사는 전문 약초꾼 4명이 안내를 맡고, 점심은 현지에서 캔 봄나물로 반찬을 하고 가마솥에 보리밥을 지어 먹는 일정으로 진행된다. 또 고객들이 봄나물을 캔 뒤에는 양평 5일장을 돌아보는 등 고향에 대한 옛 추억을 떠올리게 하는 일정으로 짜여져 있다.

하나은행 매봉지점의 송승영 지점장은 "부자고객들이 원하는 것은 미술품 경매 소식이나 클래식 음악 티켓이 아니라 봄나물처럼 오히려 땅과 고향에 대한 추억과 향수"라며 "이벤트 신청을 받자마자 정원이 다 찼다"고 말했다.

— 서울경제신문, 2004년 4월

그렇다면 왜 신청을 받자마자 정원이 다 찼을까? 아지랑이가 피어

오르던 고향의 봄에 대한 추억과 향수를 자극하는 콘셉트가 고객의 마음을 사로잡았기 때문이다. 40~50대 여성 중에는 아지랑이가 피어오르면 엄마 손을 잡고 언니, 친구, 이모와 함께 쑥을 캐고 나물을 캐던 옛날의 추억과 향수가 떠오르는 사람들이 많을 것이다. 그런데 옛날의 아스라한 추억과 향수를 재현할 기회를 제공한다니 선착순으로 신청하고 싶은 마음이 들었던 것이다.

시티은행의 송차장과 봄나물 캐기 이벤트의 사례는 고객을 감동시키고 영원히 잊지 못한 특별한 경험을 주기 위해 진정으로 필요한 것이 무엇인지 잘 보여준다 하겠다.

─ 스토리가 있는 맞춤형 선물

고객에게 즐거움과 감동을 줄 수 있는 방법에는 선물도 있다. 특히 개인 고객을 대상으로 무언가를 파는 사람들에게 선물은 고객의 마음을 사로잡을 수 있는 훌륭한 수단이다. 그런데 최근에는 윤리경영을 앞세워 선물 안받기 운동을 벌이는 기업들도 있다.

하지만 이런 기업들조차도 선물을 원천적으로 봉쇄하지는 않는다. 몇 만원 이상의 선물은 회사에 신고하라는 식이다. 그래서 잘 활용만 한다면 선물은 무언가 파는 영업인들에게 고객을 충성스럽게 만들 수 있는 훌륭한 매개체가 될 수 있다.

필자는 "어떻게 선물하면 효과를 극대화할 수 있을까?"라는 질문을 자주 받는다. 그럼 어떤 선물을 어떻게 하는 것이 효과적일까? 다음의 사례에서 그 실마리를 찾아보자

선물에 스토리를 담아라!

몇 년 전 하나은행 PB지원팀도 선물에 대한 많은 고민을 했다고 한다. 하나은행에서는 설날과 추석에 PB고객들에게 선물을 보내고 있었는데, 크게 두 가지 고민에 빠졌다고 한다.

어떤 선물을 보내야 할 것인지가 첫 번째 고민이었고, 보낸 후 반응이 좋아야 하는 것이 두 번째 고민이었다. 기존에는 PB고객을 A, B, C 등급으로 나누어 20만 원, 15만 원, 10만 원 상당의 갈비나 굴비세트를 백화점에 일괄적으로 주문해 배송하는 방식이었다.

하지만 상당한 비용을 들여서 보낸 명절 선물이 별로 효과가 없다는 게 문제였다. 그렇다면 왜 고객들은 그 선물에 대해 별로 고맙다고 생각하지 않았던 것일까? 선물이란 받는 사람이 고마움을 느낄 수 있어야 비로소 가치를 가진다. 그런데 하나은행에서 보낸 선물을 고객들은 너무나 당연하다고 여기고 있었다.

그래서 고민에 고민을 거듭하던 PB지원팀에서 다음에는 도자기와 갈비세트를 같이 포장해서 보내는 것이 어떻냐는 아이디어가 나왔다. 많은 사람들의 찬성으로 이 아이디어는 그대로 실행되었다. 그리고 그 선물을 받은 고객들은 기대 이상의 반응을 보였다.

또 한 번은 된장을 선물한 적도 있었다. 은행에서 부유층 고객에게 웬 된장 선물이냐고 생각하는 사람들도 있을 것이나. 그러나 그냥 된장이 아니었다. 된장 등 전통 발효식품을 연구하는 부부가 청학동으로 내려가 발효시킨 이른바 '청학동 명품 된장'이었다.

그렇다면 청학동 명품 된장을 그냥 포장만 해서 보냈을까? 아니다. 청학동 명품 된장과 함께 카드를 보냈다. 그리고 카드에는 이런 내용이 적혀 있었다.

> ○○○ 고객님, 안녕하세요.
> 저희 하나은행을 계속 이용해주셔서 감사합니다.
>
> (중략)
>
> 저희가 고객님의 건강을 생각해 이번에는 된장을 보내드리게 되었습니다. 이 된장은 그냥 된장이 아니라, 우리나라 전통 발효 식품의 최고 전문가로 평가받고 있는 ○○○ 부부가 청학동으로 내려가 청학동 계곡의 맑은 물과 햇볕 등 대자연의 정기를 담아 만든 청학동 명품 된장, 웰빙 된장입니다.
> 부디 맛있게 드시고 좋은 명절 보내시기 바랍니다.
> 안녕히 계십시오.

대략 이런 내용이 적힌 카드를 고객에게 된장과 함께 보낸 것이었다. 그렇게 되자 이것은 그냥 평범한 된장이 아니라, 스토리가 있는 된장이 되었다. 고객의 반응은 폭발적이었다. '청학동 된장, 참 맛있더라. 좀 더 구할 수 없느냐?'라는 반응이 대부분이었다. 그래서 비용은 갈비세트 등에 비해 1/5~1/10이면서 10~20배 이상의 효과를 보았다고 한다. 스토리가 있는 선물의 위력이었다.

이후 현대백화점에서도 VIP 고객이라고 할 수 있는 자스민 고객들에게 스토리가 있는 된장을 선물한 적이 있었다. 그냥 된장이 아니라, 현대백화점의 식품 전문가들이 전국을 돌며 찾아낸 최고의 된장이자 강릉의 순흥 안씨 집안에서 대대로 이어져 내려오는 비법으로 만들어진 명가 된장이라는 스토리를 담아서 말이다.

한 번은 고객에게 국수를 선물하고 싶다며 어떻게 하면 좋겠느냐고 필자에게 자문을 구한 영업인이 있었다. 그래서 필자는 어떤 국수냐고 물었다. 강원도 평창에 있는 전통 국수의 명인이 만든 것이었고, 평창에서 유기농으로 재배한 국산 밀을 가지고 만든 신토불이 국수였다. 아주 훌륭한 스토리를 담고 있었다.

그래서 필자는 이 영업인에게 국수만 선물하지 말고 카드에 신토불이 명품 국수의 스토리를 써서 같이 보내라고 조언했다. 국수만 선물로 보냈을 때보다 그 가치를 고객이 10~20배 이상으로 느낄 것이라고 판단했던 것이다.

이처럼 국수를 선물하든 고구마나 감자를 선물하든 참기름을 선물하든 스토리가 가미되면 고객은 그 가치를 인정하게 마련이다. 그리고 반드시 기업이나 영업인에게 재구매나 추가구매 또는 주변 고객을 데려오는 등의 방식으로 보답한다. 토마토 저축은행도 선물을 통해 고객의 충성도를 강화하고 있는 회사다.

정성이라는 선물을 보내는 토마토 저축은행

이 회사도 추석과 설날에 VIP 고객에게 선물을 보낸다. 설날에는 참기름을, 추석에는 고춧가루를 매년 보낸다. VIP 고객에게 참기름과 고춧가루를 선물하는 것이 얼마나 대단하길래 소개를 하느냐고 하는 사람도 있을 것이다. 하지만 다음과 같이 보냈기 때문에 대단하다고 할 수 있다.

VIP 고객에게 참기름을 보내기 위해 토마토 저축은행은 대부도의 참깨를 재배하는 농가와 매년 계약을 한다. 또 참깨를 수확할 때쯤이면 직원들이 직접 참깨밭에 가서 수확을 돕는다. 이는 국산 참깨가 중국산 참깨로 둔갑하는 것을 감시하는 목적이 더 크다고 한다.

참깨 수확이 완료되면 이제 참기름을 짜는 방앗간으로 간다. 그곳에서도 역시 토마토 저축은행의 직원들이 밤샘을 하면서 중국산 참깨와 바뀌지 않도록 두 눈을 부릅뜨고 감시한다. 이는 신토불이 참기름을 VIP 고객에게 선물하겠다는 정성이 없다면 불가능한 일이다. 이렇게 생산된 신토불이 참기름을 예쁘게 포장하여 고객에게 선물로 보낸다. 고춧가루도 마찬가지 프로세스를 거친다.

김장을 하기 전에 마늘을 보내는 것도 조그만 정성일 수 있다. 중국산 마늘이 아니라, 국내 마늘의 대표적 산지인 ○○에서 수확한 신토불이 마늘을 "고객님께 저희의 조그만 정성을 드리고자 파종 시기부터 마늘을 재배하는 농가와 계약을 해 수확한 마늘입니다"라는 스토리를 적어 보내는 것은 기본이다.

단지 비싼 선물만이 능사는 아니다. 어떤 선물은 한 달 전에 준비하면 되지만, 어떤 선물은 6개월이나 1년 전부터 준비해야 하는 것도 있다. 이 같은 정성과 스토리는 고객을 감동시키고 고객의 마음을 움직인다. 그리고 그 고객을 알파고객으로 만든다.

또한 맞춤 선물도 고객을 알파고객으로 만드는 방법이다. 각각의 고객들은 니즈, 선호, 성향이 다르기 때문에 받고자 하는 선물도 다를 수밖에 없다. '당신만을 위해 이 세상에서 단 하나밖에 없는 선물'을 받는 고객이 어떻게 다른 영업인이나 다른 매장으로 이탈할 수 있겠는가?

― 기념일과 경조사 때에도 특별한 경험 제공

고객에게 즐거움과 감동 등의 특별한 경험을 줄 수 있는 방법으로 기념일 마케팅이 있다. 또한 생일이나 결혼 기념일 등과 같은 경조사를 챙기면 고객의 마음을 얻을 수 있다. 그래서 상품과 서비스를 파는 영업인들은 대부분 고객의 경조사나 기념일을 챙기게 마련이다. 하지만 이 부분에 있어서도 남들보다 더 열심히 찾아다니면서 경쟁자들에 비해 자신을 차별화해야 한다.

그렇다면 어떻게 차별화를 하라는 것일까? 차별화의 기본적인 원칙은 다음과 같다. 첫째, 연락을 받은 즉시 가능하면 제일 먼저 찾아간다. 둘째, 경조금을 낼 때는 봉투에 반드시 간략한 메시지를 남긴다. 셋째, 고객의 직계 존비속의 기념일을 챙긴다. 그들을 챙기는 것이 때로는 고객의 기념일을 챙기는 것보다 더 효과적일 때도 있다.

(구)조흥은행의 구미지역 기업고객지점에서 있었던 사례다. 기업고객사의 키맨(어떤 회사는 재무 담당 임원이나 부서장, 규모가 작은 회사는 사장 등)을 감동시키기 위해 고민하던 지점장은 어버이 날에 그 키맨의 부모님들에게 직접 카네이션을 달아드렸다고 한다. 그랬더니 평소에 지점을 찾지도 않고 전화도 하지 않던 그 키맨이 지점으로 직접 찾아와 고맙다는 인사를 했다고 한다. 고객을 스스로 찾아오게 만든 것이다.

개인 고객의 경우도 마찬가지다. 현대백화점의 고객인 김지연 씨는 2010년말 아들의 수학능력시험을 앞두고 백화점에서 합격을 기원하는 '금쌀엿'을 선물받았다. 김씨는 "내 생일이나 결혼 기념일을 챙겨줬을 때보다 아들의 합격을 기원하는 선물이 더 감동적이었다"고 말했다.

현대백화점은 고객이 기쁘게 받아들일만한 개인화된 이벤트에 공을 들인다. 이를 위해 고객이 연령대별로 클럽에 가입하도록 유도한다. 출산을 앞둔 고객은 '프리맘 클럽', 중고등학생 부모는 'J클럽', 결혼을 준비하는 고객은 '웨딩클럽'에 가입하도록 하는 식이다. 물론 궁극적인 목적은 고객의 각 상황에 맞는 정보를 파악해 혜택을 제공함으로써 알파고객을 만들기 위해서다.

영업달인들마다 최고의 세일즈 성과를 내는 방법은 조금씩 다르다. 그러나 모든 영업달인들이 이구동성으로 하는 말이 있다. 바로 고객의 조사는 반드시 챙긴다는 것이 그것이다. 그렇다면 왜 영업달인들마다 고객의 조사를 더 잘 챙겨야 한다고 말하는 것일까?

그것은 고객이 어려울 때 고객의 슬픔을 위로하고, 슬픔을 함께 나누는 것이 고객의 마음에 더 깊이 새겨지기 때문이다. 따라서 이제부터 고객의 조사는 반드시 연락을 받자마자 달려가는 영업인이 되기 바란다.

이상으로 즐거움이나 감동, 추억이나 향수, 호기심 등과 같이 특별한 경험을 제공한 사례를 소개했다. 당신이 고객에게 제공하는 즐거움이나 감동 등이 당신에게 최고의 선물로 되돌아온다는 것을 절대 잊지 말기 바란다. 그리고 무언가 파는 순간뿐 아니라 고객은 물론 당신의 주변 사람들에게도 영원히 잊지 못할 특별한 경험을 지속적으로 제공하기 바란다.

'이제는 영업달인이 될 수 있다'
체크리스트

다음 각 항목은 자신이 영업달인이 될 가능성이 있는지를 자가 측정하는 체크 리스트다. 항목별로 자신에게 해당하는 점수를 다음과 같이 기재하기 바란다.

매우 그렇다 (5)
대체로 그런 편이다 (4)
보통이다 (3)
그렇지 않다 (2)
전혀 그렇지 않다 (1)

1. 영업에 대한 확고한 신념, 열정으로 무장하기 위해 나 자신의 일부 또는 전부를 바꿀 자신이 있다. (   )
2. 영업목표를 누구보다 높게 설정하고 이를 달성하기 위해 365일, 24시간별로 계획을 세우고 반드시 실천할 것이다. (   )
3. 팔지 않고 파는 시스템으로 나만의 영업 패러다임을 구축할 자신이 있다. (   )
4. 파는 상품은 물론 고객에 대해서도 최고의 전문가가 될 자신이 있다. (   )
5. 나는 영업인으로서 해야 할 일들을 미루지 않고 꼭 실천할 것이다. (   )
6. 내가 고객을 찾아가는 것보다 고객이 스스로 찾아오게 할 전략이 있고, 반드시 실천

할 것이다. (   )

7. 가망고객을 발굴하기 위해 나만의 인맥을 구축할 전략이 있고, 반드시 실천할 것이다. (   )

8. 세미나나 이벤트 등을 통해 가망고객을 발굴한 전략이 있고, 반드시 실천할 것이다. (   )

9. 기존고객의 연대감과 소속감을 활용하여 가망고객을 발굴할 전략이 있고, 또 반드시 실천할 것이다. (   )

10. 가망고객에게 접근하기 전에 어떤 방법으로든 상대를 빚진 상태로 만들 전략이 있고, 이를 반드시 실천할 것이다. (   )

11. 가망고객이 나를 기다리게 만드는 능력을 개발하여 실행할 것이다. (   )

12. 가망고객에게 접근할 때, 항상 밝게 웃고 유머러스한 화법을 구사하는 등 고객의 감성을 자극할 것이다. (   )

13. 고객의 프로필 정보는 물론 니즈 선호 성향 등의 핵심 정보를 반드시 파악하고, 지속적으로 업데이트를 하겠다. (   )

14. 고객 가치를 충족시키고 설득할 수 있는 제안 프레젠테이션 능력을 개발하겠다. (   )

15. 어떤 상황이라도 고객을 항상 기분 좋게 만들 수 있는 협상 능력을 개발하겠다. (   )

16. 고객을 알파고객으로 만들기 위해 1:1 맞춤 세일즈 능력을 개발하겠다. (   )

17. 다양한 동호회를 구성해 고객과 열정적으로 어울리며, 고객의 자아실현 가치를 충족시킬 자신이 있다 (   )

18. 나와 마음을 나누는 친구, 인생의 동반자 관계인 고객을 경쟁자들보다 훨씬 많이 만들겠다. (   )

19. 고객별로 안고 있는 문제나 고민이 무엇인지 잘 파악해서 이를 해결해주거나 도움을 주겠다. (   )

20. 항상 고객의 기대를 뛰어넘는 즐거움과 감동, 추억, 향수 등 특별한 경험을 을 주겠다. (   )

이 측정 결과를 분석하는 방법은 다음과 같다. 이제 20개 항목별 점수를 합산해보자.

- 평점 **90점 이상**은 **최고의 영업달인**이 될 가능성이 있다.
- 평점 **80~89점**까지도 **영업달인이 될 가능성**이 높다.
- 평점 **70~79점**까지는 **탁월한 영업 능력**을 보유할 가능성이 있다.
- 평점 **60~69점**까지는 **우수한 영업 능력**을 보유하고 있다.
- 평점 **50~59점**까지는 평범한 **보통 수준의 영업 능력**을 보유하고 있다.
- 평점 **40~49점**까지는 **평균치 이하**다.
- 평점 **39점 이하**는 **분발이 필요한 사람**이다.

20개 항목을 모두 아주 잘할 수 있는 사람은 이 세상에서 단 한 명도 없을 것이다. 앞서 설명한 것처럼 여기서 중요한 것은 20개 항목이 5개 속성으로 구성되었다는 것이다. 1~5번 항목은 영업에 임하는 태도와 열정·의지, 6~9번 항목은 가망고객 발굴 역량, 10~12번 항목은 가망고객에 대한 접근 역량, 13~15번 항목은 고객 설득 역량, 16~20번은 알파고객을 만드는 역량을 나타낸다.

하지만 20개 항목을 모두 잘해야 영업달인의 경지에 오르는 것은 아니다. 물론 1~5번 항목은 모두 잘해야 하지만, 6~20번의 4가지 속성 중에서는 최소 한두 가지 항목에 탁월한 능력을 발휘할 수 있도록 역량을 집중하면 된다. 그런 의미에서 자신의 평가 항목을 앞서 설명한 5개의 속성 중에서 가장 높은 평점을 받은 한 항목씩 선정하고 점수를 합산해보자.

만점은 45점(1~5번 항목×5점＝25+6~20번의 4가지 속성별 1항목*5=45)

이 된다. 이제 당신의 점수에 2.222를 곱하면 100점 만점으로 환산된다. 100점 만점으로 환산된 점수로 당신이 위 평점 구간 중 어디에 속하는지 알 수 있을 것이다. 이 책을 읽은 모든 사람은 언제라도 90점 이상을 받을 수 있었으면 한다.

| 맺음말 |

이제 당신은 영업달인이 될 수 있다

　당신은 이제 영업달인으로 가는 최고의 선물을 얻기 위한 전략을 알게 되었을 것이다. 마라톤에 비유하면, 당신은 이제 출발선에 선 것이다. 그러나 그것만으로도 대단하다고 할 수 있다. 마라톤 완주를 위해 출발선에 선 것만으로도 중요한 의미가 있듯이 영업달인이 되는 전략을 알았다는 것도 중요한 의미를 갖는다.

　하지만 완주를 하기 위해 목표와 전략을 세우고 연습을 해서 몸을 만들었다 해도 실제 마라톤 레이스는 쉽지 않다. 완주하는 것도 어렵지만, 좋은 기록으로 상위권 성적을 올리기란 더욱 어려운 일이다. 더구나 한 번의 완주도 아니고 열 번, 스무 번 완주할 때마다 좋은 성적을 내는 것은 매우 어렵다.

　당신도 마찬가지다. 이 책에 소개된 7가지 DNA와 4가지 전략을 당신이 어떻게 활용하느냐에 따라 이것은 최고의 선물이 될 수도 있고 그렇지 않을 수도 있다. 그렇다면 이 책에 소개된 7가지 DNA와 4개 전략을 모두 잘해야 영업달인이 될 수 있을까? 여러 차례 강조했듯이 꼭 그렇지는 않다. 7가지 DNA는 반드시 당신 안에 이식해야 하겠지만, 4가지 전략은 그중 한 가지만 확실히 해도 영업달인이 될 수 있다.

사실 영업달인이 되기 위한 전략들은 서로 연결되어 있다. 고객 DNA를 파악해서 빚진 상태로 만들어야 감성을 자극할 수도 있고, 맞춤 세일즈를 하고, 고객의 문제를 해결해줄 수 있고, 즐거움과 감동을 줄 수 있다. 나만의 인맥을 만들고, 자아실현의 가치를 충족시켜줄 고객 동호회를 구성하고, 고객과 친구나 동반자 관계를 맺는 것도 서로 연관성이 있다.

필자는 이 책의 앞 머리에서 사람에는 3가지 유형이 있다고 했다.

첫째, 자신이 알아서 스스로 일하는 사람. 둘째, 자신 스스로는 잘하지 못하지만 남의 지도나 감독을 받으면 일을 하는 사람. 셋째, 잘하지도 못하면서 남의 지도나 감독도 받지 않으려는 사람.

자신이 어느 유형에 속하는지 잘 판단하기 바란다.

첫 번째 유형의 사람은 이 책에 나와 있는 17가지 방법 중 자신의 성격, 능력과 맞는 항목부터 실천하면 된다. 두 번째 유형의 사람은 반드시 멘토의 도움을 받기 바란다. 당신의 상사도 좋고, 동료도 좋고, 배우자라도 좋다. 정말 자신이 없는 사람은 필자에게라도 요청하라. 기꺼이 당신의 멘토가 되어 줄 것이다. 세 번째 유형의 사람은 자신의 모든 것을 바꾸는 작업이 먼저 진행되어야 할 것이다. 이런 과정을 거친다면 머잖아 당신도 영업달인이 될 수 있을 것이다.

마지막으로 강조하고 싶은 말은 5타수 1안타가 아니라 3타수 1안타를 치는 타자가 되라는 것이다. 영업인들 중에 이런 하소연을 하는 이들이 있다. "나도 신규고객을 개척하기 위해 가망고객의 집에 가서 냉장고 청소도 하고 김치도 담가준다. 고객이 안고 있는 문제를 해결해주기 위해 사비를 들여 지방까지 다녀오기도 한다. DM도 열심히 보내고 전화도 자주 하고 명절 때는 선물도 보낸다. 그런데도 항상 실적은 별로여서 고민이 많다"라고 말이다. 정말 나름대로 한다고 하고 있는 것이다.

그렇다면 이 영업인은 무엇이 문제일까? 여러 가지 이유가 있겠지만, 그중 하나를 꼽으라면 5타수 1안타짜리 타자라는 것을 들 수 있다. 프로야구 선수로서 5타수 1안타를 치는 타자도 물론 열심히 노력한다. 팀의 승리와 자신의 영광을 위해서 말이다. 스프링 캠프에서도 그 누구보다 열심히 연습한다.

그러나 5타석마다 안타를 1개씩밖에 치지 못한다. 물론 이것도 못하는 것은 아니다. 하지만 이렇게 해서는 프로야구 선수로서 설 자리를 잃을 수밖에 없다. 반면, 꾸준히 3타석마다 안타를 1개씩 치는 타자는 최고의 타자로 우뚝 설 수 있다. 물론 연봉도 하늘과 땅 차이다.

영업인도 마찬가지다. 5타수 1안타짜리 타자로 머물러서는 안 된다. 안타를 더 많이 치는 타자로 변신해야 하는 것이다. 냉장고 청소도 해주고 김치도 담가주는 고객의 수를 훨씬 늘려야 한다. 그리고 안고 있는 문제를 해결해주는 고객의 수도 훨씬 많아져야 한다.

인간사는 보편적으로 점이 모여서 선을 이루고 선이 모여서 면을 이루는 법이다. 이 책에 나와 있는 7가지 DNA와 4가지 전략을 반드시 실천하라. 하나의 실천이 점이 되고, 그 실천들이 쌓여 선이 되고 면을 이룰 것이다. 그러면 당신은 5타수 1안타를 치는 타자가 아니라, 3타수 1안타를 치는 메이저리거가 될 것이다.